BARBARA RÜTTING

Grüne Rezepte für den blauen Planeten

Buch

Grün, im Sinne von gesund, sind alle von Barbara Rütting für dieses Buch gesammelten »Rezepte«. Im ersten Teil geht es um Kulinarisches: Ihre persönlichen Lieblingsrezepte aus der vegetarischen Vollwertküche hat die Autorin hier neu zusammengestellt. Die ausgewählten vielfach bewährten Frischkost-, Koch- und Backrezepte für gesundheitsbewußte Genießer bringen appetitliche Abwechslung auf Ihren Speisezettel. Schlemmen ohne Reue ist die Devise.
Im zweiten Teil des Buches steht das Projekt »lebenswerte Zukunft« im Mittelpunkt. Originelle, auch ganz einfach umzusetzende Beispiele aus der Praxis zeigen, was jeder einzelne dazu beitragen kann. Die Autorin stellt hier engagierte Personen und Institutionen vor, die auf ganz unterschiedliche Weise aktiv an der Gestaltung einer menschlichen, lebenswerten Welt mitwirken. Eine attraktive Zusammenstellung nachahmenswerter Tips und interessanter Hintergrundinformationen für alle, denen die Gesundheit von Mensch, Tier und Umwelt am Herzen liegt.

Autorin

Barbara Rütting, geboren 1927 in der Nähe von Berlin, dokumentierte erstmals 1976 ihr Engagement für eine ganzheitlich orientierte Lebensweise mit dem Buch »Mein Kochbuch«, das innerhalb kürzester Zeit zum Bestseller wurde. Die Autorin zahlreicher Bücher zu Ernährungs- und Gesundheitsthemen verfaßte auch einen erfolgreichen Roman und mehrere Kinderbücher.
Sie lebt mit Pferden, Hunden, Katzen und Hühnern auf ihrem Bauernhof im Salzburger Land.

Im Goldmann Verlag
ist von Barbara Rütting bereits erschienen:

Mein Kochbuch (10838)
Mein neues Kochbuch (13760)
Koch- und Spielbuch für Kinder (13593)
Träumen allein genügt nicht (12630)
Mein Gesundheitsbuch (13584)

BARBARA
RÜTTING

Grüne Rezepte für den blauen Planeten

GOLDMANN

Originalausgabe

Umwelthinweis:
Alle bedruckten Materialien dieses Taschenbuchs
sind chlorfrei und umweltschonend.

Der Goldmann Verlag
ist ein Unternehmen der Verlagsgruppe Bertelsmann

Originalausgabe November 1997

Umschlaggestaltung: Design Team München
Umschlagabbildung: Motiv der Karte »Mut«
aus dem Osho Zen Tarot; © AGM Müller, Neuhausen/Schweiz
Druck: Presse-Druck Augsburg
Verlagsnummer: 14136
KF · Herstellung: Sebastian Strohmaier
Made in Germany
ISBN 3-442-14136-2

1 3 5 7 9 10 8 6 4 2

Inhalt

Inhalt

TEIL II

Gesunder Mensch

ANHANG

Diese Tarotkarte zeigt eine kleine Blume, die den Felsen und Steinen trotzt, um zum Licht des Tages vorzudringen. Die Blume zeigt uns den Weg. Es ist sinnlos, gegen die Herausvorderungen des Lebens anzukämpfen oder sie zu leugnen. Wenn der Same zur Blume werden soll, müssen wir uns ihnen stellen.
Der Same weiß nicht, was geschehen wird. Er kennt die Blume nicht, und er glaubt nicht einmal, daß er eine schöne Blume werden kann. Lang ist die Reise, und es sicherer, sie zu unterlassen, weil der Same unbekannt ist und es keine Garantien gibt. Dennoch hat der Same den Mut, die harte Schale abzustreifen, die seine Sicherheit ist. Sofort beginnt der Kampf: mit dem Boden, mit den Steinen, mit dem Fels. Der Same war sehr hart, und die Sprosse wird sehr weich sein, dem Keimling drohen viele Gefahren. Dennoch strebt er ins Unbekannte, der Sonne, der Quelle des Lichts entgegen, ohne zu wissen, warum. Sein Leben ist schwer, aber er hat einen Traum und darum bewegt er sich.

Auch der Weg des Menschen ist hart, und deshalb braucht er viel **Mut**.

Mein Dank gilt allen, die mit ihren grünen
Rezepten zum Entstehen dieses Buches
beigetragen haben,
und ganz besonders Eva Schachinger,
die mir bei der Arbeit geholfen
und den Titel erdacht hat

Vorwort

Dieses Buch, mein zehntes, verdankt ebenso wie die Vorgänger seine Entstehung dem Umstand, daß ich so etwas gern gekauft hätte, auf dem Büchermarkt aber nicht fand und infolgedessen selbst schreiben mußte.
Nun wäre es übertrieben zu behaupten, irgendein guter Geist hätte mir den Text in die Feder diktiert. Wohl aber gab es immer wieder eine Art von Schubsern, von wem auch immer, mich an die Schreibmaschine beziehungsweise neuerdings an den Computer zu setzen, auch und gerade, wenn Trägheit oder aufkeimende Resignation – hat ja doch alles keinen Sinn mehr, ist sowieso fünf nach zwölf, wenn nicht schon später, die Welt geht ohnehin unter und dergleichen defätistische Anwandlungen mehr – mir einreden wollten, es doch zu lassen und es mir statt dessen endlich gemütlich zu machen.

Mensch scheint tatsächlich unter dem Zwang zu stehen, das berühmte Apfelbäumchen zu pflanzen, auch wenn morgen die Welt unterginge. Trost zwischendurch kam immer wieder von »fellow travellers«, die ebenfalls nicht kleinzukriegen sind, wie Franz Alt oder meine geliebte Joanna Macy, Mutter der Tiefenökologie. Ich zitiere aus einem ihrer Vorträge:
»Das Ausmaß an Gefahren und Leid auf diesem Planeten verlangt von uns Veränderungen im kleinen und großen, in privaten wie öffentlichen Bereichen ... Wir befinden uns mitten in der Übergangsphase von einer industriellen Wachstumsgesellschaft, die die natürlichen Systeme, von denen sie abhängt, zerstört, in eine Gesellschaft der lebenserhaltenden Nachhaltigkeit. In dieser Übergangsentwicklung ›fallen die Dinge auseinander‹, um den Dichter W. B. Yeats zu zitieren. Unsere wirtschaftlichen, politischen wie auch sozialen Institutionen sind in einem Zersetzungsprozeß. Es hilft uns, wenn wir dieses angebliche Chaos als eine

sich selbst organisierende Neuordnung des Systems verstehen, als einen positiven Zusammenbruch – eine notwendige Phase in der Entwicklung aller Lebensformen. Dieses Verständnis vorausgesetzt, können wir es vermeiden, uns gegenseitig durch Angst, Vorwürfe und fundamentalistische Ideologien verrückt zu machen. Wir können uns wieder die Grundbedingung unserer Zusammengehörigkeit ins Gedächtnis rufen und erfahrbar machen. Sie wurzelt in drei Fakten; das sind: die jahrmillionenlange Reise, die wir zusammen gemacht haben, die Angst um den Planeten, die wir jetzt teilen und unsere Fähigkeit, Entscheidungen zu treffen, die Zukunft gut zu gestalten.
Es gibt Richtlinien für den richtigen Umgang mit dieser Phase positiven Zusammenbruchs und für die Neugestaltung des angeblichen Chaos in Richtung auf ein Heil aus der Tiefe und eine Heimkehr im dritten Jahrtausend.«
Seit ich diese Zusammenhänge begriffen habe, bereiten mir die täglichen positiven Zusammenbrüche ringsum eine geradezu kolossale Freude, sind Quell und Ansporn für immer stärkeren Einsatz »in Richtung auf ein Heil aus der Tiefe und eine Heimkehr im dritten Jahrtausend«.
Was ursprünglich nur als kleine Broschüre, als Geschenk für die östlichen Länder geplant war, entwickelte sich unversehens zu einem regelrechten Buch und erscheint aufgrund des großen Interesses nun auch im deutschsprachigen Raum.
Der erste Teil beinhaltet die schönsten Rezepte aus meinen vegetarischen Kochbüchern, im zweiten Teil kommen befreundete »fellow travellers« zu Wort, die wie ich nie aufgeben werden, ihren Beitrag zu leisten, um unseren Kindern die Welt doch noch lebenswert zu hinterlassen.
Auf den Weg schicken möchte ich die grünen Rezepte für den blauen Planeten mit einem Zen-Spruch:

Wenn dein Bogen zerbrochen ist,
und du hast keine Pfeile mehr,
dann schieße,
schieße mit deinem ganzen Sein.

TEIL I

GESUNDE ERNÄHRUNG

»Nichts wird die Chancen für ein Überleben
auf der Erde so steigern,
wie der Schritt
zur vegetarischen Ernährung«

Albert Einstein

Vegetarisch leben zur Heilung der Erde ?

Dieses Buch ist für diejenigen gedacht, die weg wollen von den herkömmlichen Fleischtöpfen, die den Schritt wagen wollen in Richtung einer vegetarischen Lebensweise, sei es aus ethischen oder aus gesundheitlichen Gründen, oder weil sie sich die immer teurer werdenden Fleischprodukte nicht (mehr) leisten können oder wollen.

Niemand soll hier mit Gewalt zum Vegetarier umfunktioniert werden. Wohl aber möchte ich die LeserInnen ermuntern, sich mehr und mehr mit der vegetarischen Vollwertkost anzufreunden, sich dafür zu begeistern.

Noch vor knapp zweihundert Jahren machten pflanzliche Lebensmittel mit ihrem hohen Gehalt an Kohlenhydraten und Faserstoffen den Hauptbestandteil der menschlichen Ernährung aus, heute hingegen werden überwiegend tierische Produkte mit viel Eiweiß und Fett verzehrt. Der Fleischkonsum ist in den westlichen Industrieländern geradezu grotesk gestiegen, zum Schaden von Pflanze, Tier und Mensch.

Einige Hintergrundinformationen (aus »Fit for life« von Harvey Diamond): »Damit ein Kilo tierisches Eiweiß überhaupt entstehen kann, sind sieben bis zehn Kilo pflanzliches Eiweiß als Futtermittel nötig. Der Umweg über das Tier bedeutet also eine unverantwortliche Verschwendung, zumal wenn man bedenkt, daß täglich circa 100 000 Menschen verhungern. Eine Senkung der weltweiten Fleischproduktion um nur zehn Prozent würde genug Getreide freisetzen, um diese Menschen zu ernähren. Hinzu kommt die Umweltverschmutzung durch tierquälerische Massentierhaltung, die zusammen mit den Schlachthöfen maßgeblich am Waldsterben und an der Grundwasserverseuchung beteiligt ist. In Zentralamerika werden täglich – täglich! – circa 260 Morgen Regenwald für Weidezwecke abgeholzt. Ein Viertel Pfund Hamburger

von Regenwald-Schlachtvieh kostet circa 60 Quadratmeter Regenwald und läßt 250 Kilo CO_2 in die Luft.«
Neben den ethischen sprechen aber auch ganz handfeste egoistische Gründe für die Annäherung an eine vegetarische Ernährungsform. In Deutschland zum Beispiel werden jährlich bereits an die 100 Milliarden Mark für die Behandlung ernährungsbedingter Krankheiten ausgegeben (der deutsche Gesundheitsminister Seehofer 1996), Krankheiten also, die Folge unserer zu tiereiweißreichen, industriell hergestellten Nahrungsmittel sind. Vegetarier leben gesünder, zahllose Langzeituntersuchungen beweisen es. Aus eigener Erfahrung kann ich hinzufügen: Vegetarier – in Deutschland inzwischen fast vier Millionen – leben nicht nur gesünder, sondern auch genußvoller, und haben dadurch mehr vom Leben. Denn vegetarische Vollwertkost schmeckt nicht nur hervorragend, sondern sieht auch noch hinreißend aus und ist – richtig eingekauft und zubereitet – sogar billiger als die Normalkost.

Immer wieder liest man Schlagzeilen, daß Menschen hungern, ja verhungern, weil sie kein Fleisch, keine Wurst, keinen Zucker kaufen können.
Da ich selbst wunderbar ohne diese drei genannten Nahrungsmittel auskomme, sie gar nicht brauche, weil ich eine vegetarische Vollwertkost praktiziere – seit rund 30 Jahren übrigens –, schrieb ich 1989 einen offenen Brief an einen befreundeten bulgarischen Arzt, in dem ich vorschlug, diese Ernährungsform auch in Bulgarien vorzustellen. Dr. Emil Iliev ist Präsident der bulgarischen Akupunktur-Gesellschaft, Chef des Akupunktur-Instituts der medizinischen Universität Sofia, und wurde 1995 für seine wissenschaftlichen Forschungen auf dem Gebiet des Immunsystems mit dem Preis der WHO ausgezeichnet.
Bei meinem kurz darauf erfolgten Besuch in Sofia brachte ich eine Getreidemühle mit, und wir veranstalteten gemeinsam einen Vollwertkochkurs für Ärzte und Köche. Spätere Besuche führten dazu, daß eine kleine Broschüre mit den wichtigsten Informationen gedruckt und kostenlos an 15 000 Haushalte verteilt wurde und mit Hilfe einer inzwischen ausgebildeten bulgarischen Köchin nun laufend Vollwertkochkurse durchgeführt werden. Inzwi-

schen bieten vier Restaurants in Sofia vegetarische Vollwertgerichte an.
Als nächster Schritt ist ein kleiner Laden geplant, in dem Getreidemühlen, gereinigtes Getreide, Literatur über gesunde Ernährung etc. verkauft werden, vor allem aber soll im Land selbst eine Getreidemühlenproduktion entstehen und der Anbau von Getreide gefördert, also wirkliche Hilfe zur Selbsthilfe geleistet werden. Sogar der Bau eines Ökodorfes steht bereits auf dem Programm.

Getreide ist gesund – und billig. Anfang der neunziger Jahre kostete zum Beispiel in Bulgarien ein Kilo Fleisch circa 90 Lewa, ein Kilo Getreide dagegen nur drei Lewa – bei einem durchschnittlichen Monatsverdienst von 800 Lewa. (Die Preise für Fleisch sind inzwischen weiter gestiegen, ähnlich dürfte es in anderen östlichen Ländern sein.) Man stelle sich nur vor, wie wenig eine Familie mit einem Kilo Fleisch anfangen kann, wie lange sie hingegen mit der dem Fleischpreis entsprechenden Menge günstigen Getreides über die Runden kommt, aus dem sich noch dazu so viele schmackhafte Gerichte zubereiten lassen!

Nach dem Erfolg in Sofia fuhr ich 1994, wieder Getreidemühlen im Gepäck, zu Michail Gorbatschow. Er verstehe nichts von Ernährung, bedeutete er, nehme selbst sechs Stücke Zucker in den Kaffee – verwies mich aber an den Chefarzt seiner Klinik für strahlengeschädigte Kinder. Dieser nun war begeistert und schlug mir vor, die wichtigsten Informationen über vegetarische Vollwertkost zusammenzustellen, sie ins Russische übersetzen zu lassen und dann noch einmal Moskau zu besuchen, um Mühlen und Vollwerternährung in der von ihm geleiteten Moskauer Fernsehsendung »Der Mensch hilft sich selbst« vorzustellen.

So entstand die Idee zu diesem Buch. Im ersten Teil finden Sie die schönsten Rezepte aus meinen Vollwert-Kochbüchern. Eine vegetarische Lebensweise ist ganz gewiß einer der möglichen Ansatzpunkte zur Heilung der Erde. Schweinepest, Salmonellen, Rinderwahnsinn – »die Rache der verspeisten Tiere«, konstatierte ein amerikanischer Arzt, »wir mästen und töten Tiere, und dann töten sie uns«. Alle diese Lebensmittelskandale haben jedoch auch

Die weitreichenden Folgen
des Fleischkonsums

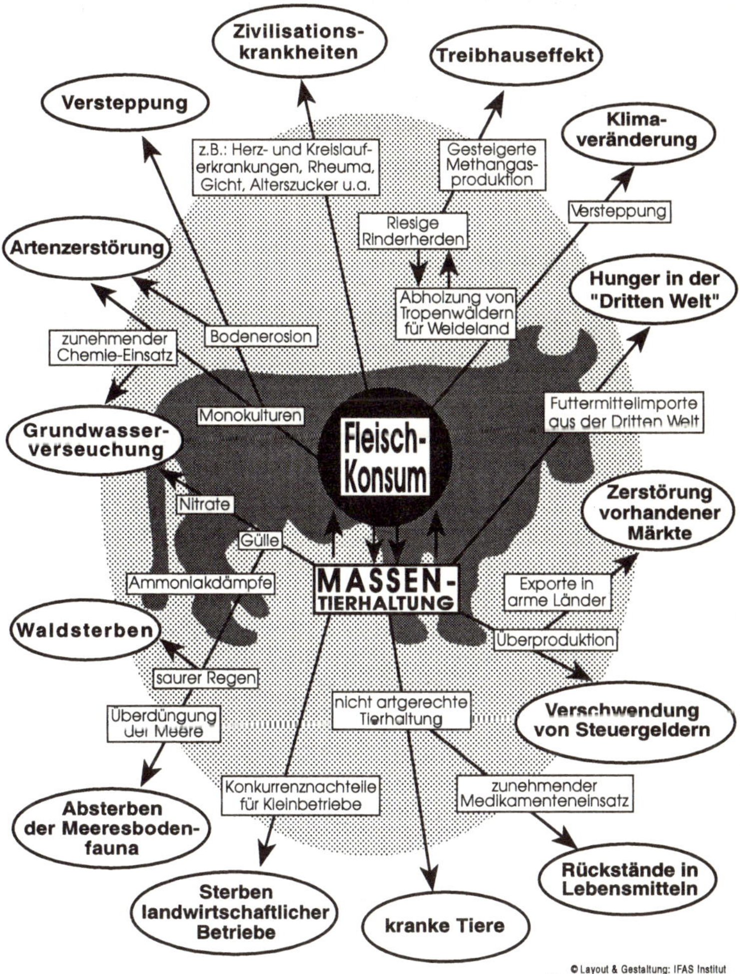

© Layout & Gestaltung: IFAS Institut für Arbeits-,Umwelt- und Sozialforschung

Vegetarier-Bund Deutschlands e.V.
Blumenstr. 3, D-30159 Hannover
Tel. + Fax: 05511/3632050

ihr Gutes. Immer mehr Menschen wachen auf, leben bewußter, auch und gerade, was die Ernährung betrifft.
Im zweiten Teil kommen auch Personen und Gruppierungen zu Wort, die sich nicht unbedingt einer vegetarischen Ernährungsform verpflichtet fühlen, die aber auf anderen Gebieten Außerordentliches für den Schutz des Lebens leisten.
Tun wir es gemeinsam. Denn:

»Wenn viele kleine Menschen an vielen kleinen Orten viele kleine Schritte tun, dann ändert sich die Welt«.

Die vegetarischen Ernährungsformen

Nach den Grundsätzen der Internationalen Vegetarier-Union (IVU) wird ein Vegetarier folgendermaßen definiert:
»Vegetarier ist jeder, der keine Nahrungsmittel zu sich nimmt, die von getöteten Tieren stammen. Das schließt Fische, Weich- und Schalentiere genauso ein wie tierische Fette, zum Beispiel Speck, Rinder- und Schweinefett.«
Die Vegetarier-Union untergliedert die Vegetarier in

- Ovo-Lacto-Vegetarier – sie essen kein Fleisch von getöteten Tieren, wohl aber tierische Produkte wie Milch, Milchprodukte und Eier.
- Lacto-Vegetarier – wie oben, verzichten aber auf Eier.
- Veganer – sie lehnen den Verzehr sämtlicher vom Tier stammender Lebensmittel ab, sogar den Honig der Biene. Die Veganer leben die konsequenteste Form des Vegetarismus. Etwa 5 Prozent der Vegetarier halten sich an diese strengen Regeln. Ein Veganer trägt auch keine Schuhe aus Leder. Einige essen sogar nur, was die Pflanze freiwillig hergibt, was von selbst herunter- oder herausfällt – die Frucht vom Baum, das Korn aus der Ähre. Sie ziehen nicht einmal einen Salatkopf oder eine Möhre aus dem Boden.

Liebe Veganer unter den Lesern, seid nicht erzürnt, wenn Ihr in den Rezepten auch (noch) Sahne, Butter und Eier findet. Nicht jedem ist ein radikaler Umstieg möglich. Oft sind die berühmten kleinen Schritte besser als zu große Sprünge.

Der Mensch ist, was er ißt

Ernährung und Gesundheit hängen enger zusammen als landläufig bekannt ist. Ein Auto streikt sofort, wenn ihm falscher Treibstoff einverleibt wird. Der menschliche Organismus jedoch hilft sich bei Fehlernährung (leider) viel zu lange über die Runden, versucht immer wieder mit aller Anstrengung den Schaden auszugleichen – und wenn er es dann eines Tages gar nicht mehr schafft, hat der Mensch nach 15 oder 20 Jahren falschen Eßverhaltens »plötzlich« Rheuma, »plötzlich« einen Herzinfarkt, »plötzlich« Krebs.

Laut Dr. Max Otto Bruker, berühmter Arzt und Ernährungsfachmann, bei dem ich die Ausbildung zur Gesundheitsberaterin gemacht habe, »erkrankt der Durchschnitt der Bevölkerung schon etwa 25 Jahre vor dem Tod an einem ernährungsbedingten Zivilisationsleiden, das dann später oft zur Todesursache wird«.

Zu diesen ernährungsbedingten Zivilisationsleiden gehören »der Gebißverfall, die Darmträgheit, Gallensteine, Stoffwechselstörungen, Erkrankungen des Bewegungsapparates (Rheuma), Arteriosklerose, Thrombose, Herzinfarkt, Krebs und bestimmte Erkrankungen des Nervensystems«.

Leider finden die meisten Menschen erst durch Schicksalsschläge zu einem bewußteren Leben. Die Aufklärung über den Zusammenhang zwischen Ernährung und Gesundheit müßte viel früher beginnen – im Kindergarten, in der Schule, bei den werdenden Müttern und Vätern.

Dazu soll dieses Buch beitragen. Und auch dazu, daß wir mehr als bisher von unseren Rechten als mündige Bürger Gebrauch machen, daß wir boykottieren, was uns krank macht, daß wir fordern, was uns laut Grundgesetz zusteht – gesunde Luft, gesundes Wasser, gesunde Nahrungsmittel; daß wir uns wehren gegen Atomkraftwerke, bestrahlte Lebensmittel und Genmanipuliertes! Daß wir uns wehren gegen matschfeste Tomaten, Milch von Turbokühen, gegen Teigwaren, Käse, Sojabohnen etc. mit genmanipulierten Inhaltsstoffen; gegen das Patentieren von Pflanzen und Tieren.

Hier ist Widerstand angesagt, denn:

»Wo Unrecht Recht ist, wird Widerstand zur Pflicht.«
(Der amerikanische Bischof Hunthausen, der wegen seines Widerstandes gegen Massenvernichtungsmittel ins Gefängnis gesperrt wurde.)

Was jeder einzelne tun kann:

- Biologisch erzeugte Produkte bevorzugen.
- Selbst Gemüse biologisch anbauen (sofern Garten vorhanden).
- Lebensmittelhändler nach biologischen Produkten fragen.
- In Naturkostläden oder Reformhäusern nach biologischen Produkten fragen.
- Gleichgesinnte in der Nachbarschaft suchen und gemeinsam Einkaufsgemeinschaften organisieren.
- Verbrauchergemeinschaften bilden und so biologische Produkte zum Großhandelspreis von Genossenschaften beziehen.
- Direkteinkauf beim Bauern tätigen.
- Einem Bauern während der Umstellung auf biologische Landwirtschaft Abnahmegarantien geben.
- Ein Modell, das Schule machen sollte:

Erzeuger und Verbraucher tun sich zusammen, um eine bessere Verteilung der biologischen Erzeugnisse zu erreichen: Der Bio-Bauer liefert den Korb mit den Öko-Produkten direkt an die Haustür der Verbraucher (Eier, Fleisch-, Milchprodukte von artgerecht gehaltenen Tieren, Gemüse, Obst, Getreideprodukte).

- Ebenso läßt sich ein Partyservice mit Vollwertgerichten organisieren.

Wie aktuell mein Buch ist, fällt mir immer besonders auf, wenn ich die Hiobsbotschaften aus den Hungerländern höre: Die Polen hungern, da sie kein Fleisch, keinen Zucker in den Geschäften haben – russische Frauen wollen keine Kinder, weil sie ihnen »keine Vitamine bieten können, es gibt keine Orangen« – in Afrika, wo 150 Millionen Menschen am Verhungern sind, will man dem Problem mit Milchpulver zu Leibe rücken ...
Ein bißchen umdenken wäre nötig, und kein Mensch in der Welt bräuchte zu hungern.

Ich möchte dazu ein Beispiel aus dem 1. Weltkrieg anführen. Der dänische Arzt Hindhede bewahrte die Dänen vor der Hungersnot, obwohl ihnen prozentual weniger Lebensmittel zur Verfügung standen als den Deutschen. Hindhede hatte erkannt, daß die Ernährung des Menschen über den Umweg des Tieres einen erheblichen Nährwertverlust bedeutet, und ordnete das Schlachten von vier Fünftel des Schweinebestandes an. Er ließ das »Schweinefutter« aus Kleie, Kartoffelschalen und Getreideresten für die Menschen verwenden. Auch der Bestand der Kühe wurde um ein Drittel verringert. So standen 800 000 Tonnen Vollgetreide (!) vorwiegend für die Ernährung des Menschen zur Verfügung, die sonst zum größten Teil für die Viehfütterung verwendet worden wären.

Vollwertkost – warum ?

»Die meisten Zivilisationskrankheiten sind ernährungsbedingt.«
(Dr. med. M. O. Bruker)

Vier Dinge sollten Sie meiden – vier Dinge sollten Sie täglich zu sich nehmen, wenn Sie gesund bleiben oder wieder gesund werden wollen!

Was Sie meiden sollten:

- Jede Fabrikzuckerart (weißer oder brauner Zucker, Traubenzucker, Fruchtzucker etc.) und damit gesüßte Nahrungsmittel;
- Auszugsmehl und alle Produkte daraus (das heißt alle Mehlprodukte, die nicht aus Vollkorn hergestellt sind);
- Industriefette (z.B. Margarine, spezielle Bratfette, erhitzte Öle);
- Säfte, gekochtes Obst (gilt besonders für Leber-, Galle-, Magen- oder Darmempfindliche).

Was Sie täglich essen sollten:

- Frisches rohes Getreide (als Vollkornbrei);
- Vollkornprodukte (Vollkornbrot, Vollkornnudeln, Vollkorngebäck);

- Frischkost (Salate aus rohem Obst und Gemüse);
- natürliche Fette (Butter, Sahne, kaltgepreßte Öle).

Professor Kollath hat es so ausgedrückt:
»Laßt unsere Nahrung so natürlich wie möglich.«
So einfach ist das.
Fangen Sie noch heute damit an!

> Professor Kollath hat in einer Tabelle die Lebens- und Nahrungsmittel sehr eindrucksvoll ihrer Lebendigkeit nach geordnet. Sie finden diese Tabelle auf den nebenstehenden Seiten.

Zu den Rezepten

- Pfeffer bedeutet immer: frisch gemahlen aus der Mühle.
- Knoblauch bedeutet immer: frisch durch die Presse gedrückt.
- Sahne bedeutet immer süße Sahne (wenn saure gemeint ist, steht es extra dabei).
- Joghurt kann immer durch Kefir ersetzt werden.
- Semmelbrösel sind immer Vollkornbrösel.
- Reis bedeutet immer Vollreis.
- Weizenmehl bedeutet immer Vollkornweizenmehl.
- Roggenmehl bedeutet immer Vollkornroggenmehl (alles Getreide selbstverständlich frisch gemahlen).
- geriebener Käse bedeutet immer frisch gerieben (der neben Parmesan und Gruyère erwähnte Bergkäse ist eine preiswertere Käsesorte, die sich ebenfalls gut reiben läßt).
- Backpulver bedeutet immer das natürliche Weinsteinbackpulver.
- Eier: stets von freilaufenden Hühnern.
- Zitrusfrüchte, Trockenobst etc. bedeutet immer unbehandelt, ungeschwefelt.
- gekörnte Brühe siehe Seite 66.
- Alles, was Sie nicht kennen, ist in Naturkostläden und Reformhäusern erhältlich.
- Springform bedeutet Durchmesser von 28 cm.
- TL = Teelöffel.

<table>
<tr><td rowspan="2"></td><td colspan="3">Lebensmittel (vollwertig)</td></tr>
<tr><td>a) natürlich</td><td colspan="2">b) mechanisch c) fermentativ
verändert</td></tr>
<tr><td rowspan="4">Pflanzenreich</td><td>1 a) Samen I
Nüsse:
(Wal-, Hasel-, Kokosnuß)
Mandeln
— — — —
Oliven</td><td>1 b) Öle

Rückstand:
(Preßkuchen)**</td><td>1 c) Mitwirkung der
Eigenfermente
Hefen
Bakterien
Pflanzenmilch } Soja
Pflanzenkäse }</td></tr>
<tr><td>2 a) Samen II
Getreide:
Weizen, Roggen, Hafer,
Gerste, Mais, Reis, Hirse,
Buchweizen</td><td>2 b) Mahlprodukte
Vollmehl
Schrote

Rückstand:
(Kleie)**</td><td>2 c) Vollkornprodukte
Breie, roh;
gequetscht
geschrotet
gemahlen</td></tr>
<tr><td>3 a) Früchte
Gemüsefrüchte:
Tomate, Gurke, Kürbis,
Paprika, Melone usw.
Obst:
(Beeren-, Kern-, Steinobst)
Südfrüchte
Trauben
— — —
Honig</td><td>3 b) Salate I
Naturtrübe Säfte,
frisch

Rückstand:
(Trester)**</td><td>3 c) Gärsäfte
Most
(Trauben, Apfel, Birne
usw.)

Met</td></tr>
<tr><td>4 a) Gemüse I
(Keim-, Frucht-, Blüten-,
Stengel-, Wurzel-, Knollen-,
Zwiebel-, Blatt-Gemüse)
— — — —
Würzkräuter</td><td>4 b) Salate II

(Küchenabfälle)**</td><td>4 c) Gärgemüse
Sauerkraut
Saure Bohnen

(Silage)**</td></tr>
<tr><td rowspan="2">Tierreich</td><td>5 a) Eier
Fischrogen</td><td>5 b) Blut
Muscheln

(Knochen)**</td><td>5 c) Fleisch
Schabefleisch</td></tr>
<tr><td>6 a) Milch
(Kuh, Ziege, Schaf)</td><td>6 b) Milchprodukte
Rahm, Buttermilch,
Magermilch, Butter,
Molke</td><td>6 c) Gärmilch
Sauermilch, Skyr,Yoghurt,
Kefir usw.
Quark
Käse-</td></tr>
<tr><td>Getränke</td><td>7 a) Quellwasser
Luft</td><td>7 b) Leitungswasser</td><td>7 c) Gärgetränke
Wein, Bier</td></tr>
</table>

* Für die menschliche Ernährung nicht gebräuchlich, aber meist als »Kraftfutter« verwendet

Nahrungsmittel (teilwertig)		
d) erhitzt	e) konserviert	f) präpariert
1 d) ? 2 d) Breie aus Vollkorn Schrote, Flocken, usw. Gebäcke I Vollkornbrote Fladenbrote Gärbrote usw.	1 c) Gebäcke II Weißbrote Feingebäcke Kuchen Torten 2 c) Dauerbackwaren Zwieback usw.	1-2 f) Pflanzliche Präparate Kunstfette Eiweiß Stärke Zucker Chemikalien
Mehlspeisen →	Konfekt	
3 d) Gemüse II a) Hülsenfrüchte Erbsen, Bohnen, Linsen, Erdnuß, Kastanien b) Kompott	3 c) Fruchtkonserven getrocknet, gedörrt, gefrorene, erhitzt, chemisch sterilisiert durch Zucker, Alkohol, Chemikalien — — — — Marmeladen	3-4 f) Aromastoffe Fruchtzucker Vitamine Wuchsstoffe (Auxone) Fermente Nährsalze
4 d) Gemüse III Kartoffeln, Wurzeln, Kohlarten usw. Pilze Artischocken	4 c) Gemüsekonserven getrocknet erhitzt gefroren sterilisiert	
5 d) Wild, Fisch, Schlachtvieh (Leber, Niere, Pankreas, Lunge, Herz, Muskel, Speck, Schmalz, Fette)	5 c) Tier-Konserven getrocknet, geräuchert, gesalzen, gefroren, in Fett, chemisch konserviert	5 f) Tierische Präparate Fleischextrakte, Eiweiß, Lipoide, Fette, Fermente, Hormone
6 d) gekochte Milch Arten Quark	6 c) Milchkonserven Trockenmilch kondensiert	6 f) Milchpräparate Milcheiweiß Milchzucker
7 d) Extrakte Teearten Brühe	7 c) Gemische Kunstwein, Kunstessig, Liköre, gechlortes Leitungswasser	7 f) Destillate künstl. Mineralwasser, Branntwein

- EL = Eßlöffel.
- MSP = Messerspitze.
- gestr. = gestrichen.
- Tasse = normale Haushaltstasse (ca. 200 g oder knapp 1/4 Liter).

Die Rezepte sind, wenn nicht anders angegeben, für 4 Personen berechnet.

Die Geräte in der Vollwertküche

Sie brauchen kaum zusätzliche Geräte für Ihre Vollwertküche, eine Getreidemühle allerdings wird unentbehrlich. Je nach Personenzahl und Getreideverbrauch empfiehlt sich eine Handmühle oder eine elektrisch betriebene. Ich besitze eine elektrische für die großen Getreidemengen, eine Handmühle für Frischkornbrei und speziell für Hafer und Leinsamen, die sich nicht mit der elektrischen Mühle mahlen lassen, eine ganz kleine in der Größe einer Pfeffermühle für Reisen, sowie eine kleine Mühle zum Mahlen von Mohn.

Ferner brauchen Sie (bzw. haben Sie sicher sowieso schon):
- eine elektrische Küchenmaschine zum Rühren, Kneten, Schlagen und Reiben
- ein elektrisches Handrührgerät
- Dünsttöpfe, die Gemüse schonend und mit wenig Flüssigkeit garen (ich benutze auch einen Dampfdrucktopf)
- verschiedene Stielpfannen zum Braten von Getreideküchlein, Eierkuchen etc.
- feuerfeste Formen in allen Größen und Formen (oval, rechteckig, rund)
- Backformen, Springformen und Kuchenbleche
- ein Spätzlesieb
- Spritzbeutel zum Garnieren von Kuchen etc.
- ein Reibeisen aus Glas für die Frischkost der Kleinkinder
- alle Küchenmesser sollten aus Edelstahl sein

Vollwertköstlers Kraftfutter

Die Frischkost

Wichtiger Bestandteil der Vollwertkost ist die Frischkost. Sie sollte stets am Anfang der Mahlzeit genossen werden.
Frischkost heißt soviel wie Rohkost. Aber roh allein genügt eben nicht, das Rohe sollte darüber hinaus noch möglichst frisch sein. Ein welkes, biologisch-dynamisch gezogenes Salatblatt oder ein ebensolcher vergammelter Sellerie sind nicht oder kaum mehr lebendig – aber nur Lebendiges erhält lebendig.
Von höchster Lebendigkeit ist alles, was, in die Erde gesteckt, neues Leben gibt, also jeder Samen, jede Nuß, jeder Fruchtkern (siehe die Kollath-Tabelle S. 23f.).
Beispiele für den Verlust an Lebendigkeit:
Spinat büßt 12 Prozent seines Vitamin-C-Gehaltes ein, wenn er einen Tag bei Zimmertemperatur gelagert wird, am zweiten Tag sind es bereits 43 Prozent. Feldsalat verliert bei Lagerung im Sonnenlicht schon nach drei Stunden zwei Drittel seines Vitamins C, mehr als die Hälfte aller B-Vitamine und über ein Drittel des Vitamins A.
Frischkost sollte immer zu Beginn der Mahlzeit gegessen werden, weil sie so am besten ihre vitalisierenden Eigenschaften entfalten kann.

Der Frischkornbrei

Sie können ihn aus Weizen, Roggen, Hafer oder Gerste zubereiten oder aus einer Mischung all dieser Getreidesorten plus Hirse.

Sie brauchen pro Person:
3 EL Getreide Ihrer Wahl
kaltes Leitungswasser
1 Apfel (gerieben oder gewürfelt)
ein paar Spritzer Zitronensaft (nach Geschmack)
1 EL Sahne oder mit Honig gesüßte Schlagsahne
1 Spur Naturvanille
Nüsse oder Mandeln
eventuell eingeweichtes Trockenobst wie Äpfel, Birnen, Pflaumen, Aprikosen
frisches Obst/Beeren nach Saison
ein Stückchen Banane
frisch gemahlenen Leinsamen

Sie können auch statt Sahne Kefir, Milch oder Sauermilch verwenden, müssen dann aber Obst und Trockenobst weglassen, weil die Kombination bei Empfindlichkeit nicht gut vertragen wird.

Und so wird's gemacht:
Das Korn grob mahlen, in einer Getreidemühle oder einer alten Kaffeemühle. Das gemahlene Getreide mit so viel kaltem Leitungswasser anrühren, daß ein steifer Brei entsteht und nach dem Quellen nichts weggeschüttet werden muß. 5–12 Stunden eingeweicht stehenlassen, dann die gewünschten Zutaten zugeben.

Hafergrütze

Sie brauchen pro Person:
2–3 EL frisch, ziemlich grob gemahlenen Hafer
1/4 l kochendes Wasser
kalte Sahne oder Milch
Honig nach Geschmack

Kochendes Wasser über das Hafermehl gießen, umrühren, mit kalter Milch oder Sahne begießen, mit Honig süßen.
Diese Hafergrütze ist im Winter ein ideales Frühstück, wenn man keine Lust auf ein kaltes Müsli hat.

Getreidebrei nach Dr. Evers

Sie brauchen pro Person:
2-3 EL Weizen oder Roggen
(wegen der verschiedenen Keimzeiten getrennt einweichen)
kaltes Wasser

Die ganzen Körner abends mit Wasser bedeckt einweichen, am nächsten Morgen in einem Sieb mit frischem Wasser abspülen, tagsüber trocken stehenlassen. Abends wieder mit Wasser bedecken, am nächsten Morgen wieder spülen. Diesen Vorgang so lange wiederholen (im Durchschnitt genügen dreimal), bis die Körner keimen und die Keimlinge ca. 1/3 cm lang sind.
Die gekeimten Körner anmachen wie den Frischkornbrei. Die gekeimten Körner können außerdem jedem Salat beigegeben werden; sie schmecken nußartig und brauchen kaum ein Gewürz.

Wichtig: Das zum Keimen aufgestellte Gut mindestens einmal pro Tag gründlich abspülen. Auch Körner und Bohnen scheiden Stoffwechselprodukte aus!

Der Keim ist der wichtigste Teil des Getreidekornes, aus ihm entsteht die neue Pflanze. Zu ihrem Wachstum braucht sie die in den Randschichten des Korns sitzenden Fermente und Mineralien. Ihren Energiebedarf deckt sie aus dem Keimöl, das zugleich Vitaminspeicher ist, sowie aus den Kohlenhydraten des Mehlkerns (Prof. Kollath).
Welch wunderbar einfache Erklärung und wie einleuchtend, daß wir das volle Getreidekorn essen sollten und nicht nur einen Teil davon!

Folgende Körner bzw. Samen eignen sich ebenfalls gut zum Keimen:

- Kichererbsen – brauchen viel Wasser, mehrmals täglich, Keimzeit: 3 Tage
- Kresse – mäßig Wasser, einmal pro Tag wässern, Keimzeit 4–5 Tage
- Linsen – viel Wasser, viermal pro Tag wässern, Keimzeit: 2–3 Tage

- Mungobohne – einmal pro Tag wässern,
  Keimzeit: 3–4 Tage
- Weizen – mäßig Wasser, einmal pro Tag wässern,
  Keimzeit: 1–3 Tage

Ich habe auch Buchweizen, Hafer, Gerste, Luzerne und Senfsamen keimen lassen, aber als nicht so wohlschmeckend empfunden. Die Hirse erinnert an Heilerde und der Senfsamen war nur scharf, aber das ist meine subjektive Meinung, probieren Sie's selbst.
Die Methode, das Keimgut in einer Schüssel oder in einem tiefen Teller einzuweichen, birgt die Gefahr der Schimmelbildung. Sicherer geht's mit Keimapparaten. Neuerdings gibt es einen Keimapparat aus Ton; erkundigen Sie sich am besten im Reformhaus oder im Naturkostladen.

Gekeimtes Getreide – eine Lösung des Hungerproblems?

In der Zeitschrift »Wendepunkt« fand ich einen Bericht von Dr. Ralph Bircher:
»Vor mehr als zweitausend Jahren fuhr nach einer chinesischen Legende eine Gruppe von Landsuchern auf einem Flachsegelboot den Jangtsekiang hinauf, um an dessen Oberlauf neue Siedlungsgebiete auszukundschaften.
Nach einigen Wochen gelangten sie in reißende Flußpassagen, kamen nur langsam vorwärts, und der Proviant begann knapp zu werden. Schließlich blieben nur noch einige Säcke trockene Böhnchen im Laderaum übrig. Als man sie öffnete, schienen die Böhnchen unter dem Einfluß der Feuchtigkeit »verdorben«, sie hatten gesproßt, und waren kaum mehr Böhnchen, sondern vielmehr eine Masse von ausgekeimten jungen Sprossen. Hungrig, wie die Leute waren, aßen sie die Masse dennoch, und fanden sie zu ihrem Erstaunen wohlschmeckend und nahrhaft.«
Außer Bohnen ließ man dann auch andere Hülsenfrüchte und Getreide keimen – die einfachste Frischkost der Welt. In Kanada wurde bereits an einem Plan gearbeitet, »Hungerländer« mit dieser »Auskeimkost« zu versorgen. Wie viele andere revolutionäre Ideen,

so blieb offensichtlich auch diese auf der Strecke. Die unterentwickelten Länder werden statt dessen mit unserer krank machenden Zivilisationskost beliefert und von ihr abhängig gemacht. Im tiefsten Urwald hält man Mütter vom Stillen ihrer Kinder ab und redet ihnen Milchpulver ein, ein totes Präparat, das, mit unsauberem Wasser angerührt, zum Tod vieler Kinder führt.
Statt dessen ungemahlenes Korn in Hungergebiete zu schicken, hätte folgende Vorteile:

- einfacher Transport,
- lange Aufbewahrungszeit (wenn es trocken gelagert wird),
- es ist kein Brennmaterial für die Zubereitung nötig,
- die Versorgung mit nativem, das heißt nicht denaturiertem Eiweiß, Vitamin B1, A und C ist optimal, der Vitamingehalt ist nach dem Keimen sogar höher als vorher.

Viele Menschen könnten vor dem Verhungern gerettet werden.

Frischkost auch für das Kleinkind – Frischkornmilch als idealer Muttermilchersatz

Nein, Sie haben sich nicht verlesen. Wenn Sie Ihr Kind nicht stillen können oder die Milch nicht ausreicht, ist Frischkornmilch eine ideale Alternative, statt der fertiggekauften »toten« Babynahrung. Das Korn – Weizen, Hafer, Roggen oder auch Naturreis – sollte natürlich möglichst aus biologischem Anbau stammen. Fein mahlen, über Nacht (mindestens aber 5 bis 8 Stunden) in Wasser einweichen (am besten eine Porzellan- oder Glasschüssel verwenden) und mit Milch, möglichst roher, unbehandelter Milch, auffüllen. Fertig.
Kriegen Sie keine rohe Milch, nehmen Sie pasteurisierte, die ist immer noch besser als H-Milch oder (totes) Milchpulver.

Hier das Rezept für eine Trinkmenge von 120 g (1 Flasche):

20 g Vollgetreide
40 g Wasser
60 g Rohmilch

oder als Tagestrinkmenge für
5 Flaschen= etwa 600 g:
100 g Vollgetreide
200 g Wasser
300 g Rohmilch

Und so wird's gemacht:
Das frisch und fein gemahlene Korn abends in Wasser einweichen, am Morgen mit der Milch vermischen, in die Saugflasche füllen und im Wasserbad auf Trinktemperatur erwärmen (gut lauwarm). Eventuell eine Messerspitze Honig beigeben.
Haben Sie abends die Tagesmenge für 5 Flaschen gemahlen und eingeweicht, nehmen Sie die Portion für die Morgenmahlzeit ab und bewahren den Rest im Kühlschrank auf (erst bei Gebrauch mit der Milch vermischen).
Mahlt Ihre Mühle nicht fein genug, passieren Sie die trinkfertige Flüssigkeit durch ein Haarsieb. Je glatter die Frischkornmilch ist, desto leichter nimmt das Kind sie an. Während des Fütterns die Flasche hin und wieder kräftig schütttеln, da sich das Getreide leicht am Flaschenboden absetzt.
Nicht getrunkene Reste nicht aufwärmen, sondern wegschütten.
Von dieser Frischkornmilch erhält das Kind in den ersten Wochen täglich 4–5 Mahlzeiten, manche Kinder sind auch mit 3 Mahlzeiten zufrieden. Das Kind soll immer soviel trinken, wie es selbst mag, und nicht soviel, wie die Mutter nach Tabellen oder Teilstrichen erwartet.

Was Sie bei der Zubereitung der Frischkost unbedingt beachten müssen

Frischkost ist Heilkost, sie wird vor den gekochten Mahlzeiten gegessen.

- 1/3 der täglichen Nahrung sollte aus Frischkost bestehen und davon 2/3 aus Gemüse, 1/3 aus Obst.
- Möglichst zwei über und zwei unter der Erde gewachsene Pflanzenteile verwenden, da die einzelnen Teile unterschiedliche Vitalstoffe enthalten.
- Obst und Gemüse sollten so frisch wie möglich sein und aus biologischem Anbau stammen.
- Obst und Gemüse möglichst mit der Schale verwenden, z.B. Gurken, rote Rüben. Auch wenn die Gurke aus chemisch gedüngtem Anbau stammt, ist es besser, die Schale mitzuessen, weil sie Vitalstoffe enthält, die sonst verlorengehen und

die die chemische Düngung sozusagen einigermaßen ausgleichen.

- Gemüse und Obst nie lange im Wasser liegen lassen, kurz waschen oder bürsten (Gemüsebürste).
- Bereits zerschnittene oder zerpflückte Pflanzenteile sofort mit der Sauce vermischen, da der Luftsauerstoff sonst die Vitalstoffe zerstört.
- Nur naturbelassene, sogenannte kaltgepreßte Öle wie Sonnenblumen-, Distel-, Sesam-, Kürbiskern-, Olivenöl verwenden.
- Für die Sauce außer Öl, Obstessig, Weinessig, Zitronensaft auch süße oder saure Sahne, Joghurt, Quark, Schlagsahne, ein frisches Eigelb, Sauerkrautsaft oder den Saft von milchsauer eingelegten Gemüsen nehmen.
- Gesüßt wird mit Honig.
- Sparsam umgehen mit Salz (Vollmeersalz oder Kräutersalz bevorzugen).
- Verschwenderisch mit frischen und getrockneten Kräutern, Zwiebeln, Knoblauch, Meerrettich umgehen und ab und zu etwas Senf oder Sojasauce (Tamari) verwenden.
- Bei Empfindlichkeit Zwiebeln und Knoblauch nicht kombinieren, dies kann zu Blähungen führen!
- Bei Empfindlichkeit nicht rohes Obst und rohes Gemüse mischen.

Übrigens: eine gesunde Niere verträgt etwa 5–7 g Kochsalz pro Tag. Viele Menschen muten ihrer Niere aber Salzmengen von bis zu 20 g täglich zu. 9 g Salz binden 1 Liter Flüssigkeit im Körper! Zuviel Kochsalz macht also dick!

Etwas zur Fettfrage

Butter ist ungesund, verkündet der eine Professor, essen Sie Margarine – der nächste Professor behauptet genau das Gegenteil. Der Verbaucher ist ratlos. Wenn's der Herr Professor doch gesagt hat! Aber welcher Herr Professor hat denn nun recht?
Ich habe mir angewöhnt, meinem gesunden Menschenverstand zu vertrauen – und der Kollath-Tabelle. Der Wert eines Lebensmittels sinkt mit der Dauer seiner Zubereitung. Logischerweise werden Sahne und Butter, womöglich noch unpasteurisiert, neben den sogenannten kaltgepreßten Pflanzenölen auf die ersten Plätze kommen, akzeptabel sind noch die ungehärteten Pflanzenmargarinen aus dem Reformhaus bzw. Naturkostladen. Alle anderen, die Industriefette, sind künstlich gehärtet und abzulehnen, außerdem alle auf dem Markt befindlichen entsäuerten, laugenraffinierten, gebleichten, desodorierten, blankfiltrierten und geschönten Öle, bar aller lebensnotwendigen fettlöslichen Vitamine und hochungesättigten Fettsäuren.
Wichtig ist, daß auch die Fette, die wir essen, lebendige, möglichst naturbelassene Fette sind. Von lebendigen Fetten wird man nicht dick. Im Gegenteil, sie kurbeln den Stoffwechsel an.

Distelöl ist reich an Linolsäure. Es wird bei 65 Grad gepreßt und eignet sich deshalb sowohl für Salate als auch zum Kochen, Backen, Dünsten und Braten.
Haltbarkeit: bei kühler Lagerung circa 9 Monate.

Kürbiskernöl wird bei 43 Grad gepreßt. Kenner – speziell in der Steiermark, der Heimat des Kürbiskernöls – schätzen den kräftigen typischen Geschmack. Verwendung zu Salaten und Rohkost; Haltbarkeit: bei kühler Lagerung circa 9 Monate.

Leinöl wird bei 43 Grad gepreßt. Es enthält besonders viel Linolsäure, wird leicht ranzig, ist nicht lange haltbar und sollte nicht erhitzt werden. Am besten geeignet für Quarkgerichte;
Haltbarkeit: bei kühler Lagerung 3 Monate.

Olivenöl wird bei 43 Grad gepreßt. Aufgrund seines geringen Gehaltes an mehrfach ungesättigten Fettsäuren ist Olivenöl gut haltbar. Geeignet für Salate und Rohkost, zum Kochen, Backen, Dünsten und Braten;
Haltbarkeit: bei kühler Lagerung circa 12 Monate.

Sesamöl wird bei 42 – 43 Grad gepreßt. Bevorzugt für Salate und Rohkost verwenden, ist jedoch auch zum Kochen, Braten und Backen geeignet, da weniger empfindlich gegen Erhitzung als die meisten anderen Öle;
Haltbarkeit: bei kühler Lagerung 12 Monate.

Sonnenblumenöl wird bei 45 Grad gepreßt. Es ist reich an Linolsäure. Dazu kommt der naturgegebene Vitamin-E-Gehalt. Geeignet für Salate, Mayonnaisen, eigentlich zu schade zum Erhitzen;
Haltbarkeit: bei kühler Lagerung circa 9 Monate

Weizenkeimöl wird bei 80–100 Grad gepreßt. Es gehört also nicht mehr zu den kaltgepreßten Ölen. Die Kaltpressung wäre zu unergiebig und daher unerschwinglich. Weizenkeimöl sollte nicht erhitzt, eine angebrochene Dose innerhalb von 2–3 Wochen verbraucht werden, da bei Luftzufuhr der Abbau der Wirkstoffe (vor allem Vitamin E) rasch vor sich geht;
Haltbarkeit: bei kühler Lagerung circa 12 Monate.
Da Frischkornbrei-Esser in Form des frisch gemahlenen Weizens sowieso genügend Weizenkeimöl und damit Vitamin E zu sich nehmen, besteht kein Grund, zusätzlich Weizenkeimöl zu verwenden.
Die Haltbarkeitsangaben aller Öle beziehen sich stets auf die geschlossene Dose.

Butter mit ihrem hohen Gehalt an gesättigten Fettsäuren sollte aber auch noch erwähnt werden. Die Butter enthält zwar 58–65 % gesättigte Fettsäuren, außerdem aber noch 29–37% einfach ungesättigte, 2,9–4,6 % zweifach ungesättigte und 0,9– über 2 % hochungesättigte Fettsäuren (Polyensäuren). Prof. Schweihart weist in seiner wissenschaftlichen Studie »Butter und Margarine« darauf hin, daß in der Butter bisher 76 Fettsäuren identifiziert wurden, was bei keinem anderen Fett nur annähernd der Fall ist.

Übrigens: Falls Sie sich verunsichert fühlen durch die berüchtigten E-Nummern (Lebensmittelzusatzstoffe): Einfach nichts kaufen, was diese Farbstoffe, Konservierungsmittel, Antioxydantien, Emulgatoren, Stabilisatoren, Säuerungsmittel, Gelierverdickungsmittel und Geschmacksverstärker enthält!
Wir brauchen sie nicht, wenn wir naturbelassene Lebensmittel verwenden.
Wenn Sie genau wissen wollen, was sich hinter den E-Nummern verbirgt: Informationen dazu gibt es bei allen Verbraucherzentralen.

Gibt Saft und Kraft

Frischkost-, Salat- und Vorspeisenbuffet

Ich könnte ein ganzes Buch allein mit Salatrezepten füllen. Mit meinem hier ausgewählten Angebot möchte ich Ihre Phantasie anregen. Merke: Phantasie ist das wichtigste Requisit eines guten Kochs!

Avocados, gefüllt mit Gorgonzola

2 Avocados
1 TL Zitronensaft
50 g Gorgonzola
50 g Gervais (oder Quark)
Kräutersalz und Pfeffer
1 TL Senf
2 EL Sahne
gehackte Petersilie
ein paar Walnußkerne

Die Avocados halbieren, Steine entfernen. Avocadohälften mit Zitronensaft beträufeln. Gorgonzola mit Gervais, Kräutersalz, Pfeffer, Senf und Sahne gut vermischen. Masse in die Avocadohälften füllen; gehackte Petersilie darüber streuen und Walnußhälften daraufsetzen.

Bleichsellerie, gefüllt mit Käsecreme

4 Stangen Bleichsellerie
100 g Edelpilzkäse (Roquefort oder Gorgonzola oder Bavariablue)
2 EL frisch geriebener Parmesan oder Bergkäse
1 Becher saure Sahne
frisch gemahlender Pfeffer
Weinbrand nach Geschmack

Selleriestangen putzen, das Grün entfernen. Edelpilzkäse mit Parmesan mischen, saure Sahne, Pfeffer und Weinbrand zugeben und alles glatt rühren. Die Creme in die Selleriestangen füllen, oder die Selleriestangen in ein Glas stellen und die Creme getrennt zum Stippen reichen.

Les Crudités

An schönen Sommertagen stelle ich einfach eine Platte mit allen möglichen Gemüsen auf den Tisch – »les Crudités«, wie die Franzosen sagen: Tomaten, Blumenkohl, Champignons, Kohlrabi, Möhren, Fenchel, Stangensellerie, Gurken, Paprika, Radieschen, junge Zwiebeln – dazu für jeden eine Portion Aïoli (Rezept Seite 46) oder einfach: kaltgepreßtes Öl, Zitronensaft, Kräutersalz, die Pfeffermühle und eine Knolle Knoblauch sowie viele frische gehackte Kräuter, so daß jeder sich nach Geschmack seine Sauce selbst auf dem Teller mixen und seine Crudités hineinstippen kann.

Griechische Vorspeise Tzatziki

1 Salatgurke
2 Becher Joghurt
1 Becher saure Sahne
1 Eigelb
1 EL Wein- oder Obstessig
2 EL Olivenöl
1 EL fein gehackte Walnüsse
Kräutersalz und Pfeffer
2-3 Bund gehackter Dill
Knoblauch nach Geschmack

Die Gurke mit der Schale fein reiben. Alle weiteren Zutaten im Mixer oder mit dem Schneebesen gründlich verschlagen, dann mit der Gurke mischen.
Tzatziki wird sehr kalt serviert. Dazu schmecken warme, gebutterte Weizen- oder Maisfladen oder Roggenbrötchen.

Gemüse-Käse-Salat

500 g rohes Gemüse, z.B.:
gewürfelte Gurken
gewürfelte Tomaten
Blumenkohlröschen
Radieschenscheiben
Fenchelringe
Lauchringe
Zwiebelringe
100 g Käsewürfel, z.B. Bergkäse
Vinaigrette oder Kräutersauce (siehe Seite 53 und 51)
1 hart gekochtes Ei
frischer Meerrettich
eingelegte grüne Pfefferkörner

Die vorbereiteten Gemüse mit den Käsewürfeln vermengen, dann mit der Vinaigrette oder Kräutersauce mischen. Das hart gekochte Ei hacken und darüber streuen, ebenso den in dünne Späne gehobelten Meerrettich und die Pfefferkörner.

Griechischer Salat

6 Tomaten
1 Gurke
2 grüne Paprikaschoten
2 Zwiebeln
250 g Schafskäse
2 hart gekochte Eier
10 schwarze Oliven
1 EL Kapern
viel Oregano
Kräutersalz und Pfeffer
Olivenöl

Die Tomaten und Gurke in dicke Scheiben schneiden. Paprikaschoten entkernen und würfeln. Zwiebeln in Ringe schneiden, Käse würfeln. Alle Zutaten in eine Schüssel geben, obenauf die geviertelten Eier, Oliven und Kapern. Mit Oregano, Salz und Pfeffer bestreuen und großzügig das Olivenöl darüber gießen.
Den Salat ungemischt servieren.

Melonensalat

1 mittelgroße Honigmelone
2 gewürfelte Äpfel
3 gewürfelte Pfirsiche
1 Stück gewürfelter roher Sellerie
French dressing (siehe Seite 49)
1 Kopfsalat
100 g Nüsse oder Mandeln

Die Früchte- und Selleriewürfel in der Sauce 10 Minuten marinieren. Auf Salatblättern anrichten, die Nüsse darüber streuen.

Selleriecocktail

1 Staude Bleichsellerie
3 Birnen
Saft einer halben Zitrone
Petersilie
2 EL Walnußkerne
100 g Roquefort o. Bavariablue

Die geputzen Selleriestengel in Scheiben schneiden (nur das Zarte nehmen). Birnen würfeln, mit dem Sellerie und Zitronensaft mischen, in Portionsgläser füllen. Mit gehackter Petersilie, Walnußkernen und dem zerbröselten Käse bestreuen.
Ein Gedicht! Dazu ein warmer, gebutterter Weizen- oder Maisfladen.

Spinat-Champignon-Salat

500 g ganz junge Spinatblätter
500 g zarte Champignons
2 EL Zitronensaft
1 Zwiebel
2-3 EL Sonnenblumenöl
Kräutersalz und Pfeffer

Spinatblätter waschen und gut abtropfen lassen. Champignons in dünne Scheiben schneiden. Spinat auf einer Platte anrichten, darüber die Champignonscheiben geben und sofort mit etwas Zitronensaft beträufeln. Zwiebel würfeln und im Öl andünsten. Vom Herd nehmen und mit dem restlichen Zitronensaft, Salz und Pfeffer würzen. Die Mischung über Spinat und Pilze gießen.

Wildkräutersalat

Nehmen Sie je eine Handvoll Löwenzahn-, Brennessel-, Sauerampfer- und Brunnenkresseblätter.

Sauce:
2-3 EL Sonnenblumenöl
1 Becher Joghurt
1/2 Becher saure Sahne
Kräutersalz und Pfeffer
1 EL Zitronensaft
nach Geschmack Knoblauch

Alle Blätter mit der Schere abschneiden (für die Brennessel eventuell Handschuhe anziehen, es sei denn, Sie ertragen das Brennen als kleine Anti-Rheuma-Kur. Sind die Blätter erst einmal gehackt, brennen sie nicht mehr).
Blätter unter fließendem Wasser kurz waschen, trockenschleudern und grob hacken (nur die Brennessel fein hacken). Die Zutaten für die Sauce verrühren und sofort mit den Wildkräutern vermischen.

Sämtliche Wildkräuter können Sie natürlich auch an jeden anderen Salat geben.

Spargelsalat

500 g junger Spargel	1 TL Honig
200 g Champignons	Kräutersalz
Weißweinessig	Sonnenblumenöl
1 EL gemahlener Koriander	Kresse

Den Spargel schälen und in feine Scheiben, die Champignons in dicke Scheiben schneiden. Beides mischen und in einer Marinade aus Weißweinessig, Koriander, Honig und Kräutersalz zugedeckt ziehen lassen. Vor dem Servieren mit Öl beträufeln und die Kresse darüber streuen.

Frischkost

... aus Knollen und Wurzeln

- Kohlrabi (gestiftelt oder gewürfelt); angemacht mit Sesamöl, Zitronensaft, Honigschlagsahne; Nüsse zum Bestreuen.
- Roher Sellerie und Äpfel (beides grob gerieben), Beinwell geschnitten; angemacht mit Zitronensaft, saurer Sahne, etwas Honig; Nüsse zum Bestreuen.
- Möhren (grob gerieben); angemacht mit Zitronensaft, saurer Sahne, Sonnenblumenöl, Kräutersalz, Honig, Knoblauch; Walnüsse oder Haselnüsse zum Bestreuen.
- Rote Rüben (grob geriebenen); angemacht mit saurer Sahne, Zitronensaft, Naturvanille, Rosinen.
- Fenchelscheiben, frische Ananasscheiben, Feldsalat; angemacht mit saurer Sahne, Orangensaft, Honig, Kräutersalz und Pfeffer, Sesamöl, Kokosraspel zum Bestreuen.
- Sellerie und Äpfel (grob geraspelt); angemacht mit saurer Sahne, Zitronensaft; Mandeln zum Garnieren (Sellerie und rote Rüben sind besonders eisenhaltig, ideale Gemüse für Wintersalate).
- Rote Rüben und Möhren, Sellerie (grob geraspelt) und Sauerkraut; angemacht mit gehackter Zwiebel, Knoblauch, Zitronen-

saft, Kreuzkümmel (im Mörser zerstoßen), Paprika, Sonnenblumen- oder Sesamöl, gehackte Petersilie.
- Rote Rüben (grob geraspelt); angemacht mit Sonnenblumen- oder Olivenöl, Kräutersalz, Zitronensaft, geriebenem Meerrettich; gekeimte Weizenkörner zum Bestreuen.
- Fenchel (in dünnen Scheiben); angemacht mit Kräutersalz und Pfeffer, Obstessig, Olivenöl (dieser Salat darf etwas ziehen).
- Sellerie und Äpfel (grob gerieben); angemacht mit Zitronensaft, saurer oder süßer Sahne, gewürfelten Avocados, Rosinen, Obstessig, Olivenöl.
- Rote Rüben (grob geraspelt), gehackte Zwiebeln, geriebener Meerrettich; angemacht mit saurer Sahne, Sonnenblumenöl, Obstessig, Kräutersalz und Pfeffer.
- Möhren (grob geraspelt), Radieschen und Zucchini (gestiftelt); angemacht mit Zitronensaft, saurer Sahne, Kräutersalz und Pfeffer, Knoblauch.
- Möhren (grob geraspelt) auf Salatblättern anrichten, angemacht mit saurer Sahne, Olivenöl, Kräutersalz und Pfeffer.
- Möhren und Äpfel (grob gerieben); angemacht mit Zitronensaft, saurer Sahne; Nüsse zum Garnieren.

Die rote Rübe galt seit jeher in der Volksheilkunde als blutverbesserndes Gemüse. 1961 erregten dann die Berichte des ungarischen Arztes und Forschers Dr. Alexander Ferenczi Aufsehen. Er stellte fest, daß der im Farbstoff der roten Rübe vorhandene hohe Eisengehalt eine gestörte Zellatmung normalisiert. Es werden immer wieder Wunderdinge berichtet, wonach die rote Rübe auf Grund ihres Heilstoffes Anthocyan Tumore geheilt haben soll.
Von Ganzheitsmedizinern wird sie tatsächlich zur Krebsbehandlung eingesetzt, vor allem bei Leukämie.

In der roten Rübe ist der Vitamin B-Komplex stark vertreten sowie Kalium, Magnesium und Kalzium und – sehr wichtig zur Stärkung der körpereigenen Abwehrkräfte – Silizium (Kiesel).

... aus Blattgemüsen

- Junge Spinatblätter; angemacht mit Kräutersalz, Pfeffer, Zitronensaft, Olivenöl, Zwiebelwürfeln, Knoblauch; in Butter gebratene Pinienkerne zum Bestreuen.
- Feldsalat; angemacht mit Obstessig, Olivenöl, Kräutersalz, Pfeffer, Gorgonzolawürfeln, Knoblauch-Weizenbrot-Croûtons zum Garnieren.
- Römersalat, 1 Zwiebel, 1 Paprikaschote; angemacht mit Kräutersalz, Pfeffer, Olivenöl, Zitronensaft, Obstessig, Knoblauch, Honig; schwarze Oliven, gewürfelter Schafskäse und frische Minzeblätter zum Garnieren.
- Grüner Salat, Champignons (blättrig geschnitten); angemacht mit Zitronensaft, Sesamöl, Kräutersalz, Pfeffer; Mandarinenspalten und Kürbiskerne zum Garnieren.
- Chicorée, Bananen, Äpfel (alles in Scheiben); angemacht mit Sonnenblumenöl, Zitronensaft, saurer Sahne; Walnußhälften zum Garnieren.
- Kopfsalat oder Friséesalat, Frischkäse; angemacht mit Joghurt, saurer Sahne, Kräutersalz und Knoblauch.
- Chicorée und Äpfel (in Scheiben); angemacht mit Obstessig, Kräutersalz, und Pfeffer, Olivenöl, Knoblauch, Curry und saurer Sahne.
- Chicorée, Tomaten und Bleichsellerie (in Scheiben); angemacht mit Mayonnaise (siehe Seite 52).
- Feldsalat, Chicorée (in Scheiben); angemacht mit Sesamöl, Obstessig, Rosinen, Zitronensaft und Sojasauce; Kürbiskerne zum Bestreuen.
- Kopfsalat, Birnen (gewürfelt), gefüllte Oliven in Ringe geschnitten; angemacht mit Olivenöl, Obstessig, Rotwein, Kräutersalz, Pfeffer und Knoblauch.
- Chicorée (in Ringen), Bananen (zermust); angemacht mit Zitronensaft, Kräutersalz und Pfeffer, Knoblauch, Frischkäse.
- Endiviensalat (in Streifen geschnitten), Tomatenviertel, Bananenscheiben, Zucchinischeiben; angemacht mit saurer Sahne, Joghurt, Kräutersalz und Pfeffer, Knoblauch, Tomatenketchup, Blättchen von frischer Minze zum Garnieren.
- Spinatblätter, Kopfsalat, junge Zwiebeln, Radieschen und Dill im Mixer püriert mit Joghurt, Zitronensaft und saurer Sahne.

... aus gekeimten Hülsenfrüchten

- Gekeimte grüne Mungobohnen; angemacht mit Sesamöl und Tamari-Sojasauce; Kürbis- und Sonnenblumenkerne zum Bestreuen.
- Gekeimte Linsen oder Kichererbsen; angemacht mit Orangenstückchen, Honig, Ingwerpulver und Tamari-Sojasauce.
- Gekeimter Weizen; angemacht mit Obstessig, Olivenöl, Kräutersalz, Pfeffer, Senf, Zwiebel und Knoblauch (dieser Salat darf ein bißchen durchziehen).
- Gekeimte Azuki-Bohnen; angemacht mit Obstessig, Sonnenblumenöl und Knoblauch.

... aus Kohl

- Blumenkohlröschen; angemacht mit Honigschlagsahne, Zitronensaft (sparsam!); Kokosraspel zum Bestreuen.
- Fein geschnittener Rotkohl; angemacht mit Obstessig, Sonnenblumenöl, Rotwein, Zwiebelringen; Kürbiskerne und eine Rosette von Mandarinenscheiben zum Garnieren.
- Fein geschnittener Weißkohl; angemacht mit saurer Sahne, Zitronensaft, Kräutersalz und Pfeffer; Walnußhälften zum Garnieren.

... aus allerlei anderen Gemüsen

- Gurke (gewürfelt), Beinwellblätter (kleingeschnitten); angemacht mit saurer Sahne, Senf, Kräutersalz und Pfeffer, Knoblauch; frische oder getrocknete Pfefferminzblätter zum Garnieren.
- Zucchini (in feinen Scheiben); angemacht mit Zitronensaft, Sesamöl, Knoblauch, Curry, Kräutersalz, Honig; Mandarinenspalten und Kürbiskerne zum Garnieren (Salat etwas ziehen lassen).
- Zucchini in Scheiben; angemacht mit Obstessig, Olivenöl, geriebenem Meerrettich.
- Milchsaure Zucchini, frische Zucchini (in Scheiben), Rotkohl (fein geschnitten), Äpfel (gewürfelt); angemacht mit Senf, saurer Sahne, Kräutersalz und Pfeffer, Knoblauch, Curry; Kürbiskerne und Mandarinenspalten zum Garnieren.

- Tomaten und Bananen (in Scheiben); angemacht mit Sesamöl, Obstessig, Honig.
- Tomaten (in dünnen Scheiben), Lauch (in feine Ringe geschnitten); angemacht mit Kräutersalz und Pfeffer, Sonnenblumenöl oder Olivenöl, Zitronensaft, Joghurt, saurer Sahne.
- Gurke (in Scheiben), Honigmelone (in Würfeln), Blattsalat (am besten der krisselige Friséesalat), Erdbeeren, Frischkäse in Würfeln, grüne Pfefferkörner; angemacht mit Zitronen- und Orangensaft, Sesamöl, Honig, Kräutersalz und Pfeffer.
- Tomaten in Scheiben, Zwiebeln und Fenchel (in Ringen), Paprika (in Streifen); angemacht mit Olivenöl, Obstessig, Kräutersalz und Pfeffer; auf Salatblättern anrichten und mit Scheiben von gekochten Eiern und Oliven garnieren.
- Gurken (in dünne Scheiben gehobelt), Möhren (grob geraspelt); angemacht mit Olivenöl, Obstessig, Kräutersalz und Pfeffer, Knoblauch; gehackter Dill und Petersilie zum Bestreuen (dieser Salat darf gut durchziehen!).
- Champignons und Äpfel (in Scheiben); angemacht mit Zitronensaft und Obstessig, Knoblauch, Curry; Mandeln zum Bestreuen (etwas ziehen lassen!).
- Champignons (blättrig geschnitten), angemacht mit Zitronensaft, Kräutersalz und Pfeffer; mit Zwiebelringen garniert.
- Avocados (gewürfelt), Bleichsellerie (in Scheiben), junge rohe Erbsen, hartgekochte gewürfelte Eier; angemacht mit Mayonnaise, Sojasauce, Tomatenmark; gehackte Petersilie zum Garnieren.
- Champignons in Scheiben, Spinatblätter, knusprig geröstete Weizenbrotwürfel, Würfel von frischem Parmesan oder Bergkäse; angemacht mit Obstessig, Rotwein, Olivenöl, Kräutersalz und Pfeffer, Knoblauch; Blättchen von frischem Basilikum oder Salbei zum Bestreuen.

Gänseblümchen, Löwenzahnblüten, Ringelblumen und die Blüten der Kapuzinerkresse sind nicht nur eine Augenweide auf jedem Salatteller – sie werden auch mitgegessen.

- Chinakohl (in Streifen), Äpfel (gewürfelt); angemacht mit saurer Sahne, Obstessig, Kräutersalz und Pfeffer, Honig, frisch geriebenem Meerrettich; gehackte Petersilie und Schnittlauch zum Bestreuen.

Apropos Meerrettich: Bei Erkältungswetter hilft vorbeugend eine Portion frisch geriebener Meerrettich, mit Sahne verrührt. 5 g genügen, um Bazillen in die Flucht zu schlagen. Eine ähnliche antibiotische Wirkung hat die Kresse.

- Sauerkraut, Wacholderbeeren (im Mörser zerstoßen), Äpfel (gewürfelt); angemacht mit Honigschlagsahne; Scheiben von Blutorangen und Walnußhälften zum Garnieren.
- Blumenkohlröschen, Spinatblätter, Tomatenviertel; angemacht mit Obstessig, Olivenöl, Kräutersalz, Pfeffer und Knoblauch; Kresse zum Garnieren.
- Rotkohl (fein geschnitten), Feigen (in Würfeln), Orangen, Bananen (in Scheiben); angemacht mit Kräutersalz und Pfeffer, Honig, Zitronensaft, Olivenöl.
- Weiß- oder Wirsingkohl (fein geschnitten), Tomaten (in Scheiben oder Würfeln); angemacht mit Kräutersalz, Knoblauch, Sonnenblumenöl, saurer Sahne, Pfeffer, Muskatblüte; gehackte Petersilie und Schnittlauch zum Bestreuen.
- Sauerkraut; angemacht mit saurer Sahne und zerstoßenen Wacholderbeeren; in die Mitte grüne gekeimte Mungobohnen geben und mit Blutorangenscheiben umlegen.

Rohe und gekochte Saucen

Es ist fast unmöglich, für Salatsaucen genaue Mengen anzugeben. Der eine liebt seinen Salat vor Öl triefend, der nächste mag ihn nur mit Joghurt, der dritte wird ohnmächtig, wenn die Salatschüssel mit einer Knoblauchzehe ausgerieben wurde.
In Norddeutschland schmeckt jeder Salat nach Zucker; der Salat meiner Kindheit schwamm in gezuckertem Zitronenwasser. Ich möchte auch hier eher Vorschläge machen als Vorschriften. Die meisten phantasievollen Köche und Köchinnen arbeiten sowieso nicht mit Waage und Meßbecher, sondern gießen Öl und Sahne mit einem Schwupp an und würzen mit den Fingern.
Als klassisches Mengenverhältnis gilt:
2 Drittel Öl, ein Drittel Essig, Salz (sparsam). Und wie für alles im Leben, so gibt's auch für die Salatzubereitung ein Sprichwort:

Nimm Öl wie ein König,
Essig wie ein Bettler
und Salz wie ein Weiser.

Die Aïoli
Eine göttliche Sauce zu Gemüse wie grünen Bohnen, Karotten und Pilzen (alle »al dente« gedünstet) und rohen Tomaten.

---

16 Knoblauchzehen
(jawohl, 4 pro Person!)
Kräutersalz und Pfeffer
2 Eigelb
Zitronensaft
ca. 12 EL Olivenöl

Knoblauchzehen durch die Presse drücken, salzen und pfeffern. Die Eigelb vorsichtig unterrühren. Die Masse muß geschmeidig werden. Tropfenweise den Zitronensaft und dann das Öl zugießen, dabei kräftig mit dem Schneebesen schlagen, bis eine ziemlich steife Mayonnaise entsteht.

Die Aïoli unter das noch warme Gemüse mischen und dieses bis zum Anrichten kalt stellen. Mit gehackter Petersilie bestreuen.

Apfel-Meerrettich-Sahne-Sauce
zu Rohkostsalaten

1 großer Apfel
1 fingerlanges Stück Meerrettich
2 EL Zitronensaft
1 Spur Honig
Kräutersalz
1 Becher Sahne

Den ungeschälten Apfel entkernen, Meerrettich schälen. Mit allen übrigen Zutaten pürieren.

Fast jeder stellt sich etwas anderes darunter vor, selten das Richtige: gemeint ist das Schlagwort »Vitalstoffe«. Vertreter der alten Ernährungslehre bekämpfen diesen Begriff geradezu leidenschaftlich – stellt er doch ihre veraltete Ernährungslehre in Frage. Nachdem klar geworden war, daß die Wertigkeit eines Nahrungsmittels nicht nur von seinem Gehalt an Eiweiß, Fett und Kohlenhydraten bestimmt wird, wie man lange angenommen hatte, sondern daß da noch ganz andere Stoffe, zum Teil vielleicht heute noch nicht erkannte, eine Rolle spielen, faßte man diese unter dem Begriff »Vitalstoffe« zusammen (Prof. Schweigart).

Zu den Vitalstoffen gehören:
1. Die Vitamine (wasserlösliche wie Vitamin C, fettlösliche wie A, D, E und F und der ganze Vitamin B-Komplex).
2. Die ungesättigten Fettsäuren.
3. Die Mineralsalze wie Natrium, Kalium, Kalzium, Magnesium und viele andere.
4. Die Spurenelemente. Das heißt Elemente, die nur in ganz geringen Mengen nötig sind. Das Element Kobalt zum Beispiel ist zur Blutbildung unentbehrlich. Es ist ein Teil des Vitamin B12. Pro Tag benötigt man davon ein zweimillionstel Gramm, unvorstellbar wenig, aber diese Miniportion braucht man eben. Bekommt man sie über längere Zeit nicht, wird man krank.

5. Die Enzyme oder Fermente, sehr wichtige Eiweißstoffe, die wir brauchen, um andere Stoffe umzuwandeln. Diese Enzyme nehmen Schaden, wenn sie über 43 Grad erhitzt werden.
6. Die Aromastoffe, also Stoffe, die etwa den spezifischen Duft einer Erdbeere, eines Salbeiblattes ausmachen.
Unsere Zivilisationskost macht uns krank durch ihren chronischen Vitalstoffmangel. Und genau das wollen wir ändern. Denn: Wenn ein körperlicher Schaden durch falsche Ernährung entstanden ist, so muß er logischerweise durch Umstellung auf richtige Ernährung wieder zu beheben oder mindestens zu lindern sein.

Edelpilzkäsesauce

50 g Gorgonzola,
Roquefort oder Bavariablue
6 EL Joghurt (oder halb
Joghurt – halb Quark)
4 EL Sonnenblumenöl
1 EL Zitronensaft
1 MSP Honig
Kräutersalz und Pfeffer

Käse mit der Gabel zerdrücken, alle Zutaten gut miteinamder verrühren. Ein herrlicher Dip für Staudensellerie.

Variante:
100 g Gorgonzola,
Roquefort oder Bavariablue
1 Becher saure Sahne
Pfeffer
2 EL Weißwein
evtl. etwas Zitronensaft
Alle Zutaten im Mixer verrühren.

Frankfurter Grüne Sauce

Es gehören sieben Kräuter hinein:

je 1 Bund Petersilie, Schnittlauch, Kresse, Kerbel und
Borretsch, etwas Sauerampfer und Zitronenmelisse
1 Becher saure Sahne
1 Becher Joghurt
2 TL Senf
Meersalz und Pfeffer
Mayonnaise aus:
2 Eigelb
Salz und Pfeffer
etwas Honig
1 EL Zitronensaft
1/4 l Olivenöl

Alle Kräuter fein hacken und saure Sahne, Joghurt und Senf, Salz und Pfeffer dazugeben.
Für die Mayonnaise das Eigelb mit Salz und Pfeffer, Honig und Zitronensaft verrühren. Dann tropfenweise unter Rühren das Öl zugeben.
Die Mayonnaise mit der Kräutermasse vermischen, nachwürzen. Vor dem Servieren kann die Sauce nach Belieben mit hartgekochten Eihälften garniert werden.

French dressing

3 EL Olivenöl
2 EL Weinessig
Kräutersalz und Pfeffer
Knoblauch

Alle Zutaten miteinander verrühren oder in den Mixer geben.

Holländische Sauce

1 EL Zitronensaft
1 EL kaltes Wasser
Kräutersalz
Pfeffer
1 MSP Honig
4 Eigelb
125 g Butter
2 El Zitronensaft nach Geschmack

Wenn Sie keinen speziellen Wasserbadtopf haben, nehmen Sie einen größeren und einen kleineren Topf. Den größeren füllen Sie zu einem Drittel mit Wasser, das kurz vor dem Kochen sein muß, aber nicht kochen darf.
In den kleineren Topf Zitronensaft, Wasser, Salz, Pfeffer und Honig geben und diesen in den größeren hineinhängen. Unter ständigem Schlagen mit dem Schneebesen nach und nach die Eigelb, dann die in Stücke geschnittene Butter zufügen. Schlagen, bis eine cremige Sauce entsteht. Noch einmal mit Zitronensaft abschmekken, eventuell nachwürzen.

Holundergeleesauce

6 EL Mayonnaise (oder halb Mayonnaise, halb Joghurt)
4 EL Holundergelee
1 TL scharfer Senf
1 TL geriebener Meerrettich
2 EL Honigschlagsahne

Alles gut miteinander verrühren.
Die Sauce paßt besonders gut zu Chicorée- oder Bleichsellerie-salat; statt des Holundergelees können Sie natürlich auch Johannisbeergelee nehmen.

Italian dressing

3 EL Weinessig
1 gestr. TL Kräutersalz
2 TL scharfer Senf
Pfeffer
6 EL Olivenöl

Alles sorgfältig mit der Gabel verrühren.

Käse-Royale

Diese wahrhaft königliche Schweizer Käsesauce ist trotz ihrer Einfachheit ein Knüller. Ideal zum Überbacken von Aufläufen aus Gemüse, Teigwaren oder Getreide.

3 Eier
1/4 l Milch (noch besser halb Milch, halb Sahne)
Kräutersalz und Pfeffer
Muskat
100 g geriebener Käse (z.B. Gruyère, Emmentaler, Parmesan oder Bergkäse)

Die Eier mit der Milch/Sahne gut verquirlen, mit den Gewürzen abschmecken, den Käse unterziehen. Die Sauce über die vorbereiteten Auflaufzutaten gießen und je nach Rezept im Ofen backen.

Kräutersauce

je 2 EL gehackte Petersilie, Kerbel, Estragon und Dill
1 EL gehackter Borretsch
2 hart gekochte Eigelb
3 EL Quark
3 EL Öl
1 Prise geriebener Majoran
Kräutersalz und Pfeffer
1 TL Senf
1 EL Obstessig

Die gehackten Kräuter mit dem zerdrückten Eigelb vermischen. Quark mit Öl verrühren (eventuell mehr Öl zugeben, kommt auf den Quark an), alles gut vermischen und mit den restlichen Zutaten abschmecken.

Kräutermayonnaise

1 Zwiebel
1 Handvoll Petersilie
1 Knoblauchzehe
Kräutersalz
1/8 l Sahne
1 TL Senf
1 TL Zitronensaft
Muskat

Zwiebel fein schneiden, Petersilie hacken, Knoblauch durch die Presse drücken. Mit allen Zutaten im Mixer pürieren.

Kräuter-Sahne-Sauce

1 Becher saure Sahne
2 TL Senf
2 TL Obstessig
Kräutersalz und Pfeffer
1 Knoblauchzehe
1 Becher süße Sahne (steif geschlagen), gehackte Garten- oder Wildkräuter

Sahne, Senf und Obstessig mit Gewürzen und Knoblauch verrühren, steif geschlagene Sahne und die gehackten Kräuter unterziehen.

Mayonnaise

1 Eigelb
1/8 l Öl
Estragonessig
nach Geschmack
1 Spritzer Soja sauce
Saft einer halben Zitrone
Senf
Kräutersalz
1MSP Cayennepfeffer

Zuerst das Eigelb mit dem Öl im Mixer verrühren, dann die Gewürze zugeben.

Indische Mayonnaise

1 Becher süße Sahne
1 TL Curry
Knoblauch
1 TL Senf
1 TL frisch geriebener
Meerrettich
Kräutersalz und Pfeffer
1 TL Zitronensaft
2 EL Olivenöl
1/2 TL Ingwerpulver
im Mörser zerstoßener
Kreuzkümmel
Spur Cayennepfeffer

Alle Zutaten im Mixer mischen. Vorsichtig an den gewünschten Schärfegrad herantasten!
Diese Mayonnaise eignet sich besonders gut für Salate aus Wurzeln und Knollen. Sie kann auch noch mit Honig und Rosinen sowie etwas Mango-Chutney exotischer gemacht werden.

Sahne-Joghurt-Knoblauch-Sauce

1 Becher saure Sahne
1 Becher Joghurt
Kräutersalz und Pfeffer
1 Knoblauchzehe
Dill (auch getrocknet)

Sahne, Joghurt, Kräutersalz und Pfeffer mit durchgepreßtem Knoblauch verrühren, den gehackten Dill unterziehen.
Das ist die schnellste und wirkungsvollste Sauce der Welt. Sie paßt zu kaltem und warmem Gemüse, ideal zu gebratenen Auberginenscheiben oder Brokkoli, sie gibt aber auch der Kohlsuppe oder dem Borschtsch erst den richtigen Pfiff.

Meine Vinaigrette
Zu grünen Salaten, Artischocken, Avocados und, und, und ...

1-2 EL Obstessig
1 EL Zitronensaft
1/2 TL scharfer Senf
Kräutersalz und Pfeffer
6-8 EL Öl
1 gehackte Zwiebel
gehackte Kräuter
(Schnittlauch und Petersilie)
einige gehackte Oliven und
Kapern
1 gekochtes Eigelb

Obstessig, Zitronensaft und Senf verrühren, mit Salz und Pfeffer abschmecken. Unter ständigem Rühren das Öl und die übrigen Zutaten untermischen.

Béchamelsauce

2-3 EL Weizenmehl
oder –schrot
1l warme Milch
1 Lorbeerblatt
1 EL gekörnte Brühe oder
1 Gemüsebrühwürfel
1 geriebene Zwiebel
eventuell Kräutersalz
frisch geriebener weißer Pfeffer
1 Prise Muskat
1 Stich Butter
gehackte Petersilie

Das Mehl in einer Pfanne ohne Fett kurz rösten, bis es duftet (es muß hell bleiben), dann abkühlen lassen. Unter ständigem Rühren die Milch zugießen. Lorbeerblatt, gekörnte Brühe, geriebene Zwiebel beifügen und alles aufkochen, eventuell mit Salz, Pfeffer und Muskat würzen und den Stich Butter unterziehen. Mit gehackter Petersilie bestreut anrichten (Lorbeerblatt entfernen).
Auf der Grundlage einer Béchamelsauce lassen sich im Nu aparte Saucen zubereiten, die alle zu Gemüse-, Hirse-, Mais-, Reis- und Teigwarengerichten passen.

Folgende Varianten
lassen sich mit der Béchamelsauce herstellen:

Curry-Rosinen-Sauce:
Die Béchamelsauce mit reichlich Curry abschmecken und Rosinen darin ausquellen lassen.

Dillsauce:
In die Béchamelsauce 2 Eßlöffel oder mehr fein geschnittenen Dill geben und nach Geschmack Zitronensaft oder Weißwein.

Fenchelsauce:
Unter die Béchamelsauce eine Handvoll fein geschnittenes Fenchelgrün rühren.

Kapernsauce:
Die Béchamelsauce mit ganzen oder gehackten Kapern und Zitronensaft abschmecken.

Käsesauce:
Die Béchamelsauce mit 3-4 Eßlöffeln frisch geriebenem Parmesankäse kurz aufkochen und etwas ziehen lassen.

Mangochutney-Sauce:
4-5 Eßlöffel Mangochutney verrühren, in der Béchamelsauce einmal kurz aufkochen lassen.

Meerrettichsauce:
In die Béchamelsauce einen Apfel (mit der Schale) und ein Stück Meerrettich reiben (Menge nach Geschmack). Mit Zitronensaft, Kräutersalz, einer Messerspitze Honig und 2 Eßlöffeln saurer oder süßer Sahne abschmecken. Noch einmal heiß werden, aber nicht mehr kochen lassen.

Sauce Mornay:
Unter die heiße Béchamelsauce 2 mit 1/8 l süßer Sahne verquirlte Eigelb ziehen, 2 Eßlöffel Butter und 3 Eßlöffel geriebenen Parmesankäse darin schmelzen lassen. Noch einmal heiß werden und ziehen, aber nicht mehr kochen lassen.

Olivensauce:
Die Béchamelsauce mit 4-5 Eßlöffeln Tomatenmark und 2 Eßlöffeln gehackten Oliven kurz aufkochen. Eventuell mit Kräutersalz und einer Messerspitze Cayennepfeffer nachwürzen.

Safransauce:
4-5 Eßlöffel Senffrüchte grob hacken, in der Béchamelsauce kurz aufkochen, mit 1/2 Teelöffel Safran, einem Schuß Cognac, Portwein oder Sherry abschmecken.

Senfsauce:
In die Béchamelsauce cirka 2 Eßlöffel Senf geben. Besonders gut mit Moutarde de Meaux, einem französischen Senf mit grob gemahlenen Senfkörnern.

Champignonsauce

500 g Champignons
1 Zwiebel
2 EL Butter
1/2 l Weißwein
gekörnte Brühe (oder Gemüsebrühwürfel)
Zitronensaft
Kräutersalz und Pfeffer
Muskat
nach Geschmack: gehackte Kräuter (Kerbel, Petersilie)

Die Champignons im Mixer pürieren, die feingehackte Zwiebel in der Butter andünsten, Champignonpüree zugeben sowie Weißwein, gekörnte Brühe, Zitronensaft, Kräutersalz, Pfeffer und Muskat nach Geschmack. 5 Minuten köcheln lassen, zum Schluß die feingehackten Kräuter unterrühren.
Diese traumhafte Sauce paßt zu allen gedünsteten Gemüsen wie Blumenkohl und Brokkoli, Fenchel, Auberginen und Möhren, aber auch zu Teigwaren und Getreidegerichten.

Gorgonzolasauce »Pepe«
zu Nudeln, Gnocchi etc. (reicht für ein Kilo Teigwaren)

2 EL Butter
200 g Gorgonzola
2 EL zerquetschte Tomaten (vorher überbrühen und die Haut abziehen)
6 EL süße Sahne
4 EL geriebener Parmesan
frisch geriebener Pfeffer

Butter in einem Topf schmelzen. Gorgonzola darin zergehen lassen. Tomaten und Gemüsebrühe einrühren. Die Sauce bis zum Servieren warm halten. Inzwischen beliebige Teigwaren garen, gut abtropfen lassen. Die Teigwaren in der Sauce wenden, dann Sahne und Parmesan unterziehen. Alles in eine vorgewärmte Schüssel füllen und mit Pfeffer würzen.

Falls Sie Roquefort statt Gorgonzola nehmen, genügen 150 g, dafür brauchen Sie aber zwei Eßlöffel Butter mehr.

Tomatensauce aus Korsika

2 Zwiebeln
2 Knoblauchzehen
4 EL Öl
6 EL Tomatenmark
10 abgezogene Tomaten
2 Lorbeerblätter
1/2 TL Oregano
1 Streifen Zitronenschale
Kräutersalz und Pfeffer
6 EL Weißwein
1-2 EL Sojasauce

Die fein gehackten Zwiebeln und den fein gehackten Knoblauch im Öl golden dünsten. Tomatenmark und die abgezogenen Tomaten dazugeben sowie Lorbeerblätter, Oregano, Zitronenschale, Kräutersalz, Pfeffer und Weißwein. Köcheln lassen.
Die Korsen kochen diese Sauce bis zu 2 Stunden – ich finde eine Viertel- bis eine halbe Stunde ausreichend. Zum Schluß die Sojasauce dazugeben. Eventuell durchseihen, auf jeden Fall Lorbeerblätter und Zitronenschale herausnehmen.
Ein kleiner Landgasthof auf Korsika ist berühmt für diese Tomatensauce. Man gießt sie reichlich über Nudeln und streut dann noch dick geriebenen Parmesan darüber. Ein Salat dazu und ein Glas Wein – ein Gedicht.

Zitronensauce ist nach wie vor meine Favoritin zu knackigem Gemüse.

Einfache Zitronensauce

1 gehackte Zwiebel
1 EL Olivenöl
1 Tasse Gemüsebrühe
abgeriebene Schale und Saft von einer Zitrone
1 TL Weizenmehl

Zwiebeln in Öl andünsten, dann Gemüsebrühe und Zitronenschale zufügen und das Weizenmehl unterrühren. Die Sauce aufkochen lassen und mit Zitronensaft abschmecken.

Für zwischendurch und abends

»Amuse-gueule«, wie die Franzosen sagen – Gaumenreizerl: Soufflés, Gratins, ...

Auberginencreme

2 mittlere Auberginen
Zitronensaft zum Beträufeln
2 EL Butter
1 Glas Portwein
1 Handvoll grob gehackte Haselnüsse
1 Handvoll Rosinen
1/2 TL Honig
Kräutersalz und Pfeffer
1/8 l Sahne

Auberginen schälen, würfeln und mit dem Zitronensaft beträufeln. Würfel in 1 EL der Butter und dem Portwein dünsten. Nüsse und Rosinen in der restlichen Butter kurz rösten und zu den Auberginen geben, alles weich dünsten (etwa 1/2 Stunde).
Mit Honig, Kräutersalz und Pfeffer abschmecken und pürieren. Die steif geschlagene Sahne unter die Masse ziehen.
Mit warmen Weizenfladen servieren.

Ein Auberginen-Hit, und so einfach:

Gebratene Auberginen

4 kleine Auberginen
Zitronensaft
Kräutersalz und Pfeffer
Olivenöl zum Braten

Gewaschene Auberginen mit der Schale quer in etwa 1/2 cm dicke Scheiben schneiden, sofort mit Zitronensaft beträufeln. Mit Kräutersalz und Pfeffer bestreuen. Auf beiden Seiten in reichlich Olivenöl braten, und auf einer vorgewärmten Platte warm halten. Mit Sahne-Joghurt-Knoblauch-Sauce servieren (siehe Seite 52).
Dazu Knoblauchbrote!

Weitere schnelle Auberginengerichte:

- Auberginenscheiben in Öl braten, in eine gebutterte Auflaufform legen und mit dicker Tomatensauce begießen, mit geriebenem Käse bestreuen, und im Ofen bei 200 Grad überbacken.
- Auberginenscheiben mit Zitronensaft beträufeln, mit Kräutersalz und Pfeffer bestreuen, auf ein gefettetes Backblech legen. Mit Käse bestreuen. Butterflöckchen darauf setzen und im Ofen bei 200 Grad gratinieren.

Gefüllte Avocados

2 Avocados
Zitronensaft
1 Lauchstengel
1 Bleichselleriestange
Petersilie
1/2 grüne Paprikaschote
2 TL Mayonnaise
1 TL Sahne
Chili-Pulver nach Geschmack
Kräutersalz
1/2 TL gekörnte Würze
1/2 TL Honig
Pfeffer
1 Tropfen Sojasauce (Tamari)
1 Prise Curry
1 Prise zerstoßener Kreuzkümmel

Avocados halbieren und entkernen, mit Zitronensaft beträufeln. Lauch, Bleichsellerie, Petersilie und Paprika pürieren, die übrigen Zutaten unterrühren. Die Mischung in die Avocadohälften füllen. Mit den schnellen Quarkbrötchen servieren (siehe Seite 115).

Avocado-Rezepte – mitgebracht aus Israel

Die Avocado ist reich an Vitamin A, B1, B2, E und D – und die israelischen Avocados sind die besten (sagen die Israelis!).

- Avocados halbieren, entkernen und aushöhlen, das Fruchtfleisch hacken. Mit einer gehackten Zwiebel, 2 gehackten gekochten Eiern, gehackten milchsauren Gurken, Kräutersalz und Pfeffer und ein paar Tropfen Zitronensaft vermischen und in die Avocadohälften füllen.
- Eine frische Ananas vierteln und die Viertel quer einschneiden. In jeden Schlitz eine Scheibe Avocado stecken (Schale nach

oben), diese zuvor mit ein paar Tropfen Zitronensaft beträufeln und mit einer Spur Kräutersalz bestäuben.

- Avocados halbieren, entkernen und aushöhlen. Das Avocadofleisch würfeln, ebenso 100 g würzigen Käse (Emmentaler, Bergkäse oder Parmesan), dazu 2 gewürfelte Tomaten. Alles mit Senf, Kräutersalz, Pfeffer und Zitronensaft abschmecken, in die Avocadohälften füllen und mit gehackten hart gekochten Eiern bestreuen.

Gefüllte Backpflaumen

250 g entsteinte Backpflaumen
1/4 l Sherry
200 g junger Gouda
Sonnenblumenöl zum bepinseln
frisch gemahlener schwarzer Pfeffer

Die entsteinten Backpflaumen in Sherry (am besten über Nacht) einweichen, bis alle Flüssigkeit aufgesogen ist, abtropfen lassen und längs einschneiden. In die Pflaumentaschen Goudastückchen stecken. Pflaumen mit Öl bepinseln und auf ein gefettetes Backblech legen. Bei 200 Grad im Ofen backen, bis der Käse schmilzt. Mit Pfeffer bestreut servieren.

Ein paar interessante Fakten: Der Fleischkonsum hat sich seit der Jahrhundertwende in den Industrieländern verfünffacht, der Verbrauch von Zucker verfünfzehnfacht! Getreide und Hülsenfrüchte dagegen, seit Tausenden von Jahren die Grundlage der Ernährung aller Völker, sind seit Beginn dieses Jahrhunderts so gut wie von der Speisekarte verschwunden.

Quarkknödel

400 g Quark
200 g Weizenmehl
2 Prisen Kräutersalz
3 Eier
175 g Butter
gehackte Petersilie zum darüber streuen

Den Quark mit Mehl, Salz und den Eiern verquirlen. Teig mindestens 1/2 Stunde kalt stellen. Dann kleine Knödel daraus formen, in kochendes Salzwasser geben. Topf vom Feuer nehmen, die Knödel etwa 10 Minuten ziehen lassen.
Die abgetropften Quarkknödel mit zerlassener Butter und Petersilie servieren.
Geht schnell und schmeckt toll!

Rosenkohlgratin

500 g Rosenkohl
1/2 l Gemüsebrühe
(siehe Seite 66)
etwas Muskat
2 Eier
1 Eigelb
1/8 l Sahne
2 EL geriebener Käse
(Parmesan oder Bergkäse)

Den Rosenkohl in der Gemüsebrühe garen. Abtropfen lassen und grob hacken (oder pürieren). Mit den restlichen Zutaten gut vermischen. In gebutterte Portionsförmchen füllen (oder in eine gebutterte Pastetenform). Im Backofen bei 200 Grad überbacken, bis die Masse gestockt ist.
Diese feine Art von Gratins eignet sich großartig zur Verwertung von Resten. Am besten paßt dazu frisches, gebuttertes Weizenbrot.

Steinpilzsalat

500 g Steinpilze
1 EL Butter
Kräutersalz
Pfeffer
Zitronensaft
2 Paprikaschoten
3 Tomaten
2 hart gekochte Eier
Marinade:
1 EL Obstessig
1 TL Rotwein
1 Zwiebel
3 TL Senf
Sonnenblumenöl
gehackte Petersilie

Die geputzten und gewaschenen Pilze in dicke Scheiben schneiden, in der Butter 10 Minuten dünsten. Salzen und pfeffern, Zitronensaft zugeben. Die Paprikaschoten in Streifen, Tomaten

und Eier in Scheiben schneiden, mit den abgekühlten Pilzen vorsichtig mischen.
Die Marinadenzutaten verrühren und über den Steinpilzsalat gießen.

Gefüllte Tomaten zwölfmal anders

Das Prinzip ist immer das gleiche: Von großen, reifen Fleischtomaten schneidet man einen Deckel ab, höhlt sie mit einem Löffel aus, beträufelt sie innen mit ein paar Tropfen Zitronensaft, bestreut sie mit Kräutersalz und Pfeffer – natürlich frisch aus der Mühle – und füllt sie mit irgendeinem Schmankerl. Je nach Füllung werden sie gleich roh verzehrt, müssen ein bißchen durchziehen oder werden in einer Auflaufform im Ofen oder in einer Pfanne auf dem Herd (bei geschlossenem Deckel) überbacken. Bei der ersten Variante bleibt das herausgelöffelte Tomatenmark übrig und wird zu Saucen etc. verwendet. Wenn ich die Tomaten dagegen backe, verrühre ich das Tomateninnere mit Kräutersalz, Pfeffer, Knoblauch und saurer Sahne und gebe dies zu den backenden Tomaten in die Pfanne bzw. Auflaufform. Sie werden dann mit der Sauce, die ich mit Oregano oder Basilikum würze, serviert.

Mit Spinatfüllung:
Gedünsteten Blattspinat hacken, in die Tomaten füllen, Deckel darauf setzen und in der Pfanne mit geschlossenem Deckel garen.

Bei den folgenden Rezepten verfahren Sie genauso:

- mit Risottofüllung (siehe Seite 106) – roh oder überbacken.
- mit kurz in Butter gedünsteten Champignons gefüllt – roh oder überbacken.
- mit gekochtem Grünkern gefüllt – roh oder mit geriebenem Käse bestreut überbacken.
- gefüllt mit feinem Kartoffelpüree (das Kartoffelpüree schmecke ich pikant mit Butter, fein gehackten Kräutern wie Petersilie, Schnittlauch, Dill, Muskatblüte und geriebenem Käse ab) – mit geriebenem Käse überbacken.
- gefüllt mit gewürfelten Paprikaschoten, Scheiben von Oliven, gehackter Petersilie, gehackten gekochten Eiern, gehackten

Kapern (alles kurz in etwas Zitronensaft, Olivenöl, Senf, Kräutersalz und Pfeffer und Knoblauch mariniert) – roh serviert.

- gefüllt mit Rosinenreis und Pinienkernen – überbacken.
- gefüllt mit übriggebliebenem Rosenkohl (den ich zuvor im Mixer püriere oder grob hacke und mit Sahne, Zitronensaft, Kräutersalz, Pfeffer, Muskat und geriebenem Käse würze) – überbacken.
- gefüllt mit gewürfelten Äpfeln, Haselnüssen (grob gehackt), gekochten Selleriewürfeln, Würfeln von milchsauren Gurken (alles in Sonnenblumenöl, Obstessig, 1 Eigelb, Senf, Kräutersalz, Pfeffer, Honig und Tomatenketchup etwas ziehen lassen) – roh.
- gefüllt mit grünen Bohnen, Champignons und Möhren (Bohnen gekocht, in fingergliedlange Stücke geschnitten, Champignons blättrig geschnitten, Möhren gestiftelt, mit saurer Sahne, Sonnenblumenöl, Kräutersalz, Pfeffer, Knoblauch und Sojasauce vermischt) – roh, etwas ziehen lassen.
- gefüllt mit gedünstetem Lauch (in zentimetergroße Stücke geschnitten, mit Muskatblüte abgeschmeckt und mit Sahne und geriebenem Käse vermischt) – überbacken.
- gefüllt mit fein gehobeltem Gemüse (Kohl, Lauch, Sellerie, Kohlrabi etc., kurz in etwas Butter mit Kräutersalz und Pfeffer gedünstet, mit geriebenem Käse vermischt) – überbacken.

Sicher fallen Ihnen auch noch –zig Varianten ein. Und kombinieren können Sie die Tomaten je nach Füllung mit Kartoffelpüree, einem Reisgericht oder einem warmen Fladen und, und, und...

Zwiebelauflauf

500 g Zwiebeln
2 EL Butter
150 g Weizenmehl
3/8 l Milch
150 g Gouda (oder anderer Käse)
Kräutersalz und Pfeffer
Muskat
4 Eier
1 TL Backpulver

Zwiebeln in Ringe schneiden und in der Butter golden dünsten. In einer Pfanne ohne Fett das Weizenmehl rösten, bis es duftet. Abkühlen lassen, dann unter Rühren 1/4 l Milch und die Zwie-

belmasse zugeben. Alles 5 Minuten köcheln, den Käse grob reiben und in der Sauce schmelzen lassen, mit Kräutersalz, Pfeffer und Muskat abschmecken. Eier mit der restlichen Milch und Backpulver verquirlen und in die heiße Sauce rühren, nicht mehr kochen. Die Zwiebelmasse in eine gebutterte Auflaufform füllen. Im Ofen bei 200 Grad 30 Minuten backen.
Dieser Zwiebelauflauf läßt sich auch sehr gut in kleinen Portionsfömchen backen, die dann für jeden auf einem Teller serviert werden.

Pikante Toastrezepte

Ein paar Grundtips:

- Auch das Toastbrot wird natürlich mit Vollkorn gebacken (siehe Seite 113).
- Die Käsescheibe muß immer etwas kleiner sein als die Brotscheibe.
- Zum Überbacken eignet sich fetter Käse besser als magerer.
- Ist der Käse schon ein bißchen trocken, bepinsele ich die Käsescheibe mit etwas zerlassener Butter.
- Die Brotscheiben werden vorgegrillt, dann mit Butter bestrichen und darauf kommt der Belag.
- Wird ein Gemüsebelag verwendet, beispielsweise Auberginen, Zucchini, Sellerie etc., so werden die Gemüse vorher in Butter, Zitronensaft, Kräutersalz und Pfeffer gegart (abtropfen lassen); Tomatenscheiben wie auch Champignonscheiben können roh draufgelegt werden.
- Wenn der Käse geschmolzen ist, Toast aus dem Ofen nehmen.

Apfeltoast:
Apfelscheiben, darauf kurz gedünstete Champignons oder Pfifferlinge und gebratene Zwiebelringe, mit Kräutersalz, Pfeffer und gehackter Petersilie bestreuen.

Auberginentoast:
In Butter mit Zitronensaft und Kräutersalz gebratene Auberginenscheiben, darauf fein geschnittene, mit Kräutersalz und Pfeffer

bestreute und mit gehackter Petersilie vermischte Champignons und Tomatenscheiben – dick mit geriebenem Käse bestreuen.

Avocadotoast:
Scheiben von geschälten Avocados, mit Zitronensaft beträufelt, darauf gehackte Walnußkerne, Selleriesalz, Scheiben von Camembert.

Eier-Spargelspitzen-Toast:
Scheiben von hartgekochten Eiern, mit Kräutersalz und Pfeffer gewürzt, darauf gedünstete Spargelspitzen, leicht mit Zitronensaft beträufelt, obenauf eine Scheibe weicher Käse.

Gemüsetoast:
Mit Kräuterbutter vermischte, klein geschnittene, gedünstete grüne Bohnen (oder gedünsteten Brokkoli, Spinat oder Mangold), darauf Tomatenscheiben und in Scheiben geschnittene Oliven, salzen, pfeffern, mit etwas Knoblauchsaft beträufeln, mit frischen zerzupften Basilikumblättern garnieren, obenauf geriebener Käse.

Roqueforttoast:
Das Toastbrot mit Orangenmarmelade bestreichen, 1 Scheibe Roquefort darauf geben, mit einer dicken Creme aus Eiern, Sahne und geriebenem Käse überziehen.

Rühreitoast:
Rührei, darauf viel gehackten Schnittlauch, obenauf Camembertscheiben.

Sellerietoast:
1 Scheibe gekochter Sellerie, darauf fein gehackte Zwiebel und 1 Scheibe frische Ananas, darüber Käsestreifen.

Sellerie-Walnuß-Toast:
Senf, geriebener, gekochter Sellerie, gehackte Walnußkerne, Kräutersalz und Pfeffer, viel Schnittlauch, Scheiben von Camembert.

Senf-Apfel-Zwiebel-Toast:
Scharfer Senf, Apfelscheiben, Zwiebelringe, eine Scheibe Roquefort oder Gorgonzola.

Spinattoast:
Das Toastbrot mit Sojasauce bestreichen, gehackten, pikant abgeschmeckten Blattspinat (fertig gegart) und Streifen von Bergkäse darauf geben.

Welsh Rarebits:
Geriebenen Emmentaler mit etwas Butter, Eigelb und einem Schuß Bier vermischen, mit gehackten Kapern, Senf und Paprika würzen.

Da wird jeder Suppenkaspar schwach

Pikante und süße Suppen

Ich liebe Suppen und habe nie den Suppenkaspar begreifen können, der immer seine Suppe stehen ließ und schließlich daran starb. Seine Mutter muß sehr schlecht gekocht haben! Grundlage für eine gute Suppe ist eine gute Brühe – für Vollwertköstler natürlich eine Gemüsebrühe.

Zubereitung von Gemüsebrühe
1. Wenn es schnell gehen muß: auf 1/2 Wasser 1 EL gekörnte Würze oder 1 Gemüsebrühwürfel (Reformhaus oder Naturkostladen);
2. Brechts Küchenmeister-Grundbrühe;
3. eingesalzenes Suppengrün.

Suppengrün kann man auf Vorrat bereiten: Sellerie, Möhren, Lauch, Petersilienwurzel und frische oder getrocknete Kräuter fein hacken – nicht pürieren –, in Olivenöl kurz schmoren, mit Vollmeersalz und Kräutersalz mischen und im Schraubglas im Kühlschrank aufbewahren.
Dieses eingesalzene Suppengrün hält sich wochenlang – je nach Salz und Ölmenge. Eine Faustregel: 2/3 Gemüse, 1/3 Salz. Je nachdem, ob ich eine klare Suppe haben oder anderes Gemüse damit garen will, rechne ich knapp oder reichlich 1 EL des eingesalzenen Suppengrüns auf 1 l Wasser.

Aus diesem eingesalzenen Suppengrün können Sie auch einen fixen Brotaufstrich zaubern: Mit Pflanzenöl, Tomatenmark, etwas frisch gemahlenem Weizenmehl und Oregano, eventuell Knoblauch vermischen, oder auch etwas Senf, Meerrettich oder Sojasauce zugeben (eventuell noch pürieren).

Brechts Küchenmeister-Grundbrühe

1 l Wasser
2 Zwiebeln
Gemüse jeder Art nach Jahreszeit (auch Blätter und Strünke)
1 oder mehrere Zehen Knoblauch
1 Lorbeerblatt
1 Nelke
ein paar Pfefferkörner
ein paar Pimentkörner

Außerdem:
Kräutersalz
geriebene Muskatnuß

Alle Zutaten aufkochen. Auf kleiner Flamme 20 Minuten ziehen lassen, abseihen. Brühe mit Kräutersalz und Muskat abschmekken.

Einfache Beinwellsuppe

500 g fein gehackter Beinwell
1 l Gemüsebrühe (siehe oben)
Muskat
Rosmarin
1 Handvoll frischer Kerbel

Fein gehackten Beinwell in der Gemüsebrühe kurz aufkochen, mit den Gewürzen abschmecken. Am Schluß das gehackte Kerbelkraut unterrühren.

Beinwell-Gemüse-Suppe

1 Zwiebel (in Scheiben geschnitten)
60 g Butter
2 Tassen Gemüsebrühe
2 rohe Kartoffeln (gewürfelt)
3-4 mittelgroße Beinwellblätter (grob zerrupft)
1 Tasse Spinatblätter (grob geschnitten)
1 Tasse Kerbel (fein geschnitten)
1-2 EL saure Sahne

Die Zwiebel in der Butter anbraten, mit Gemüsebrühe aufgießen. Kartoffeln zugeben und 10 Minuten zugedeckt kochen. Beinwell, Spinat und Kerbel zugeben, nochmals 5 Minuten kochen. Eine Tasse Brühe abseihen, restliche Brühe mit dem Gemüse im Mixer

pürieren. Abgeseihte Brühe wieder zugeben und erhitzen, die Sahne unterrühren; eventuell noch mit Kräutersalz und Pfeffer abschmecken.
Sie können auch einen Teil der Beinwell-, Spinat- und Kerbelblätter zurückbehalten und vor dem Wiedererhitzen der Suppe roh beigeben.

Beinwell-Kartoffel-Suppe

6-8 mittelgroße frische Beinwellblätter
2 gebürstete ungeschälte Kartoffeln (gewürfelt)
2 Stangen Sellerie (klein geschnitten oder ein Stück Sellerie gewürfelt)
1 Zwiebel
1 Lorbeerblatt
6 Tassen Gemüsebrühe
dazu: 1/8 l Sahne

Zutaten in der Brühe weichkochen (etwa 35 Minuten). Lorbeerblatt entfernen. Suppe durch ein Sieb streichen, noch mal erhitzen und die Sahne unterziehen.

Brennesselsuppe

1 kg frische Brennesseltriebe und junge Blätter
1 l Gemüsebrühe
1 Stück Butter
evtl. Kräutersalz

Die Brennesseltriebe in der Brühe auskochen, abseihen (oder klein hacken und mitessen). Ein Stück Butter zugeben, evtl. mit Kräutersalz würzen.
Eine phantastische Entschlackungssuppe.

Borschtsch

500 g rote Rüben
250 g Suppengrün
3 EL Sonnenblumenöl
1 l Gemüsebrühe
1 MSP Honig
2 Zwiebeln
250 g Weißkohl
250 g Kartoffeln
1 Lorbeerblatt
6 Pfefferkörner
2 Nelken
Kümmel
200 g Tomaten
Kräutersalz
Knoblauch
2 EL Obstessig
Pfeffer
1/4 l saure Sahne

Die geputzen, gewaschenen, gut gebürsteten, ungeschälten roten Rüben und Suppengrün in Streifen oder Würfel schneiden. In Sonnenblumenöl anschmoren, die Brühe hinzufügen, ca. 20 Minuten köcheln lassen. Gehackte Zwiebeln, fein geschnittenen Kohl, geschälte, gewürfelte Kartoffeln und Gewürze zugeben. Weitere 30 Minuten kochen. Für die letzten 10 Minuten die abgezogenen, gewürfelten Tomaten zugeben. Mit Kräutersalz, Knoblauch, Obstessig und Pfeffer abschmecken. Vor dem Anrichten saure Sahne unterrühren.

Variation:
Borschtsch mit Petersilie und Dill bestreuen. Borschtsch kann man zu jeder Jahreszeit essen. Im Winter heiß, im Sommer mit einem Würfel Eis gekühlt.

Brennessel-Sauerampfer-Suppe

1 Zwiebel
Suppengrün
2 EL Sonnenblumenöl
500 g junge Brennesselblätter
500 g Sauerampfer
1 Lorbeerblatt
1 l Gemüsebrühe
evtl. Kräutersalz und Pfeffer
frisch geriebene Muskatnuß
evtl. Knoblauch
1/8 l saure Sahne

Die gehackte Zwiebel und das klein geschnittene Suppengrün in dem Öl dünsten. Die gewaschenen Brennessel- und Sauerampferblätter und das Lorbeerblatt zufügen. Kurz dünsten, bis die

Blätter zusammenfallen. Mit Gemüsebrühe auffüllen, mit Kräutersalz, Pfeffer, Muskat und Knoblauch abschmecken. Die saure Sahne unterziehen.

Variation:
1 TL Senf und eine in kleine Stücke geschnittene frische Gurke und viel gehackten Dill dazugeben, oder frisch geriebenen Meerrettich, Petersilie und/oder Majoran, Zitronenmelisse, Rosmarin, oder 1 Eigelb und einen Stich Butter unterrühren.

Suppe von dicken Bohnen

500 g dicke Bohnen
2 l Wasser
1 EL gekörnte Würze
1 Zwiebel
Bohnenkraut
Kräutersalz und Pfeffer
Knoblauch
1/8 l süße oder saure Sahne
1 EL Butter oder Sonnenblumenöl
gehackte Petersilie

Bohnen über Nacht in Wasser einweichen. Gekörnte Würze zugeben, gehackte Zwiebel und Bohnenkraut. In einer Stunde gar kochen. Mit Kräutersalz, Pfeffer und durch die Presse gedrücktem Knoblauch abschmecken, die Sahne und Butter oder Öl dazugeben, vorsichtig erhitzen und mit Petersilie bestreuen.

Variation:
Anstelle der dicken Bohnen 1 kg grüne Bohnen und eine Handvoll weiße Bohnen nehmen. Dafür die weißen Bohnen über Nacht einweichen und eine 3/4 Stunde vorkochen. Dann die geschnittenen grünen Bohnen dazugeben.

Indische Currysuppe mit Mandeln

3 EL Weizenmehl oder
–schrot
1 1/2 l Milch
1 EL gekörnte Würze
1 Zwiebel
1 grüne Pfefferschote
2 EL Sonnenblumenöl
Kräutersalz
Knoblauch
Pfeffer
Curry
200 g süße Mandeln, blättrig
geschnitten
1/8 l Sahne
1/2 TL Honig

In der heißen Pfanne ohne Fett das Mehl oder Schrot kurz rösten, abkühlen lassen. Die Milch unter Rühren zugießen, verrühren, gekörnte Würze zugeben, einige Minuten köcheln lassen. Die klein geschnittene Zwiebel und die klein geschnittene Pfefferschote in dem Öl golden dünsten, an die Suppe geben. Mit Kräutersalz, Pfeffer, Knoblauch und reichlich Curry abschmecken. Die gehackten süßen Mandelblättchen in der Pfanne ohne Fett rösten. Die Sahne mit dem Honig steif schlagen und unter die Suppe ziehen. Die Mandelblättchen darüber streuen.

Braucht der Mensch tierisches Eiweiß ?

Wieviel Eiweiß braucht er überhaupt ?

Natürlich braucht der Mensch gar kein tierisches Eiweiß. Ein vollwertig ernährter Veganer ist der beste Beweis. Pflanzliche **Lebensmittel (siehe die Kollath-Tabelle) liefern genügend Eiweiß, wie z.B. das volle Korn.**
Im allgemeinen leiden wir in den Industrieländern eher an einer Eiweiß-Überernährung (siehe das Buch von Prof. Lothar Wendt »Gesund werden durch den Abbau von Eiweißüberschüssen«). Bei der Entstehung der ernährungsbedingten Zivilisationskrankheiten spielt neben dem Vitalstoffmangel, herbeigeführt durch Fabriknahrungsmittel, auch und gerade ein Zuviel an tierischem Eiweiß eine Rolle. Deshalb den Verzehr von tierischem Eiweiß grundsätzlich einschränken, auch den von Milchprodukten.
Merke: Sahne und Butter, als Fettanteil der Milch, enthalten nur etwa 0,5 % Eiweiß und sind daher im allgemeinen nicht nachteilig.

Gemüsegerichte

Oft werde ich gefragt, wie lange es dauert, bis sich nach Umstellung auf Vollwertkost das gesundheitliche Gesamtbefinden verbessert.
Da gibt es natürlich keine Regel. Es kommt darauf an, wie lange jemand seinen Körper durch falsche Ernährung und Lebensweise malträtiert hat. Die Folgen 20jähriger Fehlernährung lassen sich nicht von heute auf morgen aus der Welt schaffen.
Nach meiner Erfahrung gibt es Sofortreaktionen, mittel- und langfristige. Die Sofortreaktionen sind: gute Verdauung, bessere Laune und Nerven, größere Vitalität (oft schon nach Tagen). Die mittelfristigen Reaktionen: verschwinden von Herz- und Kreislaufbeschwerden, festeres Zahnfleisch, schönere Haut, Nägel und Haare, besserer Schlaf, mehr Lebensfreude, Aufhören von Depressionen (1/2 bis 1 Jahr).
Zu den langfristigen Reaktionen gehören nach meiner Erfahrung: der Abbau von Schlacken im Körper (Cellulitis), die Besserung rheumatischer Versteifungen, auch Rückenbeschwerden, verminderte Neigung zu Erkältungen.
Bei mir hat das etwa 10 Jahre gedauert. Die Neigung zu Erkältungen allerdings ließ erst nach bei drastischer Kürzung des Anteils tierischen Eiweißes in der Nahrung, also auch Einschränkung von Eiern, Quark und anderen Milchprodukten, nach dem Weglassen von Fleisch und Fisch. Einige Deformationen in Gelenken und im Rücken waren nicht mehr rückgängig zu machen.
Selbstverständlich muß die Ernährungsumstellung unbedingt einhergehen mit regelmäßiger Gymnastik, Atemübungen (Yoga), Sauna und Massagen. Mit richtiger Atmung können Sie viele Krankheiten wegatmen.
Wenn man so etwas Wichtiges doch in der Schule lernen würde!

Auberginenpfanne

250 g halbweich gedünsteter Vollreis
2 mittlere Auberginen
250 g Champignons
Zitronensaft
Minzeblätter
Oregano
Dill
Petersilie
Knoblauch
Kräutersalz und Pfeffer
2-3 EL Olivenöl
100 g geriebener Parmesan

Die Auberginen würfeln, mit Zitronensaft beträufeln. Champignons blättrig schneiden, ebenfalls mit Zitronensaft beträufeln. Auberginenwürfel, Champignonscheiben und Reis mischen, die gehackten Kräuter und den durch die Presse gedrückten Knoblauch zugeben. Mit Kräutersalz und Pfeffer abschmecken, das Öl unterrühren. Die Masse in eine tiefe, gebutterte Pfanne (oder Kochtopf) geben und 1/2 Stunde auf kleiner Flamme dünsten. Den geriebenen Parmesan zur Hälfte darunter mischen und zur Hälfte darüber streuen.

Gebackene Auberginen mit pikanter Quarkfüllung

4 mittlere Auberginen
1 Portion pikant angemachter Quark
100 g geriebener Käse (Parmesan, Emmentaler, Bergkäse)

Von den Auberginen den Stengelansatz abschneiden. Auf dem Blech im Ofen bei 200 Grad 40-60 Minuten backen (die Auberginen müssen weich sein, die Garzeit hängt von der Größe ab); die Auberginen gelegentlich wenden, dann längs in Hälften teilen, die Quarkmasse auf die Auberginenehälften streichen, geriebenen Käse darüber streuen. Im Ofen noch einmal überbacken (etwa 15 Minuten), der Quark darf roh, sollte aber heiß sein.
Ebenso können Sie Auberginen mit Risotto, pikant abgeschmecktem Grünkern oder kurz gedünsteten Pilzen füllen.

Panierte Auberginenschnitzel

2 mittlere Auberginen
Zitronensaft
2 Eier
Kräutersalz und Pfeffer
Knoblauch
Curry
Semmelbrösel
Sonnenblumenöl

Ungeschälte Auberginen in Scheiben schneiden und mit Zitronensaft beträufeln. Eier mit den Gewürzen verquirlen. Die Auberginenscheiben darin wenden, dann in den Semmelbröseln wälzen. In heißem Öl auf beiden Seiten braten. Dazu paßt Kartoffelpüree. In die Mitte einer vorgewärmten Schüssel das Kartoffelpüree türmen, die Auberginenschnitzel rundherum arrangieren und mit Zitronenscheiben garnieren.

Griechischer Auberginentopf

4 mittlere Auberginen
Zitronensaft
Kräutersalz
2 Zwiebeln
Olivenöl
1 Handvoll Petersilie
4 Tomaten
Kräutersalz und Pfeffer
Curry
Basilikum, möglichst frisch (sonst getrocknet)
Salbei
100 g geriebener Käse

Auberginen längs in Hälften teilen, mit Zitronensaft beträufeln und mit Kräutersalz bestreuen. Dicht nebeneinander in eine gebutterte Auflaufform legen. Zwiebeln fein hacken und in Olivenöl andünsten, einen Teil der gehackten Petersilie, geviertelte Tomaten, Knoblauch, die Gewürze und die Kräuter zufügen. Diese Mischung um und über die Auberginen verteilen, Olivenöl darüber gießen und so viel Wasser, daß alles bedeckt ist. Im Ofen bei 200 Grad 60 Minuten backen.

Griechische Gemüsepfanne

für 6 Personen benötigen Sie:
500 g Auberginen
500 g Zucchini
500 g Kartoffeln
500 g Paprikaschoten
1 kg Tomaten
Kräutersalz und Pfeffer
3 Zwiebeln
3 EL gehackte Petersilie
1 Handvoll frische Basilikumblätter (oder 1 TL getrocknete)
1 EL gehackter Dill (oder je 1 TL getrockneter Basilikum und Dill
5 Knoblauchzehen
4 EL Olivenöl
3 EL Wasser

Die Auberginen und Zucchini in 2 cm dicke Scheiben, die gebürsteten ungeschälten Kartoffeln in 1 cm dicke Scheiben schneiden, die entkernten Paprika grob würfeln. Die Hälfte der Tomaten überbrühen, abziehen und in Scheiben schneiden. Alle Gemüse grob miteinander vermischen, mit Kräutersalz und Pfeffer würzen und in eine gebutterte Auflaufform schichten. Gehackte Zwiebeln und Kräuter sowie den durch die Presse gedrückten Knoblauch darüber geben. Restliche Tomaten in Scheiben schneiden und auf dem Gemüse verteilen. Öl und Wasser darüber gießen, mit Kräutersalz bestäuben. Im Ofen bei 170 Grad 90 Minuten backen.
Mit frischen Basilikumblättchen und dünnen Zitronenscheiben garniert servieren.

Gemüsestrudel

Füllung:
etwa 750 g Gemüse nach Vorrat:Blumenkohl, Brokkoli, Möhren, Kohl
1 Zwiebel
2-3 EL Olivenöl
Kräutersalz und Pfeffer
Muskat
3 Eier
3 EL Sahne
100 g geriebener Käse (Parmesan, Emmentaler, Bergkäse)
Hefeteig (siehe Seite 146)
1 Eiweiß
1 Ei
1 EL Milch

Das Gemüse zerkleinern, je nach Art: Blumenkohl und Brokkoli in Röschen, Brokkolistengel in Stücke schneiden, Möhren stifteln, Kohl fein schneiden usw. Die Zwiebel in Öl andünsten, Gemüse dazugeben und unter ständigem Wenden knackig garen. Mit Kräutersalz, Pfeffer und Muskat abschmecken. Hefeteig auf einem bemehlten Küchentuch dünn ausrollen, das abgekühlte Gemüse darauf verteilen (Ränder freilassen). Eier und Sahne verquirlen, mit Kräutersalz und Pfeffer würzen und auf das Gemüse verteilen. Käse darüber streuen, die Teigränder mit dem verquirlten Eiweiß bestreichen, einschlagen und mit Hilfe des Küchentuches eine Rolle formen. Das Ei und die Milch verquirlen, und den Strudel damit bepinseln. Im Ofen bei 200 Grad 30-40 Minuten backen. Mit Sahne-Joghurt-Knoblauch-Sauce oder Zitronensauce (Seite 52 und Seite 56) servieren.

Spinatvariante:
Zubereitung wie Gemüsestrudel. Die Füllung besteht aus fertig gegartem, kräftig abgeschmecktem Blattspinat, auf den Sie statt der Sahne-Eier-Mischung ganze hart gekochte, gepellte Eier legen können; übrige Zutaten wie beim Gemüsestrudel.
Genausogut läßt sich ein Strudel auch nur mit Kohl oder Lauch etc. füllen.

Lauch auf Feinschmeckerart

4 Lauchstangen
1/2 Sellerieknolle
2 Möhren
500 g Kartoffeln
1/2 Wirsing- oder Weißkohl
1 Handvoll Rosenkohl
gehackte Petersilie
1 Zwiebel
Knoblauch

3 EL Olivenöl
Kräutersalz
Prise geriebene Muskatnuß
zerstoßener Koriander
Basilikum (frisch zerpflückt, getrocknetes gerebelt)
1/2 l Gemüsebrühe
2-3 EL Parmesan

Den Lauch in Ringe schneiden, Sellerie und Möhren stifteln, Kartoffeln in Scheiben schneiden (möglichst ungeschält und gebürstet), Kohl fein schneiden, Rosenkohl ganz lassen. Petersilie und Zwiebel hacken, Knoblauch zerdrücken. Alles in Olivenöl andünsten, unter ständigem Wenden die restlichen Zutaten zugeben und etwa 1/2 Stunde garen. Noch einmal abschmecken, mit Parmesan bestreut anrichten.

Lauch im Käsemantel

500 g Lauch
1 l Gemüsebrühe
Käsescheiben (von einem weichen, würzigen Käse)
Senf
Prise geriebene Muskatnuß
2 EL Sahne
100 g geriebener Käse (Bergkäse)
Butterflöckchen

Den Lauch in 10 cm lange Stücke schneiden. In die kochende Gemüsebrühe geben und kurz ziehen, dann abtropfen lassen. Käsescheiben mit Senf bestreichen und je ein Stück Lauch damit umwickeln. Die Lauchstücke in eine gebutterte Auflaufform legen, mit Muskat bestreuen, Sahne darüber gießen, Käse darüber streuen und Butterflöckchen darauf setzen. Im Ofen bei 200 Grad etwa 10 Minuten überbacken.
Dazu schmecken junge Kartoffeln, in zerlassener Butter und gehackter Petersilie geschwenkt.

Lauch-Möhren-Topf mit Grünkernklößchen

500 g Lauch
500 g Möhren
3 EL Olivenöl
1-2 Tassen Gemüsebrühe
evtl. Knoblauch
evtl. Kräutersalz
Pfeffer
Für die Klößchen:
1/2 Portion gegarter Grünkern (grob gemahlen)
zerlassene Butter
gehackte Petersilie

Lauch und Möhren in fingerlange Stücke schneiden. In Öl unter ständigem Wenden andünsten, Brühe zugeben und das Gemüse knackig garen (10 Minuten); falls zuviel Flüssigkeit vorhanden, abgießen und anderweitig verwenden. Das Gemüse evtl. mit Kräutersalz, Knoblauch und Pfeffer abschmecken. Aus der Grünkern-

masse mit nassen Händen hühnereigroße Klöße formen, auf das Gemüse legen. Alles noch einmal erhitzen. Vor dem Anrichten mit zerlassener Butter begießen und mit Petersilie bestreuen.
Noch raffinierter wird dieses Gericht, wenn Sie es mit einer Käse-Royale (Seite 50) im Ofen überbacken.

Provençalisches Gratin

8 Zwiebeln
3 EL Olivenöl
Kapern nach Geschmack
1 kg Kartoffeln
1 kg Tomaten
Kräutersalz und Pfeffer
Thymian
1 EL Olivenöl
1/2 Glas Wasser
200 g geriebener Gruyère
(Bergkäse tut's auch)

Die Zwiebeln in Scheiben schneiden und im Öl dünsten. Kapern zugeben und kurz mitdünsten. Gebürstete, gewaschene Kartoffeln mit der Schale in dünne Scheiben schneiden. Tomaten in Scheiben schneiden. In eine gebutterte Auflaufform eine Schicht Tomaten geben, mit Salz, Pfeffer und Thymian bestreuen, dann eine Schicht Kartoffelscheiben, ebenfalls würzen, darauf eine Schicht Zwiebeln. Mit Öl beträufeln und mit dem Wasser übergießen. Dick den geriebenen Käse darüber streuen. Im Ofen bei 220 Grad etwa 30 Minuten backen.

Ratatouille

500 g Auberginen
500 g Zucchini
500 g rote, grüne und gelbe Paprikaschoten
2-3 EL Olivenöl
Sauce:
3-4 EL Olivenöl
4 gehackte Zwiebeln
1 kg Tomaten (überbrüht und enthäutet)
4 zerdrückte Knoblauchzehen
Kräutersalz und Pfeffer
1 Lorbeerblatt
Oregano
grob gehackte Petersilie oder Oregano zum Garnieren

Die gewaschenen Auberginen und Zucchini ungeschält in grobe Würfel schneiden, die Paprikaschoten in grobe Streifen. Alle drei Gemüsesorten extra in Olivenöl anschmoren, dann in einem großen Topf mischen.
Für die Sauce das Olivenöl erhitzen, Zwiebeln darin golden dünsten, dann die vorher zerdrückten Tomaten zugeben, alles mit Knoblauch, Salz, Pfeffer und Lorbeerblatt würzen. Die Sauce einmal aufkochen, dann Oregano zugeben. Das Gemüse in der Tomatensauce schwenken. Alles nochmal abschmecken und sofort mit den Kräutern bestreut servieren. Dazu Weizenfladen und ein leichter Rosé.

Blattspinat

1 kg Blattspinat
1 Zwiebel
2-3 EL Öl
Kräutersalz oder etwas gekörnte Brühe
Knoblauch nach Geschmack
Prise geriebene Muskatnuß
etwas Butter

Die Spinatblätter mehrmals gründlich waschen. Die gehackte Zwiebel in Öl golden dünsten. Den abgetropften Spinat zugeben, zusammenfallen lassen. Mit Kräutersalz, durchgequetschtem Knoblauch und Muskat abschmecken und einen Stich Butter unterziehen.
Alle Spinatgerichte lassen sich auch mit Mangold oder mit jungen Brennesseln zubereiten.

Spinat-Hirse-Auflauf

Fertig gegarter Blattspinat (siehe oben)
1 Portion Hirsebrei (Seite 101)
100 g geriebener Parmesan oder Bergkäse
Butterflöckchen

Blattspinat locker unter den Hirsebrei mischen – die Spinatblätter sollten noch sichtbar sein. In eine gebutterte Auflaufform füllen, mit Käse bestreuen, Butterflöckchen darauf setzen. Im Ofen bei 200 Grad 20-30 Minuten überbacken (je nachdem, ob die Zutaten kalt oder warm sind).

Spießchen »quer durch den Garten«

Alle möglichen Gemüse, in dicke Scheiben oder Ringe geschnitten, so daß Sie alles wie ein Schaschlik auf Spießchen stecken können: Zucchini, Auberginen, Sellerie, Möhren, Paprikaschoten, Rosenkohl, Blumenkohlröschen, Zwiebeln, Champignons, milchsaure Pilze und Gurken, Apfel-, Tomaten-, Bananenscheiben
Öl zum Bepinseln
Curry
Paprikapulver
Kräutersalz

Die harten Gemüsesorten wie Rosenkohl, Blumenkohl, Sellerie, Möhren etc. vorher in Gemüsebrühe bißfest garen. Auberginen- und Zucchinischeiben auf beiden Seiten je 3 Minuten in Öl oder Butter anbraten. Champignons, Zwiebeln, Tomaten etc. bleiben roh. Die vorbereiteten Gemüsespießchen mit Öl bepinseln, mit Curry überstäuben und im Ofen oder über Holzkohle grillen. Dann mit Paprika und Kräutersalz bestreuen.
Zu den Gemüsespießchen eine pikante Sauce servieren wie: Tomatensauce, Senfsauce, Meerrettichsauce, Zitronen- oder Currysauce (siehe das Kapitel »Rohe und gekochte Saucen«, Seite 46ff.). Auch in der Schale gebackene Kartoffeln, mit einem Klacks saurer Sahne garniert passen dazu oder Puffer aus Hirse oder Grünkern.

Zucchinikuchen aus Sardinien

Salziger Mürbeteig (Seite 137)
Belag:
1 EL Butter
1 Zwiebel
Knoblauch
1/2 EL möglichst frischer Rosmarin
500 g Zucchini
1 Becher Sahne
1 EL Zitronensaft
2 Eier
3 EL frisch geriebener Parmesan
Kräutersalz und Pfeffer

Den Mürbeteig eine Stunde kalt stellen, dann ausrollen und eine gebutterte Pastetenform damit auskleiden. Butter erhitzen, gehackte Zwiebel, zerdrückten Knoblauch und gehackten Rosmarin zugeben, unter Rühren dünsten. Die Zucchini in Scheiben schneiden, zugeben und etwa 10 Minuten weiterdünsten, dann abkühlen lassen. Die Sahne mit Zitronensaft verrühren. Eier und Parmesan zugeben, mit Kräutersalz und Pfeffer abschmecken, die Zucchini auf dem Teig verteilen, die Eiermasse darüber gießen. Im Ofen bei 200 Grad 30-40 Minuten backen.

Französische Zwiebeleier

etwa 600 g Kartoffeln
Kräutersalz und Pfeffer
Curry
etwa 600 g Zwiebeln
3-4 EL Olivenöl
300 g Tomaten (im Winter eingeweckt oder Dose)
1/8 l Sahne
Paprikapulver
1/2 TL Honig
Majoran
4 Eier
100 g geriebener Käse (Emmentaler, Parmesan oder Bergkäse)
Butterflöckchen

Die Kartoffeln kochen, pellen, abkühlen und in Scheiben schneiden, mit Kräutersalz, Pfeffer und Curry würzen. Die Zwiebeln in Ringe schneiden, in dem Öl anbraten. Zerkleinerte Tomaten, Sahne, Kräutersalz, Paprika und Honig zugeben und weiterdünsten. Eine Lage Kartoffelscheiben in eine gebutterte Auflaufform füllen, die Zwiebelmasse darauf geben, mit Majoran würzen. Dellen hin-

eindrücken und in jede ein aufgeschlagenes Ei gleiten lassen. Mit Kräutersalz und Pfeffer würzen. Käse darüber streuen und Butterflöckchen darauf setzen. Im Ofen bei 200 Grad überbacken, bis die Eier gestockt sind (15-20 Minuten).
Sie können die Kartoffeln auch weglassen und warmes Knoblauchbrot zu den Zwiebeleiern servieren. Das schmeckt noch französischer.
In Frankreich hatte der Koch das Gemüsebett für die Eier aus halb Zwiebeln, halb Lauch zubereitet, was zwar sehr hübsch aussah, sich aber als hochexplosive Mischung herausstellte, so daß einige ausgepichte Feinspitze hinterher steif und fest behaupteten, sie hätten einer spiritistischen Sitzung beigewohnt und an der Zimmerdecke geschwebt!

Ein Sprichwort sagt:

»So viel Häute die Zwiebel hat,
so viele Gerichte lassen sich
aus ihr herstellen.«

Die tolle Knolle ...

Kartoffelgerichte – so oft wie möglich

Glücklicherweise spricht es sich inzwischen herum, daß Kartoffeln, richtig zubereitet, also in der Schale gebacken oder gekocht (mit so wenig Wasser wie möglich), keine Dickmacher sind.
Obwohl uns Kalorien in der Vollwertkost ja nicht interessieren (da Vollwertkost eben nicht dick macht): 100 g Kartoffeln enthalten nur 85-95 Kalorien! – dafür aber sehr viel Vitamin A, E und C, fast alle Vitamine der B-Gruppe und wertvolles Eiweiß, ferner große Mengen Kalium, Kalzium, Magnesium, Mangan, Eisen, Kupfer, Phosphor, Schwefel.
Kalium und Kalzium neutralisieren das Natrium, das wir meist in zu großen Mengen im Kochsalz zu uns nehmen. Kartoffeln helfen also, zuviel Natrium auszuscheiden, sie sind eine ideale Entwässerungsdiät. Der Magnesiumanteil in den Kartoffeln stärkt Herz und Nerven.

Meine Entschlackungsdiät ist die Kartoffeldiät:
Gebackene oder in der Schale gekochte Kartoffeln über den Tag verteilt essen. Sie können nach Herzenslust würzen mit frischen Kräutern. Getrunken wird an diesen Tagen natürlich nur Wasser oder Kräutertee.

Zu meinen Lieblingsspeisen gehören nach wie vor die in der Schale gebackenen Kartoffeln mit frischer Butter und etwas Salz.
Falls Sie noch nicht wissen, wie es gemacht wird:

- Pro Person 1-2 große Kartoffeln gut bürsten, mit dem Messer ein Kreuz einschneiden, damit sie nicht platzen. Auf ein geöltes Backblech setzen und bei 200 Grad im Ofen je nach Größe 45-60 Minuten backen (Stricknadelprobe machen).
- Ich stecke in die Einschnittstelle vor dem Backen Zweiglein frischen Rosmarins oder gerebelte Trockenkräuter oder streue Kümmelkörner hinein.

- Haben Sie wenig Zeit, schneiden Sie die Kartoffeln vor dem Backen quer durch, bepinseln die Schnittflächen mit Öl und legen die Kartoffeln mit der Schnittfläche aufs Blech (halbe Backzeit).
- Wollen Sie die Kartoffeln weich, bepinseln Sie die Schale mit Öl, andernfalls werden sie knusprig.
- Serviert werden die Kartoffeln mit Butter, Kräutersalz und einem großen Klacks saurer Sahne, mit Schnittlauch und/oder Dill bestreut. Und nicht vergessen, die Pfeffermühle darüber zudrehen.
- Großer Beliebtheit erfreuen sich die Platten mit gebackenen Kartoffeln, gebackenen roten Rüben, gebackenen Zwiebeln und gebackenen Möhren.
- Die roten Rüben werden genau wie die Kartoffeln vorbereitet.
- Zwiebeln in Folie eindrehen, sonst läuft der Saft heraus (gleiche Backzeit wie Kartoffeln und Rüben).
- Möhren längs teilen und mit Öl bepinseln (sie werden erst bei Halbzeit aufs Blech gelegt, da sie in etwa der Hälfte der Zeit gar sind).

Alle Gemüse rosettenartig auf einer vorgewärmten Platte anordnen und mit Butter, saurer Sahne usw. wie angegeben servieren. Dieses Essen braucht sehr wenig Vorbereitungszeit, alles gut bürsten und ab in den Ofen. Auch die Sahne-Joghurt-Knoblauch-Sauce (Seite 52) paßt gut dazu.

Gefüllte Kartoffeln – dreimal anders

1 kg große Kartoffeln
Kräutersalz
1 Zwiebel
2-3 EL Öl
ca. 500 g Gemüse, z.B. Lauch, Pilze, Sellerie und Möhren

Gewürze:
Thymian, Majoran, Basilikum, Curry, gemahlener Koriander, Petersilie, Dill
2-3 EL geriebener Parmesankäse bzw. Gruyère oder Bergkäse
Butterflöckchen
saure Sahne

Von den gut gewaschenen und gebürsteten Kartoffeln einen Deckel abschneiden. Kartoffeln vorsichtig aushöhlen. Kräutersalz hineinstreuen. Die feingeschnittene Zwiebel in dem Öl andünsten, das kleingeschnittene Gemüse (Lauch, Pilze, Sellerie, Möhren) zugeben und etwa 5 Minuten dünsten. Die Gemüsemasse mit den Gewürzen, Knoblauch und gehackten Kräutern abschmecken. Den geriebenen Parmesankäse unterrühren, und die Masse in die ausgehöhlten Kartoffeln füllen. Kartoffeln auf ein gefettetes Backblech setzen und im vorgeheizten Ofen bei 200 Grad je nach Größe 45-60 Minuten backen. Wenn die Kartoffeln aus dem Ofen kommen, auf jede ein Butterflöckchen setzen. Über die gebackenen Kartoffeln gießt sich jeder nach Geschmack bei Tisch saure Sahne.

... mit Sauerkraut und Champignons

Die Kartoffeln vorbereiten wie oben beschrieben. Blättrig geschnittene Champignons (oder andere Pilze) in Butter mit Kräutersalz und Pfeffer kurz andünsten. Sauerkraut fein schneiden und kurz mitdünsten. Mit saurer oder süßer Sahne vermischen. Füllung in die ausgehöhlten Kartoffeln füllen, mit geriebenem Käse bestreuen, Butterflöckchen darauf setzen und überbacken.

Genausogut können Sie nur Pilze verwenden oder nur Sauerkraut.

... mit feinem Kartoffelpüree

Die Kartoffeln vorbereiten wie beschrieben. Das feine Kartoffelpüree (siehe nachfolgendes Rezept) hineinfüllen, ein rohes Ei hineinsetzen, um das Ei herum mit dem Spritzbeutel einen Kranz von Kartoffelpüree spritzen. Mit Kräutersalz, Pfeffer und geriebenem Käse bestreuen. Kartoffeln im Ofen bei 200 Grad 45-60 Minuten backen.

Feines Kartoffelpüree

1 kg gekochte Pellkartoffeln
1/4 l Wasser
1/4 l Milch
Kräutersalz
Selleriesalz
1-2 EL Butter
zerstoßene Muskatblüte
Pfeffer
etwa 1 EL Käsewürfel einer würzigen Sorte
viel Schnittlauch
Sahne nach Geschmack

Kartoffeln pellen und fein reiben. Wasser und Milch im Topf mit Kräutersalz und Selleriesalz kräftig abschmecken, restliche Zutaten zugeben. Unter Rühren aufkochen lassen und die Kartoffeln unterrühren. Zum Schluß kurz mit dem Schneebesen luftig schlagen; eventuell noch einmal nachwürzen.

Kartoffel-Lauch-Auflauf

5-6 große Kartoffeln
3 Stangen Lauch
1/4 l Sahne
1 Ei
Kräutersalz
Pfeffer
Paprika (edelsüß)
1 durchgepreßte Knoblauchzehe
Butter für die Form

Die Kartoffeln bürsten und in nicht ganz dünne Scheiben, Lauch in Ringe schneiden. Übrige Zutaten miteinander verquirlen. Die Auflaufform ausbuttern und die Kartoffeln schuppenförmig in die Form füllen. Lauch darüber streuen. Mit der Eier-Sahne-Sauce übergießen und bei 200 Grad im Ofen backen, bis die Kartoffeln gar sind (circa 1 Stunde). Man kann auch noch extra etwas Käse darüber streuen.

Kartoffel-Blumenkohl-Tomaten-Auflauf

1 kg neue Kartoffeln
1 Blumenkohl
Kräutersalz und Pfeffer
Curry nach Geschmack
2 durchgepreßte Knoblauchzehen
Prise frisch geriebene Muskatnuß
4 große Tomaten
frisches Basilikum (ersatzweise getrocknetes)
1/8 l Sahne
100 g geriebener Käse (Parmesan oder Gruyère)
Butterflöckchen zum Bestreuen

Die Kartoffeln kräftig bürsten und in Salzwasser kochen. Etwas abkühlen lassen und ungeschält in dicke Scheiben schneiden. Den gesäuberten Blumenkohl im Ganzen in Salzwasser halbweich kochen. Eine große gebutterte Auflaufform bereitstellen. Erst eine Lage Kartoffelscheiben hineingeben, diese mit Salz, Pfeffer, Curry und Knoblauch bestreuen, dann den Blumenkohl in die Mitte setzen und die restlichen Kartoffelscheiben schuppenartig drumherum legen, ebenfalls würzen. Blumenkohl mit Muskat bestreuen. Die Tomaten vierteln und mit der Rundung nach oben um den Blumenkohl arrangieren, mit Salz und gehacktem Basilikum bestreuen. Über alle Zutaten Sahne träufeln und mit dem Käse bestreuen. Butterflöckchen darüber verteilen. Bei 200 Grad circa 20 Minuten überbacken.

Gratin Dauphinois

1 kg Kartoffeln
Butter für die Form
Knoblauch
200 g Gruyère- oder Bergkäse (gerieben)
Kräutersalz und Pfeffer
Prise geriebene Muskatnuß
knapp 1/4 l Milch oder Sahne
Butterflöckchen

Die Kartoffeln (ausnahmsweise) schälen und in dünne Scheiben schneiden. Gratinform üppig ausbuttern und mit durch die Presse gedrücktem Knoblauch aromatisieren. Eine Schicht Kartoffelscheiben in die Form legen, mit Salz, Pfeffer, Muskat und einem Teil des Käses bestreuen. Die nächste Schicht Kartoffelscheiben darauf geben, würzen wie vorher und so weiter, bis alle Kartoffeln verbraucht sind. Die letzte Schicht bilden Käse und Butterflöckchen. Milch oder Sahne über das Ganze gießen. Im Ofen bei 200 Grad 1 Stunde backen. Garprobe machen!

Indische Bratkartoffeln

2 Zwiebeln
Öl
Curry nach Geschmack (ich nehme 2 EL)
1 kg gekochte Pellkartoffeln
3-4 Eier
2-3 EL geriebener Käse
Kräutersalz und Pfeffer

Die gehackten Zwiebeln in einer großen Pfanne im Öl golden dünsten. Curry und Kartoffelscheiben hineingeben, wie gewöhnlich braten. Eier mit dem Käse verrühren, würzen und über die Kartoffeln gießen. Deckel auf die Pfanne setzen und bei kleiner Flamme 10 Minuten stocken lassen.

Italienische Kartoffel-Gnocchi mit Salbei

500 g gekochte Pellkartoffeln (geschält)
700 g rohe Kartoffeln (geschält)
1 Ei
150 g Weizenmehl
Kräutersalz und Pfeffer
Prise geriebene Muskatnuß

Außerdem:
2 EL Butter
1 Handvoll frische Salbeiblätter (zur Not getrocknete)
100 g geriebener Parmesan

Heiße, gepellte Kartoffeln reiben, die rohen, geschälten Kartoffeln ebenfalls reiben und zugeben, danach Ei, Mehl und Gewürze. Alles zu einem Teig verkneten. Den Teig 1/2 Stunde ruhen lassen. Zu einer Wurst drehen, dann 2 cm dicke Scheiben abschneiden und zwischen den Händen zu Gnocchi (Nockerl, Würstchen) drehen. Gnocchi in Salzwasser kochen (etwa 10 Minuten), bis sie an die Wasseroberfläche kommen, dann abschöpfen. Butter zerlassen, Salbeiblätter hineinstreuen und kurz braten. Gnocchi zugeben und vermischen. Gnocchi in eine vorgewärmte Schüssel geben und mit geriebenem Käse bestreut servieren.
Oder in der köstlichen Gorgonzolasauce (Seite 55) servieren.

Kartoffel-Tortilla

500 g Kartoffeln
Vollmeersalz oder Kräutersalz
4 EL Olivenöl
gehackte Petersilie
4 Eier (verquirlt mit etwas Wasser)
Pfeffer

Die Kartoffeln bürsten (möglichst mit der Schale verwenden), in feine Scheiben schneiden und salzen. In einer Pfanne mit Deckel das Öl erhitzen, Kartoffelscheiben hineingeben, Deckel darauf und bei niedriger Hitze garen (30-40 Minuten). Petersilie unter die Eier geben, pfeffern. Die Masse auf die gegarten Kartoffelscheiben gießen und stocken lassen. Wer will, kann die Masse auch wenden wie einen Eierkuchen und auf beiden Seiten braun braten.
So lautet das Originalrezept aus Spanien oder Mexiko.

»Wieviel Dinge gibt es doch,
die ich nicht brauche!«
Sokrates

Aus echtem Schrot & Korn

Getreidegerichte – da sticht nicht nur der Hafer!

Die Einführung der Getreidenahrung muß eine riesige Veränderung des menschlichen Verhaltens mit sich gebracht haben. Bezeichnenderweise stammt das Wort »Kultur« vom römischen Wort »cultura« = Ackerbau ab.

So sieht ein Getreidekorn aus

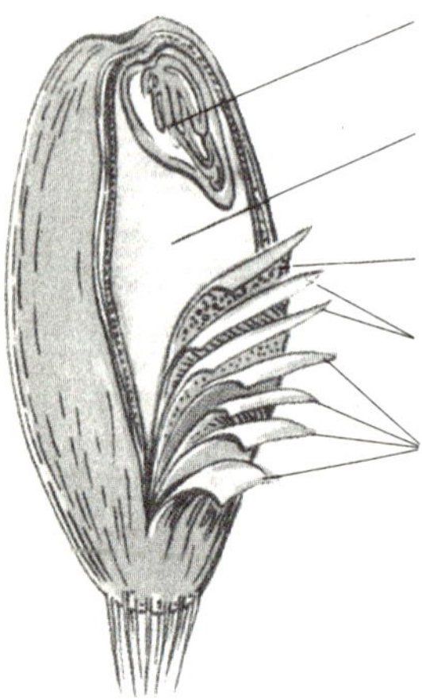

- **Getreidekeim**
  enthält hochwertiges Eiweiß, Keimöl, Mineralstoffe, Vitamine des B-Komplexes und Spurenelemente.
- **Mehlkern**
  Hieraus wird Auszugsmehl hergestellt. Enthält Kleber und Kohlenhydrate sowie verschwindend geringe Anteile an Vitaminen und anderen Vitalstoffen.
- **Aleuronschicht**
  Eiweiß- und Ölschicht mit Lezithin. Reich an Fermenten und Vitaminen.
- **Samenschale**
  Eiweiß- und sehr mineralstoffreich.
- **Fruchtschale**
  Ballast- und vitalstoffhaltige Randschichten.

In grauer Vorzeit bereits wurde Getreide gedarrt und geröstet. Man hat geröstete Gerste aus der Eiszeit gefunden. Ägypter und Griechen haben Getreide geröstet. Bei den römischen Heeren besaß jede Kohorte eine Getreidemühle. Der tägliche Bedarf wurde gemahlen, ein Drittel davon gekocht und als Brei gegessen, die übrigen zwei Drittel zu Fladenbrot verbacken als Marschverpflegung. Wenn aus Getreidemangel Fleisch gegessen werden mußte, haben die Soldaten diese Kost als Mangelkost betrachtet. 205 v. Chr. führten die Etrusker auf ihren Schiffen Handmühlen und Gefäße zum Einteigen des Getreidebreis mit sich, berichtet Livius.

Woher die Getreidesorten stammen

Die Gerste

ist eines der ältesten Getreide, entstammt den Felsen- und Steppenböden des Orients von Nordostafrika bis Transkaukasien und Kurdistan. Sie findet sich schon in der Alt- und Jungsteinzeit. Gerste wächst bis 2100 m Höhe, in Tibet bis auf 4400 m. Sie wird aber auch in der Sahara angebaut, hinunter bis zum Äquator. In China gehörte sie zu den fünf heiligen Pflanzen, die der Kaiser selbst aussäte.

Der Hafer

wird schon von Plinius erwähnt. Wahrscheinlich ist er ein nordisches Getreide, denn »Haferbrei« ist als die Hauptnahrung der Germanen überliefert. Jünger als Gerste und Hirse, wächst er selbst dort, wo Roggen und Gerste nicht mehr gedeihen.

Die Hirse

ebenso alt wie die Gerste, stammt aus Mittelasien oder dem nördlichen Ostindien. In Europa findet man sie bereits in der Steinzeit. Um 1500 wird sie als Hauptnahrung der armen Bevölkerung erwähnt, durch die Kartoffel und den Mais wird sie aus Deutschland verdrängt. In der Schweiz beginnt man bereits mit dem Wiederanbau der Hirse (sie enthält übrigens besonders viel Kieselsäure, gut für Nägel, Haare, Bindegewebe!).

Der Mais

Neuere Forschungen vermuten, daß Mais nicht, wie lange behauptet, aus Mexiko, sondern aus Ostasien zu uns gekommen ist. Zwischen China und Amerika sollen bereits 1200 v. Chr. Handelsverbindungen bestanden haben. Mungo Park hat ihn aber Anfang des 19. Jahrhunderts auch in Zentralafrika gefunden.

Der Reis

hat seine Heimat in Indochina. Er wurde bereits in vorindogermanischer Zeit angebaut. In China kannte man ihn bereits 10 000 Jahre v. Chr., aber nicht den Weizen. Der Reis ist eine Sumpfpflanze, er muß unter Wasser gepflanzt, nicht gesät werden. In Europa wird er heute in der Po-Ebene, im Rhone-Delta und an der spanischen Mittelmeerküste angebaut. Der Reis gilt als das »geistigste« der Getreide. Natürlich muß auch beim Reis das ganze Korn gegessen werden. Der Genuß von geschältem Reis erzeugt auf die Dauer starken Vitaminmangel.

Der Roggen

wurde das Hauptgetreide der nordischen Völker für die Brotherstellung. Die Germanen kannten ihn bereits mehrere Jahrhunderte v. Chr., er ist aber wohl aus dem Osten gekommen, nach Europa wahrscheinlich in der Bronzezeit.

Der Weizen

ist vielleicht der König der Getreidesorten. Aus Mittelasien wanderte er nach China und dann in den Westen. In Ägypten sollen Weizenkörner aus der Zeit von 4145 v. Chr. gefunden worden sein. Die oft gehörte Behauptung, daß die in Gräbern gefundenen Körner heute noch keimfähig seien, wurde übrigens vom Ägyptischen Museum in Kairo als Märchen abgetan. Weizen stellt die meisten Anforderungen an die Qualität des Bodens – wobei eine Ursorte, nämlich der Dinkel, sich noch am ehesten mit geringerem Boden und auch größerer Höhenlage zufriedengibt. Neuerdings ist die Nachfrage nach Dinkel stark gestiegen, und immer mehr Bauern beginnen, seinen Anbau zu betreiben.

Was uns die verschiedenen Getreidesorten bieten

Gerste:
Kalium, Kalzium, Phosphor und Kieselsäure. Gut gegen Bindegewebsschwäche, Krampfadern und Gelenkkrankheiten.

Grünkern:
Ein in Milchreife geernteter und gedarrter Dinkel (alte Kulturform des Weizens). Viel Eiweiß, Kalium, Phosphor und Eisen. Da er gedarrt wird, ist er nicht mehr keimfähig wie der Dinkel.

Hafer:
Viel Eiweiß, Kieselsäure, Kalzium, Phosphor und Fluor, ferner die Vitamine E, B1, B6 und Biotin (Vitamin H) für Haut und Haare.

Hirse:
Viel Kieselsäure, gut für Knochen, Haut, Haare, Fingernägel und Zähne. Mit 50 g Hirse ist der Tagesbedarf an Eisen gedeckt, mit 100 g der Bedarf an Fluor.

Mais:
Ist arm an Vitaminen der B-Gruppe (in Gegenden, in denen ausschließlich Mais gegessen wird, kommt es zur Mangelkrankheit »Pellagra«, was soviel heißt wie »rauhe Haut«), enthält aber viel Kalium, Magnesium, Phosphor, Eisen und Kieselsäure.

Reis:
Viel Eiweiß, Vitamin E und die wichtigsten Vitamine der B-Gruppe. Gut bei Rheuma-, Herz- und Kreislaufleiden.

Roggen:
Viele Vitamine der B-Gruppe und Mineralien, besonders Kalium, Phosphor, Fluor, Kieselsäure und Eisen.

Weizen:
Besitzt 11-13 Prozent Protein, das Klebereiweiß. Besonders günstiges Mischungsverhältnis zwischen den Bestandteilen Gliadin und Glutenin. Vitamine B1, B2, B6 und Karotin (Vorstufe von Vitamin A) sowie Kalium, Phosphor, Magnesium und Kieselsäure.

Buchweizen:
ist kein Getreide, sondern ein Knöterichgewächs. Seine Zubereitung entspricht aber der Zubereitung der Getreidesorten, deshalb nenne ich ihn hier trotzdem. Neben dem Vitamin B-Komplex enthält er viel Lezithin und Lysin, eine für das Knochenwachstum wichtige Aminosäure. Das Interessante beim Buchweizen: Er läßt sich durch Kunstdünger nicht zu höheren Erträgen bringen.

Alle Getreidesorten sind verhältnismäßig kalkarm; der Kalkgehalt ist z.B. wesentlich niedriger als bei Hülsenfrüchten und Nüssen. Prof. Kollath empfiehlt als Ergänzung zum Getreide deshalb Milchprodukte. Diese sollten natürlich weder homogenisiert noch erhitzt sein.

Haben Sie das Prinzip der Getreideküche erst einmal verinnerlicht, ist alles ganz einfach, denn die Zubereitung ist für alle sieben Sorten, auch für Buchweizen, sehr ähnlich, abgesehen von der Dauer der Kochzeit.

Sie können die Körner
- fein mahlen oder grob schroten, dann sofort verwenden (in Wasser einweichen oder kochen bzw. verbacken, da sonst der Luftsauerstoff die Vitalstoffe angreift).
- im ganzen etwa 10 Stunden (nicht länger), also am besten über Nacht, in Wasser einweichen, in dem Einweichwasser aufkochen, der Getreideart entsprechend einige Minuten kochen und dann auf der ausgeschaltenen Herdplatte ausquellen lassen (Hirse, Mais und Reis müssen nicht eingeweicht werden).
- darren, d.h., das saubere Getreide auf einem Backblech ausgebreitet etwa 1 Stunde zwischen 60 und 70 Grad im Ofen rösten, bis es würzig duftet, danach wird es verarbeitet wie üblich.

Sie können die gekochten Getreidekörner auf vielfältige Art zubereiten, pikant, süß, als Puffer, Schnitten und Knödel und vieles mehr, wie die nachfolgenden Rezepte zeigen.

Grundrezepte für Getreide

Für 4 Personen rechne ich 300 g Getreide und etwa die doppelte Menge, also reichlich 1/2 Liter Flüssigkeit.
Die Kochzeiten allerdings sind unterschiedlich (die hier angegebenen verstehen sich immer für ganze Körner):

Buchweizen heiß überbrühen, dann über Nacht einweichen, im Einweichwasser aufkochen, 5 Minuten kochen und 30 Minuten bei niedriger Hitze quellen lassen.

Gerste über Nacht einweichen. Im Einweichwasser 30 Minuten kochen.

Grünkern über Nacht einweichen, im Einweichwasser 50 Minuten kochen.

Hafer über Nacht einweichen, im Einweichwasser 30 Minuten kochen.

Hirse heiß überbrühen, in der Flüssigkeit aufkochen, 6 Minuten kochen und bei niedriger Hitze 20-30 Minuten ausquellen lassen.

Mais etwa 30 Minuten kochen.

Reis etwa 45 Minuten kochen.

Roggen über Nacht einweichen, im Einweichwasser 45 Minuten kochen.

Weizen über Nacht einweichen, im Einweichwasser 50 Minuten kochen; Dinkel wird wie Weizen behandelt.

Wie vielseitig sich eine einzige Getreidesorte verwenden läßt, möchte ich am Beispiel Hirse zeigen. Ich habe einen Topf Hirse gekocht und serviere ihn achtmal anders.

Achtmal Hirse in verschiedenen Variationen für Hirn, Herz und Humor

1. Hirse gemischt mit gedünstetem Gemüse, pikant mit Knoblauch abgeschmeckt, mit geriebenem Käse bestreut.
2. Hirse vermischt mit gebratenen Pilzen, abgeschmeckt mit Sojasauce, mit Petersilie bestreut.
3. Hirse mit gehackten Zwiebeln, Kreuzkümmel und Curry in Olivenöl gebraten.
4. Hirse in gedünsteten Kohlrabi, Tomaten, Gurken gefüllt oder in Mangoldblätter gewickelt, in einer Auflaufform mit Sahne und Käse überbacken; dazu eine Zitronensauce (siehe Seite 56).
5. Hirsering mit Gemüse gefüllt; dazu die gegarte Hirse in eine gefettete Ringform füllen, dann auf eine vorgewärmte Platte stürzen und mit dem gegarten Gemüse (z.B. Möhren, Lauch, Zwiebeln) füllen.
6. Hirse mit Kräutersalz und Pfeffer, Eigelb und dem steif geschlagenen Eiweiß vermischt, mit geriebenem Käse bestreut im Ofen überbacken.
7. Hirse süß mit Zimt, Honig, Pflaumenmus und 1 Stückchen Butter in der Mitte.
8. Hirse als süßer Auflauf – mit Aprikosen, Stachelbeeren, Johannisbeeren, Äpfeln, eingemachten oder frischen Kirschen oder Pflaumen, mit Eigelb und steif geschlagenem Eiweiß vermischt im Ofen überbacken, dazu heiße Holundersauce (siehe Seite 50) usw., dies sind nur ein paar Beispiele.

Übrigens: Theoretisch ließe sich auch ungeschälte Hirse verwenden; die Schale ist aber sehr hart, so daß im allgemeinen die geschälte Hirse bevorzugt wird. Geschälte Hirse enthält immer noch fast viermal soviel Kieselsäure wie ungeschälter Weizen. Auch Fluor befindet sich nicht nur in der Hirseschale, sondern auch im Inneren des Hirsekornes.
Kurz, die Hirse ist ein Wunderkorn!

Meine Familie wird mir gar nicht mehr satt, seit wir auf Vollwertkost umgestiegen sind! – bekomme ich gelegentlich zu hören. (Interessant übrigens das besitzergreifende Wörtchen »mir«. »Mein Kind, du ißt mir nicht, du trinkst mir nicht, du bist mir doch nicht krank?«)
Bohre ich nach, woran das wohl liegen mag, bin ich den Fehlerquellen bald auf der Spur. Die sind:

- falscher Einkauf – zu kleine Mengen, in den falschen Läden, außerhalb der Saison, Fertigprodukte statt Grundprodukte, also z.B. nicht Hirse, sondern Hirseflocken;
- zu wenig Frischkost, statt dessen zuviel gekochtes (teures) Gemüse und Obst;
- zu wenig Getreide-, Teig- und Kartoffelgerichte;

Eine Möhre, 1 Stück geriebener Sellerie, eine Handvoll Löwenzahnblätter, pikant angemacht und roh als Frischkost gegessen, genügen – fast die dreifache Menge brauchen Sie aber, um satt zu werden, wenn Sie das Gemüse kochen.

Buchweizenbrei

250 g Buchweizen
1/2 l Gemüsebrühe
1 kleingehackte Zwiebel
2 EL Sonnenblumenöl
gemahlender Koriander
Prise geriebene Muskatnuß
Selleriepulver
Oregano
Kräutersalz und Pfeffer
Knoblauch nach Geschmack
geriebener Käse

Den Buchweizen grob schroten. 2 Stunden in der Gemüsebrühe einweichen. Die Zwiebel in Öl golden dünsten, an den Buchweizen geben und alles mit den Gewürzen abschmecken. Bei kleiner Hitze in 25 Minuten garen. Mit geriebenem Käse bestreut servieren, z.B. mit Gemüse oder einem Salat.

Variationen:
Unter den erkalteten Buchweizenbrei geriebenen Käse und 1 Eigelb mengen, Teig abschmecken und Klöße formen. In kochendem Wasser gar ziehen lassen. (Die Klöße sind fertig, wenn sie

hochsteigen, circa nach 5 Minuten.) Mit zerlassener Butter servieren oder eine Tomaten- oder Pilzsauce dazu reichen.
Die ausgequollene Masse noch heiß auf ein gefettetes Backblech streichen, mit einer Prise geriebener Muskatnuß oder Muskatblüte bestreuen, Butterflöckchen darauf setzen und im Ofen 10 Minuten überbacken.
In Quadrate, Rechtecke oder Rauten schneiden.

Kascha – Marokkanische Buchweizenspeise

250 g Buchweizen (ganze Körner)
Wasser
1 TL Kräutersalz

Die ganzen Buchweizenkörner trocken in einem Tuch abreiben, dann im Topf ohne Fett goldgelb rösten (Topf ab und zu schütteln). 2 fingerbreit kochendes Wasser zugießen, salzen, aufkochen und den Topf in den vorgeheizten Backofen stellen, ausquellen lassen, bis die Kascha völlig trocken ist (circa 25 Minuten).

Variante:
Die fertig ausgequollene Kascha auf ein gefettetes Blech streichen, mit geriebenem Käse bestreuen und im Ofen überbacken.

Buchweizen-Käse-Auflauf

500 g fertiger Buchweizenbrei
3 Eigelb
Kräutersalz und Pfeffer
3 Eiweiß
200 g geriebener Käse

Den Buchweizenbrei mit dem Eigelb vermischen, mit Kräutersalz und Pfeffer abschmecken. Steif geschlagenes Eiweiß unterziehen. Den Brei in eine gefettete Auflaufform füllen, mit dem Käse bestreuen und bei 200 Grad im vorgeheizten Ofen goldbraun überbacken.

Buchweizenring

je 1 1/2 Möhren, Lauchstangen und Petersilienwurzel
1 Stück Sellerie
1 Zwiebel
Knoblauch nach Geschmack
250 g ganzer Buchweizen
1/2 l Gemüsebrühe
Kräutersalz

Grünzeug, Zwiebel und Knoblauch klein schneiden oder raspeln. Buchweizen mit dem Grünzeug, Gemüsebrühe und Salz aufkochen und 20 Minuten ausquellen lassen. Eine gefettete Ringform mit dem Buchweizen füllen, dann auf eine vorgewärmte Platte stürzen.
Zu Buchweizenring serviere ich beliebiges Gemüse – Honigkarotten, Paprika, Lauch etc. Probieren Sie dazu auch mal die Curry-Rosinen-Sauce (siehe Seite 53).

Pikanter Gerstenring

200 g Gerste
150 g Weizen
1 TL Curry
1/2 l Gemüsebrühe
1 fein gehackte Zwiebel
3 Eigelb
etwas geriebener Käse
Prise geriebene Muskatnuß
3 Eiweiß
Butter und geröstete Sesamsamen für die Form

Gerste und Weizen mittelfein mahlen, in der Pfanne ohne Fett mit dem Curry kurz anrösten, bis es würzig duftet. Gemüsebrühe kurz aufkochen, unter Rühren das geröstete Mehl zufügen und auf der ausgeschalteten Herdplatte 20 Minuten ausquellen lassen. Zwiebelwürfel, Eigelb, Käse, eventuell etwas Butter und die Gewürze unter die Masse rühren, zum Schluß das steif geschlagene Eiweiß unterziehen. Eine feuerfeste Ringform ausbuttern und mit Sesam ausstreuen. Die Masse einfüllen und glatt streichen. Im vorgeheizten Backofen bei 200 Grad circa 45 Minuten backen. Den fertigen Gerstenring 10 Minuten abkühlen lassen, am Rand mit einem Messer ablösen und auf eine Platte stürzen.
Mit beliebigem geschmorten Gemüse in der Mitte servieren.

Als ich mit der Vollwertkost begann und immer stärkere Abneigung gegen Fleisch entwickelte, verspürte ich dennoch gelegentlich einen Heißhunger auf Leberwurst – und aß sie dann auch. Heute ist mir klar, daß ich unterversorgt war mit dem in der Leber enthaltenen Vitamin B1. Getreide liefert dieses Vitamin B1, und damit hat auch das Verlangen nach Leberwurst aufgehört, ebenso wie die Gier nach »Süßem«.
Manche Mütter klagen, sie machten sich gar nichts aus Fleisch, aber ihr Mann, ihr Kind (auch das meistens männlich) seien geradezu süchtig danach.
Wohlgemerkt, mir geht es nie darum, Fleisch zu imitieren, gerade auch deshalb, weil Fleisch an sich ja mehr oder weniger geschmacklos ist und erst durch Salz und Gewürze gewinnt. Aber versuchen Sie in einem solchen Fall einmal, Ihren »fleischfressenden Pflanzen« ein Grünkerngericht vorzusetzen. Grünkernknödel zum Beispiel, serviert mit einer Portion Sauerkraut, das Sie in Olivenöl, mit feingehackten Zwiebeln, einigen zerstoßenen Wacholderbeeren und etwas Weißwein ganz sacht erwärmt haben (möglichst nicht über die kritische 43- bis 45-Grad-Grenze), hält jeder für die delikatesten Leberknödel.

Grünkernknödel

250 g Grünkern (grob geschrotet)
1/2 l Wasser
2 Lorbeerblätter
1 Gemüsebrühwürfel oder
1 TL Selleriesalz oder getrocknete Sellerieblätter
2 Eier
1 TL Senf
Pfeffer
1 TL Paprikapulver edelsüß
4 TL gerebelter Majoran
2 Knoblauchzehen (zerdrückt)
1 EL Sojasauce
Zum Servieren: geriebener Käse und zerlassene Butter

Den Grünkernschrot mit Wasser, Lorbeerblättern, Gemüsewürfeln und Selleriesalz oder -blättern aufkochen, auf der ausgeschalteten Herdplattte 15 Minuten ausquellen lassen. Unter die ausgekühlte Masse alle anderen Zutaten rühren. Mit nassen Händen Knödel formen. Die Knödel in kochendes Salzwasser geben und 10 Minuten darin ziehen lassen. Gut abgetropft auf einer Platte anrichten, mit geriebenem Käse und zerlassener Butter servieren.

Varianten:
Unter die Grünkernmasse die Würfel von 4 Scheiben Weizenbrot (diese leicht in Butter anrösten) und Vollkornsemmelbrösel mischen, dann Knödel formen;

oder:
Aus der Grünkernmasse Puffer oder Schnitten formen und diese in der Pfanne in Pflanzenöl auf beiden Seiten braten oder auf einem gefetteten Backblech auf beiden Seiten goldgelb backen.

Raffiniert sowohl zu Knödeln als auch zu Puffern schmeckt die Curry-Rosinen-Sauce (siehe unter Béchamelsauce, Seite 53).

Grünkernklopse Königsberger Art mit Kapernsauce

Aus der Grünkernmasse mit nassen Händen Klopse formen (nicht ganz tennisballgroß), in kochendes Salzwasser legen und 10 Minuten ziehen lassen. Mit Kapernsauce servieren (zum Andicken der Sauce nehme ich in diesem Fall feingemahlenen Grünkern statt Weizenmehl).

Hirsebrei

300 g Hirse
1 l Gemüsebrühe (oder halb Brühe, halb Milch)
2 Zwiebeln
2 EL Öl
gehackte Kräuter nach Geschmack
evtl. Knoblauch
Muskat
Kräutersalz und Pfeffer
gehackte Petersilie

Die Hirse in der Gemüsebrühe aufkochen, 5 Minuten kochen und auf kleiner Flamme ausquellen lassen (20-30 Minuten). Gehackte Zwiebeln in Öl golden dünsten und zugeben. Hirsebrei mit Kräutern und Gewürzen abschmecken und mit Petersilie bestreut servieren.

Variation:
Geriebenen Käse und/oder Curry untermischen. Hirsebrei eignet sich auch zum Füllen von Piroggen, Paprikaschoten, Tomaten, Kohlrouladen.

Hirse-Gemüse-Auflauf

1 Zwiebel
2 EL Olivenöl
200 g Hirse
1/2 l Gemüsebrühe
1 Lorbeerblatt
Salbei
Rosmarin nach Geschmack
Pfeffer
500 g beliebiges, gegartes Gemüse (z.B. Möhren, junge Erbsen, Lauch, Spinatblätter, Rosenkohl, Blumenkohlröschen, Champignons)

Für den Guß:
1/4 l Sahne
2 Eier
1 EL Weizenmehl
Knoblauch
Prise geriebene Muskatnuß
evtl. Kräutersalz
100 g geriebener Käse (Parmesan oder Bergkäse)

Außerdem:
Butterflöckchen zum Überbacken

Die gehackte Zwiebel in Öl andünsten, die Hirse zugeben und mitdünsten. Gemüsebrühe, Lorbeerblatt, Salbei, Rosmarin und Pfeffer zugeben, 5 Minuten kochen und die Hirse ausquellen lassen. Mit dem Gemüse nach Wahl vermischen. Die Masse in eine gebutterte Auflaufform füllen. Alle Zutaten für den Guß verquirlen, über die Hirse gießen. Mit Käse bestreuen und Butterflöckchen darauf setzen. Im Ofen bei 200 Grad etwa 20 Minuten überbacken (sind die Zutaten kalt, 30 Minuten).

Hirseknödel

2 Zwiebeln
2 Knoblauchzehen
2 EL Öl
300 g Hirse
600 g Wasser
2 Gemüsebrühwürfel
Kräutersalz und Pfeffer
Prise geriebene Muskatnuß
viel frische gehackte Kräuter nach Wahl
2 Eigelb
evtl. frisch gemahlenes Hirsemehl zum Binden
geschmolzene Butter zum Servieren

Die Zwiebeln und Knoblauch fein würfeln, in Öl goldgelb dünsten. Hirse zugeben, kurz anrösten, dann das Wasser aufgießen. Brühwürfel und Gewürze zufügen. Alles 5 Minuten kochen und 15 Minuten quellen, danach abkühlen lassen. Unter die kühle Masse frische Kräuter und Eigelb mischen, evtl. mit Hirsemehl binden. Aus der Masse Knödel formen und in kochendem Salzwasser 15 Minuten ziehen lassen. Mit dem Schaumlöffel herausnehmen und mit geschmolzener Butter übergießen.

Variation:
Puffer formen und diese auf beiden Seiten in Olivenöl goldgelb braten.

Zur Erinnerung: Hirse enthält besonders viel Kieselsäure – wichtig für Knochen, Haare, Haut und Zähne.

Polenta

1 l Wasser
250 g Maismehl
1-2 TL Kräutersalz

Das Wasser zum Kochen bringen, unter Rühren das Maismehl einstreuen, salzen und weiterrühren. Nach 10 Minuten wird die Masse dick. Noch 20 Minuten bei kleiner Flamme ausquellen lassen. Fertig ist die Polenta! Sie wird heiß gegessen, mit einem Stückchen Butter und geriebenem Käse bestreut – oder Sie streichen sie auf ein mit kaltem Wasser abgespültes Blech, schneiden sie in Rechtecke oder Quadrate oder Rauten und geben auf jedes ein Stückchen Butter, eine Scheibe Käse und etwas geriebenen Parmesan. Man kann sie auch noch kurz im Ofen überbacken.

Variationen:
Unter die steife Polenta 500 g Quark, mit 1/2 l saurer Sahne verrührt, mischen. Die Masse für ein paar Minuten in den heißen Backofen stellen.
So ist aus der Polenta das rumänische Nationalgericht »Mamaliga« geworden. Dazu paßt Tomatensauce.
Unter den fertigen Maisbrei (in diesem Fall sollten Sie den Mais in Gemüsebrühe garen) können Sie zum Beispiel 500 g Gemüse wie Möhren, Lauch Sellerie, Kohlrabi etc. mischen. (Das Gemüse wird in kleine Stücke geschnitten und mit Zwiebelwürfeln und Kräutern in Öl und ganz wenig Wasser in circa 20 Minuten gegart, mit Kräutersalz, Pfeffer und Muskat abgeschmeckt, dann mit dem Mais vermischt und mit einem Stich Butter und etwas Sahne verfeinert.) Zum Anrichten noch viel Petersilie darüber streuen.

Mais-Tortillas

250 g frisch gemahlenes Maismehl
1/4 l Wasser
1 Ei
1/2 TL Salz
100 g Weizenmehl
frische oder getrocknete Salbeiblätter nach Geschmack
scharfe Peperoni
Öl zum Ausbacken
12 dünne Scheiben alter Edamer
12 Scheiben Mozzarella
1 Becher saure Sahne

Maismehl, Wasser, Ei, Salz, Weizenmehl und zerpflückten Salbei verkneten und 1/2 Stunde ruhen lassen. Aus dem Teig eine Wurst formen, Stücke in der Größe eines Golfballes davon abbrechen und zu einem Ball drehen, auf bemehlter Backfläche etwa 3 mm dick ausrollen oder einfach zwischen den Händen flachdrücken. Tortillas in heißem Öl etwa 3-4 Minuten auf jeder Seite braten, warm stellen. Jede Tortilla belegen mit: 1 Scheibe Edamer oder anderem Käse, 1 Scheibe Mozzarella, 1 oder mehrere Ringe durchgeschnittener Peperoni, 1 Klacks saurer Sahne. Tortillas im auf 200 Grad vorgeheizten Ofen erhitzen, bis der Käse geschmolzen ist.

Selbstverständlich wird in der Vollwertküche nur Vollreis verwendet. Vollreis braucht länger zum Garwerden als gewöhnlicher Reis – etwa 45 Minuten. Jeder Koch und jede Köchin schwören, ihre Art, Reis zuzubereiten, sei die beste. Ich mache es so: Ich bringe gesalzenes Wasser zum Kochen, streue den gewaschenen Reis hinein, lasse ihn fertig garen. Umrühren höchstens mal mit der Gabel. Schon vor Ablauf der 45 Minuten immer wieder probieren; eine Minute zuviel, und der Reis ist nicht mehr körnig. Ich schütte den Reis in ein Sieb, spüle ihn kurz unter fließendem Wasser ab und verwende ihn weiter. Das Kochwasser wird bei mir nicht weggeschüttet, es wäre schade drum. Ich benutze es zu Suppen und Saucen, deshalb wird es auch nur milde gesalzen.

Reis mit Gemüse

2-3 Zwiebeln
2 EL Öl
Gemüse nach Wahl, insgesamt ca. 750 g:
Möhren, Kohlrabi, Blumenkohl, Sellerie, Lauch, Petersilienwurzel etc.
1/4 l Gemüsebrühe
Kräuter und Gewürze nach Geschmack: 1 Lorbeerblatt, Salbei, Rosmarin, Pfefferkörner, Curry, Safran

Außerdem:
400 g Reis
1 Stich Butter
Sahne nach Geschmack
Knoblauch

Die kleingehackte Zwiebel in Öl golden dünsten. Das in Stücke geschnittene Gemüse kurz mitdünsten. Brühe zufügen und fertig garen (circa 20 Minuten). Den Reis in sprudelndem Salzwasser garen (circa 45 Minuten) und abgießen. Das Gemüse mit dem Reis mischen. Einen Stich Butter zugeben und noch etwas Sahne.

Nach Geschmack durch die Presse gedrückten Knoblauch unterziehen. Evtl. noch mit Kräutersalz nachwürzen und mit gehackter Petersilie und Schnittlauch bestreuen.

Orientalisches Reisgericht

2 Tassen Reis
4 Tassen Wasser
1/2 TL Kräutersalz
2 EL Weizenschrot
4 Möhren
4 Kartoffeln
je 1 Handvoll kleingeschnittene, getrocknete Bananen, Äpfel und Aprikosen
1 Handvoll Rosinen
1 Prise Safran, Pfeffer
je 2 EL Kürbiskerne, Pinienkerne, Sonnenblumenkerne
Sojaöl
frisch geriebene Ingwerwurzel (oder gemahlener Ingwer)
gemahlener Kümmel
1 EL Sesamsamen
1 Handvoll Ananasstücke

Den Reis in das kochende Salzwasser einstreuen, Hitze herunterstellen und circa 20 Minuten köcheln lassen. Dann Weizenschrot, die klein geschnittenen Möhren und Kartoffeln, Trockenfrüchte, Rosinen, Safran und Pfeffer zugeben, fertig garen. In einer Pfanne das Sojaöl erhitzen. Frisch gemahlenen Ingwer, den gemahlenen Kümmel, Sesamsamen und die Ananasstücke zugeben. Alles heiß werden lassen und zu dem fertigen Reis geben.

Risotto

1 Zwiebel
2 EL Öl
400 g Reis
circa 3/4 l Gemüsebrühe
Knoblauch
Curry
geriebener Käse
Petersilie

Die Zwiebel fein hacken und in Öl golden dünsten. Den nicht gewaschenen, nur trocken mit einem Tuch abgeriebenen Reis zugeben, golden werden lassen, dann die Brühe zugießen und den Reis bei kleiner Hitze garen. Durch die Presse gedrückten Knoblauch und Curry untermischen, mit Käse und gehackter Petersilie bestreuen.

Risotto kann auch mit Erbsen, Spargelstückchen, Pilzen, grünen Bohnen und (oder) abgezogenen gewürfelten Tomaten gemischt werden. Reste schmecken wunderbar als Reissalat, mit ein paar Löffeln einer Salatsauce angemacht. Oder Sie bereiten aus so einem Rest ein neues Mittagessen, indem Sie ein paar verquirlte Eier darüber gießen und bei kleiner Hitze stocken lassen.
Mit pikant abgeschmecktem Risotto können Sie Tomaten, Paprikaschoten, Auberginen, Gurken oder Kohlrouladen füllen. Eventuell noch mit etwas Tomatenmark nachwürzen.

Weizenspeise aus Marokko

2 Tassen Weizenkörner
1 1/2 l Wasser
2-3 TL Kräutersalz
1 TL schwarzer Pfeffer
1 TL gemahlener Kümmel
1 TL (oder weniger) Chilipfeffer
3 EL Öl
4 Tomaten
Basilikum
Butterflöckchen

Die ganzen Weizenkörner im Wasser über Nacht einweichen. Weizenkörner im Einweichwasser zum Kochen bringen (evtl. etwas Wasser zugeben, es soll 2 fingerbreit über dem Weizen stehen). Hitze drosseln, auf kleiner Flamme eine halbe Stunde garen. Nun Kräutersalz, Pfeffer, Kümmel, Chilipfeffer (Vorsicht, ist sehr scharf!) und das Öl zugeben. Auf kleiner Flamme noch circa 15 Minuten schmoren. Der Weizen soll knackig sein. Nun die halbierten Tomaten auf die Oberfläche der Weizenspeise setzen. Tomaten mit Kräutersalz, Pfeffer und Basilikum bestreuen, Butterflöckchen darauf setzen. Deckel darauf geben. Bei niedriger Hitze ziehen lassen, bis die Tomaten gar sind.

Kernige Brote, Brötchen und Fladen

Das erste Brot überhaupt nach der reinen Breinahrung dürfte der Fladen gewesen sein: ein mit Wasser angerührter, auf einen heißen Stein gestrichener und getrockneter Körnerbrei, Vorläufer der arabischen, israelischen und indischen Pitta oder Chapatis, der türkischen Pide, der italienischen Pizza. Aus Nilschlamm baute man die ersten kugelförmigen Öfen. Der Ofen wurde geheizt, die Glut herausgenommen und das Brot auf den heißen Steinen gebacken. 200 v. Chr. soll das erste Hefebrot verzehrt worden sein – der beim Bierbrauen entstehende Schaum wurde mit Mehl verknetet und ergab ein besonders lockeres Brot. Die Entstehung des Sauerteiges vermutet die Fama um das Jahr 500 v. Chr. Eine faule Hausfrau (oder ein fauler Hausmann?) hat vielleicht den Brotteig zu lange stehen und sauer werden lassen, und siehe da – das daraus gebackene Brot war besonders köstlich.

Und die Moral von der Geschicht?
Faulheit ist (manchmal) so schlecht nicht!

Kleine Mehl-Kunde

Was bedeutet eigentlich das Wort »Mehltype«?
Die meisten wissen bereits: je höher die Typenzahl, desto gesünder, vollwertiger ist das Mehl, desto mehr Vitalstoffe enthält es. Type 1700 ist also besser als Type 405. Wie aber kam diese Typenbezeichnung zustande?
Wenn Sie Mehl verbrennen, bleibt Asche zurück. Diese Asche enthält Mineralstoffe. Verbrennen Sie Vollkornmehl, bleiben mehr Mineralstoffe in der Asche zurück, als wenn Sie »normales« Mehl verbrennen von Korn, dessen Randschichten mit Keim und Kleie bereits entfernt worden sind. Die Typenzahl sagt an, wieviel

Milligramm Mineralstoffe sich in 100 g Mehl (Trockensubstanz) befinden.

- Weizenmehl Type 405 enthält also in 100 g Mehl 405 Milligramm Mineralstoffe.
- Weizenmehl (-schrot) Type 1700 enthält in 100 g Mehl 1700 Milligramm Mineralstoffe.

Noch ein paar interessante Zahlen:

- In »normalem« Weißmehl (Auszugsmehl) ist der Gehalt an Vitamin B1 pro Kilo 0,7 Milligramm.
- Vollkornmehl enthält dagegen 5,1 Milligramm B1.

1,5 Milligramm Vitamin B1 pro Tag ist unerläßlich, wenn man gesund und vital sein möchte. Der größte Teil der Bevölkerung leidet an Unterversorgung mit diesem für die Nerven so wichtigen Vitamin und begnügt sich mit nur 0,5 Milligramm pro Tag.
Zum Vergleich: Ehe man daran ging, Keim und Kleie zu entfernen, also etwa bis vor 150 Jahren, nahmen die Menschen durchschnittlich 3-5 Milligramm Vitamin B1 täglich zu sich – das wäre das vier- bis fünffache der heutigen Menge! Die Losung muß also heißen: Vollkorn essen! 2-3 Eßlöffel rohen Getreides täglich, und Ihr Vitamin-B1-Bedarf ist gedeckt. Geradezu gewaltig ist der Unterschied zwischen Vollkornmehl und Industriemehl, was Eisen, Magnesium, Kalium und Kalzium betrifft:

	1 kg Vollkornmehl enthält:	1 kg »normales« Industriemehl enthält:
Eisen	44 Milligramm	7 Milligramm
Magnesium	250 Milligramm	120 Milligramm
Kalium	4730 Milligramm	1150 Milligramm
Kalzium	120 Milligramm	60 Milligramm
Vitamin B1	5,1 Milligramm	0,7 Milligramm
Vitamin B6	4,4 Milligramm	2,2 Milligramm
Provitamin A (Vorstufe des Vitamin A)	3,3 Milligramm	0,0 Milligramm
Vitamin E	24 Milligramm	0,0 Milligramm

(entnommen: »Unsere Nahrung – unser Schicksal« Dr. M. O. Bruker)

Sind Sie noch ungeübt im Brotbacken, beginnen Sie am besten mit einem einfachen Weizenbrot mit Hefe (Seite 112). Aus dem gleichen Teig können Sie auch Brötchen backen. Ein Sauerteigbrot braucht etwas mehr Erfahrung, besonders wenn Sie den Ehrgeiz haben, Ihren Sauerteig selbst herzustellen. Er gelingt leider nicht immer, es kann sein, daß Ihre Küche zu kalt ist oder nicht gleichmäßig warm und Sie die falschen Bakterien züchten. Ich mußte einmal einen Sauerteig wegwerfen, weil er zwar wie wunderschönes grünes Moos aussah, aber eben nicht mehr wie Sauerteig.

Die Zubereitung von Sauerteig gibt immer wieder Anlaß zu lebhaften Diskussionen, wenn Vollkornbäcker und -bäckerinnen zusammenkommen. Die einen setzen Zwiebeln zu, die anderen Kümmel, die einen rühren den Teig täglich um, die anderen füllen ihn in ein Schraubglas und stellen das in den Kühlschrank – ich habe alles ausprobiert und festgestellt: am zuverlässigsten ist der Sauerteig vom Bäcker – wenn es Ihnen gelingt, einmal einen aufzutreiben, sind sie gerettet: Sie kneten mit dem Sauerteig vom Bäcker Ihren Brotteig, lassen ihn gehen und nehmen dann, bevor Sie Gewürze und Salz darangeben, die nötige Portion (also etwa 300 bis 400 g) vom gut gesäuerten Brotteig ab, füllen ihn in eine kleine Schüssel, verschließen sie mit Folie und bewahren sie bis zum nächsten Brotbacken in der Tiefkühltruhe auf. Bei Bedarf holen Sie Ihren gefrorenen Teig heraus, tauen ihn auf, verrühren ihn mit lauwarmem Wasser und ein paar Löffeln frisch gemahlenem Weizen- oder Roggenmehl – fertig ist der neue Sauerteig zur Weiterverarbeitung.

Beim Brotbacken häufig vorkommende Fehler – und wie sie zu vermeiden sind

Das Brot geht nicht auf, schmeckt zu sauer oder bröckelt:

- Der Sauerteig war zu alt oder Sie haben Teig oder Brot zu lange gehen lassen – es haben sich zuviel Essigsäurebakterien entwickelt im Verhältnis zu Milchsäurebakterien, oder der Sauerteig hat zu heiß gestanden. Die ideale Wärme sowohl für Hefe- als auch Sauerteigbrote beim Gehen sind 25 Grad.

Das Brot reißt oder hat einen klitschigen Streifen:

- Der Teig ist nicht lange und gut genug geknetet worden.

Der Hefeteig ist nicht aufgegangen:

- Er hat zu lange, zu heiß gestanden, ist mit zu kalter Flüssigkeit angerührt worden, das Verhältnis Mehl zu Flüssigkeit hat nicht gestimmt. Vollkornmehl braucht übrigens mehr Flüssigkeit als Auszugsmehl, je nach dem Feuchtigkeitsgehalt des Korns, manchmal fast bis zu einem Drittel mehr!

Das Brot ist nach dem Backen zusammengefallen:

- Der Teig hat beim Gehen zu warm gestanden oder zu lange oder beides.

Das Brot bröckelt:

- Sie haben zuviel Hefe verwendet.
- 1 Würfel Hefe (= 42 g) oder ein Päckchen Trockenhefe reicht für 500 g Mehl!

Ihr Roggenbrot ist nicht aufgegangen:

- Sie haben sich nicht an die Regel gehalten, daß Roggenmehl nur mit Sauerteig »geht«. Sie können Hefe zusetzen, müssen aber nicht. Weizenbrot können Sie mit Hefe oder Sauerteig backen.

Und nicht vergessen:

- Einen Topf mit Wasser auf den Boden des Ofens stellen, und auch die Brötchen vor dem Backen mit Wasser bepinseln!

Ein paar Tricks, wie Brot weniger hart wird, verrate ich Ihnen auch:

Trick 1: Den Teig beim Gehen, und später das Brot beim Gehen, mit einem feuchten Tuch bedecken.

Trick 2: Eine Schüssel mit Wasser in den Ofen stellen, bevor Sie das Brot hineinschieben.

Trick 3: Vor dem Gehen, und noch einmal vor dem Backen, das Brot mit nasser Hand »abwaschen«.

Trick 4: Das gebackene, dampfend aus dem Ofen kommende Brot noch einmal mit einer handvoll Wasser »abwaschen«. Die Feuchtigkeit dringt in das Brot ein und macht es saftiger. Es läßt sich so auch besser schneiden, ohne zu krümeln. Wer es ganz fachmännisch/-fraulsch machen will, fährt mit einer nassen Bürste darüber.

Roggenvollkornbrot mit Gewürzen

1 kg Roggen, halb grob/ halb fein gemahlen
1 kg Weizen, halb grob/ halb fein gemahlen
300 g Sauerteig
1 l lauwarmes Wasser
1 EL Vollmeersalz
2 EL Fenchel
2 EL Leinsamen
2 EL Kümmel
2 EL Koriander – von allem die ganzen Körner!
1 Handvoll Sonnenblumenkerne

Mehl/Schrot in eine große Schüssel geben, in die Mitte den Sauerteig. Mit einem Drittel des Wassers den Sauerteig und 1/3 des Mehls verrühren, an warmem Ort gehen lassen. Nach einigen Stunden das zweite Drittel Wasser zugeben, mit mehr vom Mehl verrühren, wieder warm stellen.
Wieder nach einigen Stunden das restliche Wasser zugeben, alles miteinander verrühren, nochmal alles warm stellen und (am besten über Nacht) mit einem feuchten Tuch bedeckt gehen lassen.
Am nächsten Morgen riecht der Teig angenehm säuerlich. Eine Portion (ca. 300 g) Sauerteig vom Teig abnehmen und für das nächste Backen einfrieren.
Salz und Gewürze zugeben, eventuell noch etwas Wasser, und gründlich kneten, bis sich ein glänzender Kloß bildet. Sie können nun den Kloß, wenn Sie wollen, teilen und 2 Brote aus der Menge formen. Das Brot auf einem gefetteten Blech 2 Stunden gehen lassen. Mit einem Messer kreuzweise einschneiden. Dann bei 200 Grad backen – 1 großes Brot 1 1/2 Stunden, 2 kleine Brote 1 Stunde. Wenn Sie mit dem Knöchel gegen die Brote klopfen, muß es hohl klingen, dann sind sie fertig.

Gut zum Einüben, wenn Sie noch unerfahren im Brotbacken sind:

Einfaches Weizenbrot mit Hefe

1 kg Mehl
2 Päckchen Hefe (80 g)
1 TL Honig
1/4 l Milch
1/4 l Wasser
1 EL Vollmeersalz

Mehl in die Rührschüssel geben, in die Mitte die Hefe krümeln, mit dem Honig und ein paar Löffeln der erwärmten Milch und etwas vom Mehl zu einem »Vorteig« kneten, mit einem Tuch zudecken und an einem warmen Ort 1/2 Stunde gehen lassen. Restliche Zutaten zugeben und 10 Minuten kneten. Brot formen – einen Laib oder auch ein längliches Baguette – mehrmals quer einschneiden. Brot auf ein gefettetes Backblech setzen und noch einmal etwa 1 Stunde gehen lassen. Bei 200 Grad 45 Minuten backen. Noch warm mit zerlassener Butter bepinseln.

Das einfache Weizenbrot wird zu einem

Weizentoastbrot

500 g Weizenmehl
1 Päckchen Hefe
1 TL Honig
1/2 l Milch
1/2 TL Vollmeersalz

Einen Hefeteig bereiten. Teig gut gehen lassen, dann in eine gut gefettete Kastenform füllen. Teig noch einmal 30 Minuten gehen lassen. Bei 200 Grad 1 Stunde backen. Sie nehmen also nur die Hälfte Mehl und Hefe, aber die gleiche Menge Flüssigkeit. Das Toastbrot läßt sich gut einfrieren.

Wenn Sie unter den Teig dieses delikaten Toastbrotes noch 200 g zerlassene Butter kneten (eventuell etwas weniger Milch nehmen), können Sie Zwieback machen:
Das in der Kastenform gut gegangene Brot mit dem Messer quer einkerben (in Abständen von etwa 2 cm), backen wie oben angegeben. Kurz abkühlen und aus der Form lösen. Mit einem scharfen Messer an den Kerbstellen in Scheiben schneiden. Die Scheiben auf ein gefettetes Backblech legen und bei kleinster Hitze mehr trocknen als backen. Der Zwieback – der zwiefach Gebackene – muß goldgelb sein. Wollen Sie fettärmeren Zwieback, nehmen Sie nur 2 EL Butter, dann brauchen Sie jedoch die gesamte Milchmenge von 1/2 Liter. Probieren geht über studieren.

Weizenbrötchen

Den Teig wie für das einfache Weizenbrot mit Hefe zubereiten (Seite 112). Aus dem gut gekneteten und gegangenen Teig golfballgroße Brötchen formen, einkerben. Auf ein gefettetes Blech setzen. 30 Minuten gehen lassen. Bei 200 Grad 23-30 Minuten backen. Bestreichen Sie die Brötchen vor dem Backen mit Wasser. Sie können auch Mohn, Sesam oder Kümmel darauf streuen.

Gefüllte Brötchen

(Resteverwertung)

8 Brötchen
Füllung:
100 g Butter
knapp 1 EL frischgeriebener Meerrettich
1/8 l Sahne
200 g Camembert oder Roquefort oder Blue Castello
Kräutersalz und Pfeffer
Knoblauch, Schnittlauch

Von den Brötchen längs oder quer einen Deckel abschneiden, Brötchen aushöhlen. Die weiche Butter mit Meerrettich verrühren, Sahne schlagen und unterziehen. Den Käse zerkrümeln und dazugeben, alles mit Kräutersalz, Pfeffer und durch die Presse gedrückten Knoblauch abschmecken. Die Masse in die Brötchen füllen, mit gehacktem Schnittlauch bestreuen, Brötchendeckel darauf setzen und im Ofen bei 180 Grad überbacken, so daß der Käse schmilzt.

Variation:
Statt Käse Quark nehmen, nach Lust und Laune mit Kapern und Oliven anmachen.

Ein Baguette, aus dem Teig für Weizenbrot mit Hefe (Seite 112) gebacken, füllt man folgendermaßen: Baguette längs aufschneiden, beide Hälften etwas aushöhlen, die Füllung hineingeben, Hälften wieder zusammenklappen, in den Ofen schieben und überbacken.

Schnelle Quarkbrötchen

500 g Weizenmehl
2 TL Weinsteinbackpulver
2 TL Meersalz
1 knapper EL Honig
500 g Quark
2 Eier

Das frisch gemahlene Weizenmehl mit dem Backpulver, Salz und Honig mischen, den Quark und die Eier darunterkneten. Ist der Quark sehr trocken, evtl. mit etwas Milch sämig machen. Brötchen bei 180 Grad im vorgeheizten Backofen 20-30 Minuten backen.

Was Sie über Brot noch wissen sollten:

- Roggenbrote werden nicht so schnell alt wie Misch- oder Weizenbrote.
- Brot schimmelt am ehesten bei Wärme und hoher Luftfeuchtigkeit, also Brot kühl und trocken aufbewahren und nicht von der Luft abschließen. Brot muß »atmen« können.
- Angeschnittene Brotlaibe mit der Schnittfläche auf Holzbrettchen stellen.
- Brotbehälter mit Holzrosten auslegen, das Brot kann dann besser atmen.
- Brot nicht im Kühlschrank aufbewahren, es trocknet schneller aus.
- Verschimmeltes oder angeschimmeltes Brot nicht essen! Manche Schimmelpilze sind sehr gesundheitsschädlich.
- Beim Backen zerstört ein langer, mäßiger Erhitzungsprozeß mehr Vitamin B1 als eine kurze hohe Backtemperatur (der Vitaminverlust bei Pumpernickel ist daher besonders hoch).
- Hefeteig muß sich beim Gehen verdoppeln, mit Sauerteig angesetzter Teig dagegen vergrößert sich nur um ca. 1/3. Wenn man leicht mit dem Finger auf den Teig drückt, muß sich die Delle sofort wieder glätten (gilt für beide Teigarten).
- Ihr Brot ist gar, wenn sich beim Dagegenklopfen mit den Fingerknöcheln ein hohles Geräusch ergibt.

Und nun zum Sauerteig-Selbermachen – sofern Sie den Ehrgeiz haben.

Sauerteig 1

Für 2 kg Brot:

500 g Roggenmehl (feingemahlen)
knapp 1/2 l lauwarmes Wasser
2 TL gemahlener Kümmel oder
2 TL geriebene Zwiebel oder
2 EL Buttermilch

Das Roggenmehl mit dem lauwarmen Wasser und entweder Kümmel, Zwiebel oder Buttermilch (jede Hausfrau/jeder Hausmann schwört auf ihr/sein eigenes Patent) in einem Topf verrühren. An einem warmen Ort (ca. 30 Grad) 3 Tage stehen lassen.

Sauerteig 2

1 TL Honig (kein Tannenhonig)
1 TL Öl
50 g Weizenmehl
50 g Mineralwasser (30 Grad warm)

Die Zutaten gut vermengen und in ein vorher 15 Minuten lang sterilisiertes Gefäß geben, das man luftdicht abschließen kann. 48 Stunden bei 25-30 Grad stehen lassen. Nach diesen 48 Stunden 30 g Wasser (30 Grad warm) und 30 g Mehl zugeben. Gut vermengen und 3 Tage stehen lassen bei 25-30 Grad. Dann ist der Sauerteig fertig.

Sauerteig 3

1 Würfel Hefe
1 l lauwarmes Wasser
1 EL Honig
500 g Weizenmehl

Hefe mit Wasser und Honig verrühren, nach und nach das Mehl unterrühren. Zugedeckt an einem warmen Ort 24-48 Stunden stehen lassen; nach 24 Stunden einmal umrühren. Nach 48

Stunden sollte der Sauerteig fertig sein. Er ist gut, wenn er angenehm säuerlich riecht. Riecht er scharf und unangenehm sauer, haben sich zu viele Essigbakterien entwickelt, warum auch immer – dann nicht verwenden, sondern leider wegwerfen.

Roggenbrötchen

Den Teig wie für das Roggenbrot bereiten (Seite 112, evtl. nur die Hälfte nehmen, ergibt 25 Stück). Golfballgroße Bälle formen, auf ein gefettetes Backblech setzen und Kerben einritzen. 1 Stunde gehen lassen, dann bei 220 Grad 25-30 Minuten backen.

Übrigens: Beim Verzehr von 100 g Vollkornbrot nehmen wir 40 Kalorien weniger zu uns als beim Verzehr von 100 g »normalen« Brötchen (Semmeln); dafür aber mehr als doppelt soviel Kalium, mehr als dreimal soviel Eisen!

Israelische Pitta

4 Tassen Weizenmehl
1-2 TL Meersalz
1 1/2 Tassen Wasser

Das frisch und sehr fein gemahlene Mehl in eine Schüssel geben, Salz zufügen und vorsichtig mit Wasser verkneten. Es hängt vom Mehl ab, wieviel Wasser man braucht. Der Teig muß so fest sein, daß man ihn ausrollen kann. Den Teig 30 Minuten ruhen lassen. In 8 Stücke teilen, aus jedem Teigstück einen Ball formen und diesen auf einem bemehlten Brett dünn ausrollen, circa 2 mm dick. Die Fladen auf der heißen Herdplatte oder in der heißen Pfanne ohne Fett unter Schütteln und mehrmaligem Wenden circa 10 Minuten backen. Für diese Fladen eignen sich auch Hafer- oder Roggenmehl.

Variation:
Ein paar Eßlöffel zerlassene Butter an den Teig geben, ruhen lassen, dann backen.

Leider nur möglich an einem freien Wochenende oder im Urlaub:

Knoblauchbrot

8 dünne Brotscheiben
(Weizen- oder Roggenbrot)
Butter
1 Knolle (!) Knoblauch
Kräutersalz

Die Brotscheiben rösten, mit Butter bestreichen, gehackten Knoblauch dick darauf streuen, mit Kräutersalz würzen, nochmals in den Ofen legen, knusprig backen. Ein paar Gläschen Rot- oder Weißwein dazu, und Sie wähnen sich im Paradies.

Eine üppige Angelegenheit – aber phantastisch und kinderleicht zu machen:

Quark-Butter-Weizen-Stangen

Quark, Butter und Weizenmehl zu gleichen Teilen, also je etwa 250 oder 500 Gramm, plus Kräutersalz.

Die Zutaten verkneten und den Teig 1/2 Stunde ruhen lassen. Auf einer bemehlten Arbeitsfläche zu einer Wurst rollen, von der Wurst Scheiben abschneiden. Jede Scheibe formen: zu einer Stange, einem Taler, einer Brezel oder einem Hörnchen. Bei 180 Grad 20 Minuten backen.
Sie können die Brezeln, Hörnchen oder Stangen vor dem Backen mit Milch bepinseln und mit geriebenem Käse bestreuen oder mit Kümmel, Sesam oder Mohn. Da dieses Gebäck sehr fett ist, braucht es keinen Aufstrich.

Salzstangen

100 g Butter
250 g Weizenmehl
25 g Hefe (in etwas lauwarmer Milch aufgelöst)
1/2 TL Meersalz
lauwarme Milch

Außerdem:
1 Eigelb
grobes Meersalz und
Kümmel

Die Butter schaumig rühren und die restlichen Teigzutaten zugeben (so viel Milch nehmen, daß ein ziemlich fester Hefeteig entsteht). Den Teig schlagen, bis er Blasen wirft, dann gehen lassen. Kleine Stangen formen, auf ein gebuttertes Blech legen, wieder gehen lassen. Die Stangen mit verquirltem Eigelb bestreichen, mit grobem Salz und Kümmel bestreuen. Bei 180 Grad etwa 20 Minuten im Ofen backen.
Die etwas abgekühlten Salzstangen durchschneiden und mit reichlich Butter bestreichen – köstlich!

Pikante und süße Brotaufstriche

Grünkernpaste

---

3 Tassen Grünkern (fein gemahlen)
3 1/2 Tassen Wasser
Kräutersalz
Pfeffer
1-2 Lorbeerblätter
Thymian
Olivenöl (etwa 1 Tasse)
Knoblauch
Majoran oder Oregano

Den Grünkern mit Wasser, Salz, Pfeffer, Lorbeerblättern und Thymian 5 Minuten kochen und auf der ausgeschaltenen Herdplatte ausquellen lassen. Mit Olivenöl, dem durch die Presse gedrückten Knoblauch und Majoran abschmecken und im Mixer cremig rühren (evtl. noch etwas Wasser zugeben).
Schmeckt wunderbar auf einem getoasteten Weizenbrot oder Fladen. Erinnert im Geschmack an feinste Leberwurst, ist also ideal für »Umsteiger« vom Fleischesser zum Lactovegetarier.

Gomasio

Gomasio gibt es fertig zu kaufen – oder man stellt es selbst her.
10 Teile Sesam
1 Teil Meersalz

Den gemahlenen Sesam in der Pfanne ohne Fett rösten. Meersalz in einer anderen Pfanne rösten, beides vermischen und im Mörser zerstampfen oder im Mixer zerkleinern.

Trockenfrüchte-Brotaufstrich

---

250 g getrocknete Früchte:
Äpfel, Birnen, Pflaumen,
AprikosenNaturvanille
Saft einer Zitrone
Zimt

Das Obst über Nacht mit Wasser bedeckt einweichen, mit der Flüssigkeit pürieren (eventuell etwas Flüssigkeit abgießen). Mit Zimt und Vanille abschmecken.
Hält sich im Kühlschrank wochenlang frisch.

Nußmus

1 Hälfte Haselnüsse
1 Hälfte Nackthafer
Carob
Honig nach Geschmack
Vanille nach Geschmack

Die Nüsse fein pürieren (Mixer), den Hafer fein mahlen (Getreidemühle). Beides mit Honig und Carob gut verkneten. Das Nußmus hält sich im Schraubglas im Kühlschrank wochenlang.
Statt Hafer können Sie auch Weizenmehl nehmen.

Weitere interessante Brotaufstriche

- *Tomatenbutter:* Tomaten mit Zwiebel und Knoblauch pürieren, dann mit etwas gehackter Peperoni, gehacktem Liebstöckel (frisch oder getrocknet), Kräutersalz und Paprika sowie mit weicher Butter gründlich verrühren, kühl stellen.
- *Kräuterbutter:* 1 Handvoll frische gehackte Kräuter mit durch die Presse gedrücktem Knoblauch, Kräutersalz, Pfeffer und weicher Butter verrühren, kühl stellen.
- *Champignonbutter:* Zwiebeln und Knoblauch goldgelb dünsten, blättrig geschnittene Champignons kurz mitdünsten, mit Kräutersalz und Pfeffer würzen, pürieren und mit weicher Butter verrühren, kühl stellen.
- *Salbeibutter:* Sehr fein geschnittene Salbeiblätter mit weicher Butter, Kräutersalz, Pfeffer und Zitronensaft verrühren, kühl stellen.
- *Quark pikant:* Mit Zwiebeln, Kümmel, Sahne, Kapern, Schnittlauch anmachen.
- 2 hart gekochte Eigelb mit 1 EL Butter und geriebenem Parmesankäse verrühren.
- Dick Butter aufs Brot, darauf säuerliche Apfelscheiben und gerösteten Sesam.

- Nußmus und Gomasio oder Honig.
- Avocado, püriert mit Gorgonzola oder Roquefort oder Bavariablue, mit Zitronensaft und Pfeffer würzen.
- Avocado, püriert mit Tomatenmark, Knoblauch, Zitronensaft, Kräutersalz, Pfeffer, Zwiebeln und Schnittlauch.
- Butter oder Nußmus mit Honig, darauf Bananenscheiben und halbe Walnüsse.
- Nußmus bestreut mit Kürbiskernen.
- Nußmus mit Honig, bestreut mit geröstetem Sesam.
- *Käsebutter:* Gorgonzola mit der Gabel zerdrücken, mit Butter, Salz und Pfeffer verrühren.
- *Gemüsebutter:* Frischkäse mit Butter, geriebenen rohen Möhren, geriebenem rohen Sellerie, gehackter Petersilie, Kräutersalz und Pfeffer, einer Spur Honig und Tamari-Sojasauce verrühren.
- *Quarkbutter:* Butter mit Quark, Kräutersalz und Pfeffer, Paprika und feingeschnittener Zwiebel gut verrühren.
- *Der »Obatzte«:* Camembert mit der Gabel zerdrücken und mit weicher Butter, gehackter Zwiebel, zerstoßenem Kümmel, Pfeffer und Paprika verrühren.
- *Hoummous aus Israel:* Pro Person 150 g Kichererbsen über Nacht einweichen, am nächsten Tag im Einweichwasser weich kochen, pürieren; mit Kräutersalz, Pfeffer und durch die Presse gedrücktem Knoblauch, dem Saft einer Zitrone und ein paar Eßlöffeln Tahin abschmecken, alles gut verrühren; wenn nötig, mit etwas Wasser verdünnen. In einen Teller füllen, Olivenöl darüber gießen, mit Paprika und gehackter Petersilie bestreuen und mit Weizenbrot aufstippen.
- *Falafel (gebratene Bällchen aus Kichererbsen oder Bohnen):* Kichererbsen oder dicke Bohnen über Nacht in Wasser einweichen; mit Lorbeerblatt, Brühe und Thymian weich kochen, pürieren und mit Thymian, Bohnenkraut und Majoran abschmekken. Aus der Masse Bällchen formen und in Öl backen. Um das viele heiße Fett zu vermeiden, drücke ich die Bällchen flach und brate sie in der Pfanne auf beiden Seiten in Pflanzenöl. Sie werden zu mit Tahin bestrichener Pitta gegessen.

Crêpes, Nudeln, Pizza und Quiche

Crêpes-Rezept

(ergibt 8 Stück)

2 Eier
1/2 Tasse Weizenmehl
1/2 Tasse Milch
1 EL Wasser
1 Prise Salz
2 EL zerlassene, abgekühlte Butter
Außerdem:
Butter und Öl zum Backen

Alle Zutaten im Mixer gut verrühren, durchseihen. Zwei Stunden kalt stellen. Butter oder Öl in einer Pfanne erhitzen. Eine halbe Schöpfkelle voll für jede Crêpe in die Pfanne geben. Sehr dünn zerlaufen lassen. Auf jeder Seite eine Minute backen.

Wie klingt das?
Crêpes, gefüllt mit Mozzarella und Knoblauchspinat, begossen mit Tomatensauce, überbacken mit Parmesan. So, wie es klingt, schmeckt es auch!

Crêpes (siehe oben)
fertig gegarter Spinat (fein gehackt, Seite 79)
100 g Mozzarella (gewürfelt)
Tomatensauce (Seite 56)
100 g geriebener Parmesan
Butterflöckchen

Die Crêpes backen. Mit Spinat und Mozzarella füllen und zusammenrollen. Je zwei Crêpes in gebutterte feuerfeste Förmchen setzen, mit Tomatensauce übergießen, mit Parmesan bestreuen. Butterflöckchen darauf setzen. Im Ofen bei 200 Grad etwa 20 Minuten überbacken.

Grundrezept für Eierkuchen

3 Eier
1/2 TL Meersalz
je 1/4 l Milch und Wasser
250 g Weizenmehl
100 g Butter

Eier, Salz, Milch und Wasser verquirlen, in das Mehl rühren, den Teig 30 Minuten ruhen lassen. In einer Pfanne etwas Butter erhitzen, für jeden Eierkuchen eine Schöpfkelle voll Teig hineingeben. Sobald die Unterseite goldgelb gebacken ist, den Eierkuchen wenden, auf der anderen Seite ebenfalls goldgelb backen. Die fertigen Eierkuchen warm halten, bis alle gebacken sind.

Eierkuchen mit Champignons und Staudensellerie

Eierkuchen (siehe oben)
Butter zum Backen
100 g Champignons (in Scheiben geschnitten)
1 Staudensellerie (in Scheiben geschnitten)
Kräutersalz und Pfeffer

Den Eierkuchenteig vorbereiten. Butter in einer großen Pfanne erhitzen, die Hälfte des Teiges hineingießen. Die Hälfte Champignons und Staudensellerie darauf verteilen. Den Deckel auf die Pfanne setzen und Eierkuchen 5 Minuten backen.
Die Eierkuchen wenden und ohne Deckel fertig backen, warm stellen. Mit den restlichen Zutaten den zweiten Eierkuchen backen. Mit Sahne-Joghurt-Knoblauch-Sauce (Seite 52) servieren.
Wenn Sie gerade keinen Staudensellerie zur Hand haben, tut's auch Lauch – und wenn Sie's nicht ganz so roh mögen, können Sie das Gemüse auch kurz in Butter mit Kräutersalz andünsten.

Ein raffiniertes Festessen, allerdings arbeitsaufwendig – läßt sich aber gut vorbereiten:

Gefüllte Eierkuchen auf Blattspinat

Eierkuchen (Seite 124)
fertig gegarter Blattspinat oder Mangold (Seite 79)
Holländische Sauce (Seite 49)

Füllung:
1 Lauchstange
2 EL Sonnenblumenöl
100 g frische Champignons
50 g frische Pfifferlinge
Kräutersalz und Pfeffer
4 große Tomaten
2 hartgekochte Eier
Majoran, Thymian, Rosmarin
2 EL geriebener Parmesan
Salbei
gehackte Petersilie

Die Eierkuchen backen und warm stellen. Den Spinat oder Mangold in eine Auflaufform geben. Für die Füllung fein geschnittenen Lauch in Sonnenblumenöl andünsten, die fein geschnittenen Champignons und Pfifferlinge zugeben, alles ein paar Minuten dünsten. Mit Kräutersalz und Pfeffer abschmecken. Die überbrühten, abgezogenen, gewürfelten Tomaten zugeben, die gehackten Eier und die gehackten oder gerebelten Kräuter (außer Salbei und Petersilie). Auf jeden Eierkuchen Parmesan streuen, einen Teil der Füllung darauf geben, Eierkuchen zusammenrollen und auf den Spinat legen. Mit zerpflückten Salbeiblättern und gehackter Petersilie bestreuen und mit Holländischer Sauce (Seite 49) übergießen. Im Ofen bei 200 Grad 20-30 Minuten überbacken (je nachdem, ob die Zutaten kalt oder warm sind).

Weitere Füllungen für zarte Crêpes und Eierkuchen

Champignon-Füllung:
Blättrig geschnittene Champignons in Butter mit Kräutersalz und Pfeffer kurz dünsten, mit Sahne verrühren, mit Knoblauch und gehackter Petersilie abschmecken. Auf die Crêpes oder Eierkuchen verteilen, circa 50 g Parmesan darüber streuen, zusammen-

rollen, in eine gebutterte Auflaufform legen. Rollen mit Parmesan bestreuen, Butterflöckchen darauf setzen. Im Ofen bei 200 Grad 30 Minuten backen.

Mangold-Füllung (oder Spinat):
Mangold (oder Spinat, Seite 79) gedünstet, fein gehackt, mit süßer Sahne vermischen. Dann wie bei der Champignon-Füllung verfahren.

Hüttenkäse-Füllung:
Den Hüttenkäse pikant mit feingehackter Zwiebel, Kräutersalz und Pfeffer anmachen, mit gedünstetem, gehacktem Spinat und gedünsteten Champignons vermischen. Die Füllung auf die Crêpes oder Eierkuchen verteilen, zusammenrollen und auf einer Platte im Ofen heiß halten. Frische Salbeiblätter in Butter knusprig braten, über die Crêpes oder Eierkuchen verteilen, mit ein paar Tropfen Zitronensaft bespritzen.

Füllung »Napoletanine« (für Eierkuchen):
200 g in Scheiben geschnittenen Mozzarella auf den Eierkuchen verteilen (zur Not tut's auch Hüttenkäse), zusammenrollen und in eine gebutterte Auflaufform legen. Tomatensauce (mit Basilikum gewürzt) darüber gießen, dick mit Parmesan bestreuen. Im Ofen bei 200 Grad 30 Minuten backen.

Quark-Füllung:
1 Joghurt und 150 g Quark vermischen, mit Kräutersalz, Pfeffer, Basilikum, Thymian und durch die Presse gedrückten Knoblauch abschmecken. Die Masse auf die Crêpes oder Eierkuchen verteilen, diese zusammenrollen und in eine gebutterte Auflaufform legen. 4 Tomaten abziehen, würfeln. Die Würfel über die Crêpes bzw. Eierkuchen geben, geriebenen Käse darüber streuen. Im Ofen bei 250 Grad 10-15 Minuten überbacken.

Spargel-Füllung:
Knackig gekochten, möglichst grünen Spargel auf die Crêpes oder Eierkuchen verteilen, Parmesan darüber streuen und flüssige Butter drübergießen, zusammenrollen, mit Butterflöckchen belegen. Im Ofen bei 250 Grad 10-15 Minuten backen.

Eierkuchen-Gemüse-Gratin

Eierkuchen (Seite 124)
Butter zum Ausbacken
Füllung:
250 g Pilze (nach Wahl)
250 g Lauch
3 EL Butter
1 Knoblauchzehe
Kräutersalz und Pfeffer
gehackte Petersilie
4 EL süße Sahne
1 EL Senf
100 g Mozzarella (oder ein anderer milder Käse)
100 g saure Sahne

Dünne Eierkuchen backen und warm stellen. Für die Füllung die Pilze blättrig schneiden, den Lauch in 2 cm lange Stücke. Die Pilze in der Hälfte der Butter mit gehacktem Knoblauch, Kräutersalz, Pfeffer und Petersilie kurz dünsten. Den Lauch getrennt in der restlichen Butter mit Kräutersalz und Pfeffer andünsten. Die süße Sahne mit Senf und etwas Kräutersalz verrühren, an den Lauch geben. In eine gebutterte Auflaufform einen Eierkuchen legen, darauf eine Lage Pilze, wieder einen Eierkuchen, darauf eine Lage Lauch und Scheiben von Mozzarella und so fort; obendrauf kommt ein Eierkuchen. Die saure Sahne (eventuell mit etwas süßer Sahne verdünnt) darüber gießen, und die restlichen Mozzarellascheiben darauf legen. Gratin im Ofen bei 200 Grad 10 Minuten backen.

Variante:
Die Füllung aus Lagen von fertig gegartem Mangold oder Spinat sowie mit in Knoblauch und Salbeiblättern gedünsteten Tomaten bereiten.

Eierkuchen-Käse-Gratin

Eierkuchen (Seite 124)
Butter zum Ausbacken
Füllung:
1 Becher süße Sahne
3 Eigelb
125 g geriebener Käse
Kräutersalz und Pfeffer
Paprikapulver

Die Eierkuchen nach dem Grundrezept backen und sie einzeln zwischen gefettetes Pergamentpapier legen, damit sie nicht zusammenkleben.
Für die Füllung Sahne mit Eigelb, Käse (gut 2 Eßlöffel davon auf-

bewahren) und Gewürzen schaumig rühren. Eine feuerfeste Form einfetten. Den ersten Eierkuchen hineinlegen, mit etwas Füllung bestreichen, dann den nächsten Eierkuchen darauf legen, wieder mit Füllung bestreichen usw., bis alles aufgebraucht ist. Mit einem Eierkuchen abschließen, diesen mit dem restlichen geriebenen Käse und etwas Paprika bestreuen. Im Backofen bei 200 Grad etwa 15 Minuten backen.

Schmankerl aus dem Romantikhotel »Schwarzer Adler« in Innsbruck:

Flaumige Buchweizenpalatschinken mit Spinat-Schafskäse-Füllung – überbacken mit Béchamelsauce

Palatschinkenteig:

100 g Weizenmehl
40 g Buchweizenmehl
2 Eier
35 g Milch
1/2 TL Meersalz
Pflanzenöl zum Backen

Sämtliche Zutaten zu einem Palatschinkenteig verrühren. 5 Minuten stehen lassen. Eisenpfanne gut erhitzen, mit wenig Öl einfetten. Palatschinkenteig dünn eingießen, auf beiden Seiten goldgelb backen.

Füllung:

1000 g frischer Spinat
160 g Zwiebel
3 Knoblauchzehen
40 g Butter
200 g milder Schafskäse (in Würfeln)
Meersalz
geriebene Muskatnuß
1 EL Basilikum
1/2 TL Oregano
1 gehäufter EL gehackte Petersilie

Außerdem:

Béchamelsauce (Seite 53)
2 EL geriebener Parmesan

Die gut gewaschenen Spinatblätter in reichlich Salzwasser blanchieren und gut abtropfen lassen. Fein gehackte Zwiebeln und Knoblauch in Butter glasig dünsten, abgetropften Spinat und gewürfelten Schafskäse dazugeben, würzen. Die Masse auf die Palatschinken streichen, zusammenrollen und in der Mitte halbieren. Palatschinken in eine gebutterte feuerfeste Form legen. Béchamelsauce darüber gießen, mit geriebenem Parmesan bestreuen. Im Ofen bei 200 Grad etwa 20 Minuten überbacken.

Fettuccine Alfredo
nach dem berühmten Koch Alfredo in Rom

500 g gegarte Bandnudeln
3 EL Butter
1/8 l Sahne
Kräutersalz und Pfeffer
Knoblauch (ich nehme 3 Zehen)
200 g frisch geriebener Parmesan
Schnittlauch und/oder Petersilie
Pfeffer

Die abgetropften Nudeln in die zerlassene Butter geben. Sahne zugießen, mit Salz und Pfeffer abschmecken, durch die Presse gedrückten Knoblauch untermischen. Alles noch einmal erhitzen. Kurz vor dem Servieren den geriebenen Parmesan und die gehackten Kräuter untermengen, die Pfeffermühle darüber drehen.

Wenn Sie häufig selbst Nudeln – selbstverständlich Vollkornnudeln – herstellen, lohnt es sich, eine Nudelmaschine zu kaufen. Sie produziert Nudeln aller Art, dicke und dünne, schmale und breite. Sie brauchen nur den Teig hineinzugeben und die Kurbel zu drehen – heraus kommen die verschiedensten Nudelkreationen.

Selbstgemachter Nudelteig

500 g Weizenmehl
5 Eier
5 EL Wasser oder Milch
1 TL Meersalz

Das Mehl in eine Schüssel schütten, die Eier in die Mitte geben und das Wasser (oder die Milch) und das Salz. Alles verkneten. Der anfangs dünnflüssige Teig wird dabei immer fester. Ordentlich mit dem Handballen bearbeiten und schlagen, bis der Teig ganz

elastisch ist und nichts mehr an der Schüssel klebt. Dann auf einem bemehlten Brett dünn ausrollen (einige Millimeter dick). Den ausgerollten Teig kurz trocknen lassen, dann zu einer Rolle zusammenrollen und von dieser quer die Nudeln abschneiden (oder den ausgerollten Teig portionsweise durch die Nudelmaschine drehen). Die Nudeln anschließend 30 Minuten ausgebreitet trocknen lassen.
Und so werden Nudeln gekocht:
In einem Topf reichlich Salzwasser zum Kochen bringen, eventuell etwas Öl dazugeben, die Nudeln hineinschütten. Am besten machen Sie nach 8-10 Minuten eine Garprobe (je nach Dicke der Nudeln). Sie sollen »al dente«, also bißfest, sein. Schmeckt die Nudel, obwohl noch knackig, nicht mehr roh, ist sie auch schon richtig.

Nudel-Käse-Gratin

500 g fertig gegarte Nudeln
Butterflöckchen zum Überbacken
Sauce:
50 g Vollkornmehl
1/4 l Sahne
250 g geriebener Käse
3 Eier (getrennt)
frische Salbeiblätter

Für die Sauce das Mehl in der heißen Pfanne ohne Fett kurz rösten, abkühlen lassen. Dann die Sahne unterrühren und kurz aufkochen. Den Käse und die Eigelb sowie die in Stücke gezupften Salbeiblätter unterrühren. Das Eiweiß steif schlagen. Nudeln, Sahne-Käse-Sauce und Eischnee mischen. In eine gebutterte Auflaufform füllen, Butterflöckchen darauf setzen und im vorgeheizten Ofen bei 220 Grad 20 Minuten gratinieren.

Nudelauflauf mit Auberginen und Zucchini
für 8 hungrige Esser

---

500 g gegarte breite Nudeln
2 Eier
fertig gekochter Grünkern (Seite 95, mittelfein gemahlen), pikant mit Majoran und Knoblauch abgeschmeckt
2-3 mittelgroße Auberginen
3-4 Zucchini
10 frische Tomaten (können auch eingeweckte sein)
Kräutersalz und Pfeffer
Rosmarin
Thymian
Basilikum (möglichst frisch)
Guß:
250 g Gouda
2 Eier
1 Becher Sahne

Unter die gegarten Nudeln die verquirlten Eier mischen. Den Grünkern unter häufigem Wenden in Butter anbraten; er sollte krümelig werden. Die Auberginen in 1/2 cm dicke Scheiben, die Zucchini in 1 cm dicke Scheiben schneiden. Die Tomaten überbrühen, abziehen und halbieren (eingeweckte abtropfen lassen). Eine gebutterte Form folgendermaßen füllen: 1/3 der Nudeln einschichten, Auberginen darauf verteilen, mit Salz, Pfeffer und Rosmarin bestreuen. Grünkernmasse darauf füllen, dann das zweite Drittel Nudeln. Die Zucchinischeiben darauf legen, mit Salz, Pfeffer und Thymian würzen und die restlichen Nudeln darauf geben. Dann die Tomaten mit der Rundung nach oben darauf setzen, mit Kräutersalz und Basilikum bestreuen. Den Gouda würfeln, mit den Eiern und der Sahne verquirlen. Über den Auflauf gießen. Im Ofen bei 200 Grad 60 Minuten backen.

Nudel-Champignon-Auflauf

---

500 g fertig gegarte Nudeln
2 EL Tomatenmark
1 EL Sahne
Kräutersalz
500 g Champignons
1 Zwiebel
2 EL Öl
Pfeffer
Muskat
Liebstöckel
Petersilie
Knoblauch
geriebener Käse
Butterflöckchen

Die Nudeln mit Tomatenmark und Sahne und evtl. Kräutersalz abschmecken. Die geputzten Champignons in dicke Scheiben schneiden, die gehackte Zwiebel in dem Öl golden dünsten. Die Champignons dazugeben, mit Kräutersalz, Pfeffer, Muskat und Liebstöckel abschmecken. Die gehackte Petersilie und den durch die Presse gedrückten Knoblauch zugeben, alles kurz dünsten (5-10 Minuten). In eine gebutterte Auflaufform eine Schicht Nudeln legen, darauf Champignons, wieder Nudeln usw. Die oberste Schicht bilden Nudeln. Darauf den geriebenen Käse streuen. Butterflöckchen darauf setzen. Im vorgeheizten Ofen (200 Grad) 30 Minuten überbacken.

Bei Nudeln dürfen sie natürlich nicht fehlen, die

Ravioli

500 g Weizenmehl
3 Eier
5-6 EL Wasser
2-3 EL Olivenöl
Kräutersalz
zerlassene Butter zum Bepinseln

Alle Zutaten zu einem Teig verkneten. Den Teig 1/2 Stunde ruhen lassen, dann auf einer bemehlten Arbeitsfläche dünn ausrollen. In längliche oder quadratische handgroße Stücke schneiden, trocknen lassen.
Inzwischen eine der unten genannten Füllungen bereiten.
Die Teigstücke mit zerlassener Butter bepinseln, die Füllung in die Mitte setzen, ein zweites Teigstück darauf legen, an den Rändern fest zusammendrücken. Die Ravioli in kochendes Salzwasser geben, wenn sie hochkommen 1-2 Minuten ziehen, aber nicht kochen lassen. Die fertigen Ravioli auf einer vorgewärmten Platte anrichten und mit zerlassener Butter begossen servieren. Außerdem eine dicke Tomatensauce dazu reichen.

Füllung 1:
Fertig gegarter Spinat (oder Mangold oder Pilze, gehackt, siehe Seite 79); ein Ei zugeben und soviel Mehl, daß eine feste Masse entsteht. Gut mit Knoblauch, Kräutersalz, Pfeffer und Muskat abschmecken.

Füllung 2:
250 g Quark (möglichst trockener) oder Hüttenkäse mit 2 durch die Presse gedrückten Pellkartoffeln, 1 EL Butter, 1 Ei, 1 fein gehackte Zwiebel und 1/8 l Sahne vermischen, mit viel Schnittlauch, Knoblauch nach Geschmack sowie mit Salz und Pfeffer kräftig abschmecken.

Pizzaboden

500 g Weizenmehl
20 g Hefe
1/2 TL Honig
1/4 l Milch
2 Eier
1 TL Kräutersalz
60 g Butter oder Öl (mit Öl wird der Teig geschmeidiger)

Eine gute Pizza braucht ihre Zeit. So wird der Teig gemacht: Das frisch gemahlene Mehl in eine Schüssel schütten, in die Mitte eine Mulde machen, da hinein die Hefe bröckeln, den Honig zugeben, verrührt mit ein paar Eßlöffeln lauwarmer Milch (die Sie von dem 1/4 Liter abnehmen). Mit ein wenig vom Mehl zu einem geschmeidigen Vorteig rühren. Mit einem Tuch zudecken und 1/2 Stunde an einem warmen Platz gehen lassen.
Dann langsam die restliche Milch unterrühren, sowie Eier, Salz und das Öl (oder die etwas angewärmte Butter). Nun kräftig mit dem Knethaken schlagen, bis der Teig Blasen wirft und nicht mehr an der Schüssel klebt. Den Teig nochmals zugedeckt gehen lassen, bis sich sein Volumen verdoppelt hat (1 Stunde).
Auf einem bemehlten Brett mit einer Nudelrolle entweder tellergroße Scheiben ausrollen (oder kleinere von 15 cm) oder, noch einfacher, den Pizzaboden so ausrollen, daß er wie ein Blechkuchen gebacken werden kann. Da er noch aufgeht, möglichst nicht dicker als 3 Millimeter ausrollen. Den Rand etwas hochdrücken und die Pizza reichlich mit Öl bepinseln.

Für den Belag schlage ich vor:
Tomaten in Scheiben, Paprikaschoten in Streifen, Champignons, gedünstete Artischockenhälften, grüne Peperonischoten, viel, viel gehackten Knoblauch, Käse in dünnen Streifen (ideal ist Mozzarella), Oliven (ganz lassen!), Kapern, viel Oregano oder Majoran,

Thymian. Außerdem: Kräutersalz und evtl. etwas Pfeffer zum Würzen, Öl.
Und nun geben Sie von den angegebenen Zutaten darauf, was Ihnen Spaß macht. Es darf kein leeres Plätzchen mehr hervorlugen, eine Pizza muß üppig sein! Verschwenderisch Oregano oder Majoran und Thymian darüber streuen und etwas Öl darüber sprenkeln. Und dann hinein in den vorgeheizten Ofen. Auf der unteren Schiene bei 200 Grad 20 Minuten backen (evtl. am Schluß Alufolie darüber decken, damit die Pizza nicht austrocknet).
Wenn Sie einzelne runde Pizzas backen, dann legen Sie diese so auf das gefettete Blech, daß sie sich nicht berühren.
Die kleinen Pizzas sind schneller gar, eventuell bereits nach 10 Minuten.

Pizza mit Quark

Pizzaboden
(siehe Seite 133)
500 g Quark
1 Zwiebel
Knoblauch
Oliven
2 Eier
Kräutersalz und Pfeffer
Kapern
Petersilie
1/8 l süße Sahne

Den Quark mit der gehackten Zwiebel, dem gehacktem Knoblauch und den entsteinten, gehackten Oliven, den Eiern, Salz und Pfeffer, Kapern und der gehackten Petersilie mischen. Die geschlagene Sahne unterziehen. Die Masse auf den ausgerollten Pizzaboden streichen und auf der unteren Schiene bei 200 Grad im vorgeheizten Ofen 30 Minuten backen.

Spinatpizza

Pizzaboden (Seite 133)
500 g Tomaten
Olivenöl
Kräutersalz
Pfeffer
Basilikum
1000-1500 g gedünsteter Spinat
200 g Käse

Die Tomaten in Scheiben schneiden, auf dem geölten Pizzaboden auslegen, mit Kräutersalz, Pfeffer und Basilikum bestreuen. Eine Lage Spinat darüber geben (den Sie mit einer Spur Knoblauch und Muskat gewürzt haben). Obenauf kommen die Käsewürfel – oder auch geriebener Käse, wenn man das lieber hat. Die Pizza im vorgeheizten Backofen auf der unteren Schiene bei 200 Grad 20 Minuten backen.
Übrigens wird eine Pizza auch sehr gut, wenn man 2/3 Hefeteig nimmt und 1/3 heiß durch die Presse gedrückte Pellkartoffeln. Wenn der Hefeteig und die heißen Kartoffeln gut verknetet sind, muß der Teig noch einmal 1 Stunde Ruhe haben (an einem warmen Ort natürlich). Dann nicht zu dünn ausrollen, mit Öl bepinseln und den Belag darauf geben.

Die echte russische Pirogge wird aus Hefeteig zubereitet und in schwimmendem Fett ausgebacken. Man kann sie aber auch genausogut aus Nudelteig herstellen und in Salzwasser kochen. Oder die Piroggen auf einem mit kaltem Wasser abgespülten Blech im Ofen backen.

Russische Piroggen

500 g Weizenmehl	2 EL Butter
20 g Hefe	1 Ei
1/2 EL Honig	Kräutersalz
1/4 l Milch (knapp bemessen) oder Wasser	Fett zum Ausbacken

Aus den Zutaten einen Hefeteig bereiten und ihn gut gehen lassen. Dann golfballgroße Bällchen formen und daraus runde Plätzchen ausrollen (1/2 cm dick). Darauf eine der unten beschriebenen Füllungen streichen, ein zweites Plätzchen obenauf legen, Ränder zusammendrücken und das Ganze zu einer ovalen Form drücken. Noch einmal 15 Minuten gehen lassen. Dann in schwimmendem Fett knusprig backen.

Variationen:
Piroggen mit Eigelb bestreichen und im vorgeheizten Ofen in ca. 20 Minuten goldbraun backen. Noch heiß mit Butter bestreichen. Heiß oder kalt essen.

Oder:
Hefeteig in 2 Hälften teilen und zu zwei runden Platten ausrollen. Die eine auf ein gefettetes Blech legen, die Füllung darauf tun, die zweite Platte darauf legen und an den Seiten festdrücken. Mit Eigelb bepinseln und mit einer Stricknadel einstechen, damit der Dampf entweichen kann. Im vorgeheizten Ofen bei 200 Grad 30-45 Minuten backen. Mit zerlassener Butter begießen, heiß essen.

Pilzfüllung für Piroggen

1 Zwiebel
1 EL Butter
500 g Pilze (Steinpilze, Pfifferlinge, Champignons)
Kräutersalz
Pfeffer
2 EL saure Sahne
Petersilie und Dill

Die fein gehackte Zwiebel in der Butter golden dünsten, die in Scheiben geschnittenen Pilze zugeben und 5 Minuten köcheln lassen. Dann mit Salz und Pfeffer abschmecken, die saure Sahne und die fein gehackten Kräuter zugeben.

Weißkohlfüllung für Piroggen

375 g Weißkohl
1-2 EL Butter
2-3 Eier
Kräutersalz und Pfeffer
1 MSP Honig
Schnittlauch und Dill

Kraut fein schneiden, mit kochendem Wasser überbrühen, ausdrücken. Das Kraut in der zerlassenen Butter 10-15 Minuten garen. Die Eier hart kochen, fein hacken, unter das Kraut mischen. Mit Salz, Pfeffer, Honig und fein gehackten Kräutern abschmecken.

Weitere Vorschläge, was Sie in Piroggen füllen können:

- Reis, gedünstet oder gebraten, mit hart gekochten, gehackten Eiern vermischt
- Möhren, grob gerieben, kurz in Butter geschwenkt und mit Kräutersalz, Pfeffer, Honig, hart gekochten, gehackten Eiern, gehackter Petersilie, Dill und Schnittlauch gemischt
- Lauch, in Sahne gedünstet und gehackt
- Spinat, gedünstet, mit Knoblauch und Muskat gewürzt, mit geriebenem Käse gemischt

Schnelle Quarkpiroggen

250 g Weizenmehl
2 TL Backpulver
1/2 TL Kräutersalz
250 g Butter (oder weniger, dann etwas Wasser zugeben)
250 g Quark
1 Eigelb zum Bepinseln

Alle Zutaten außer dem Eigelb gut miteinander verkneten, den Teig 1 Stunde kalt stellen. Anschließend den Teig dünn ausrollen, in Quadrate schneiden. Diese mit einer beliebigen Füllung belegen. Die Vierecke zu Dreiecken zusammenschlagen, Ränder zusammendrücken und mit verquirltem Eigelb bepinseln. Bei 200 Grad 20 Minuten im Ofen backen. Mit saurer Sahne und zerlassener Butter servieren.

Salziger Mürbeteig für Quiches

250 g Weizenmehl
100 g kalte Butter (Sie können auch 150 g nehmen)
1 Ei
2-3 EL Wasser oder Sahne (ist von der Buttermenge abhängig)
1 TL Kräutersalz
etwas Paprikapulver

Das Mehl auf ein Brett sieben, die Butter in Stücken darauf verteilen. Mit Ei, Wasser oder Sahne und Salz zu einem Teig verkneten. Den Teig gut 30 Minuten kühl gestellt ruhen lassen. Dann eine Springform einfetten, den Teig ausrollen und die Form damit

auskleiden. Je nach Belag den Teigboden im Ofen 10 Minuten »blindbacken«, d.h., man legt den Belag mit Pergamentpapier aus, bestreut ihn mit Trockenerbsen (damit er sich nicht wölbt), gießt dann die Füllung darauf und bäckt die Quiche zu Ende.
Oder: Wie in den unten beschriebenen Quiche-Rezepten verfahren und die Quiche, je nach Art des Belages, zwischen 35 und 60 Minuten bei 200 Grad backen.
Ist der Mürbeteig sehr fett, braucht die Form nicht eingefettet zu werden. Wenn Sie die Quiche aus dem Ofen nehmen, etwas abkühlen lassen, bevor Sie sie anschneiden.

Teigvariationen:

- 2 Eigelb oder 1 weiteres Ei zugeben, dafür 1 EL Wasser weniger; der Teig wird dann etwas fester
- die Eiweiß steif schlagen und am Schluß unter den Teig heben; der Teig wird dann luftiger
- statt des Wassers Weißwein nehmen
- 50 g geriebener Käse unter den Teig kneten

Lauch-Quiche

1 Quicheboden (Seite 137)
1 kg Lauch
2 EL Olivenöl
Kräutersalz und Pfeffer
3 EL Sahne
3 Eier
2 TL Curry
4 EL geriebener Gruyère
oder Bergkäse
Butterflöckchen

Den Lauch in fingergliedlange Stücke schneiden und in Öl kurz andünsten (ca. 5 Minuten), dann würzen. Sahne, Eier, Curry und Käse verrühren, mit dem etwas abgekühlten Lauch mischen. Auf den Quicheboden geben, Butterflöckchen darauf setzen und die Quiche bei 200 Grad 30 Minuten backen.

Mangold-Quiche

1 Quicheboden (Seite 137)
750 g Mangold
1/8 l Sahne
Kräutersalz und Pfeffer
2 Zwiebeln
2 EL Butter oder Öl

Guß:
4 Eier
400 g Sahne (oder halb Sahne, halb Milch)
Muskat und Pfeffer
100 g geriebener Gruyère

Den Quicheboden 10 Minuten »blind« vorbacken. Mangold putzen, in fingergliedlange Stücke schneiden, 5 Minuten blanchieren, dann in der Sahne mit Kräutersalz und Pfeffer dünsten. Die gehackte Zwiebel kurz in der Butter dünsten und unter den Mangold mischen. Das Gemüse auf den vorgebackenen Quicheboden geben. Alle Zutaten für den Guß verquirlen, darüber gießen. Bei 200 Grad auf der mittleren Schiene im Ofen 30-40 Minuten backen.

Quiche mit Gemüse

1 Quicheboden (Seite 137)
insgesamt 1 kg Gemüse:
Auberginen, Zucchini,
Fenchel, Tomaten
etwas Zitronensaft
Kräutersalz und Pfeffer
Öl zum Braten

Knoblauch nach Geschmack
100 g Semmelbrösel
2-3 EL Sonnenblumen- oder Olivenöl
Zitronensaft
Butterflöckchen

Die Auberginen und Zucchini ungeschält in Scheiben schneiden, sofort mit Zitronensaft und Kräutersalz bestreuen. Fenchel putzen, Tomaten überbrühen, Haut abziehen und in Scheiben schneiden. Auberginen und Zucchini in heißem Öl auf beiden Seiten drei Minuten braten, Fenchelscheiben ebenfalls. Den Quicheteig ausrollen und in die Form legen, mit Öl bepinseln. Semmelbrösel mit Öl mischen. 2 Eßlöffel davon auf den Teigboden streuen. Das Gemüse darauf verteilen, salzen und pfeffern und mit durchgedrücktem Knoblauch würzen. Zitronensaft darüber träufeln und die restlichen Brösel drüberstreuen. Butterflöckchen darauf setzen. Im vorgeheizten Ofen bei 220 Grad etwa 40 Minuten backen.

Die Quiche heiß oder lauwarm essen. Betörend dazu schmeckt die Sahne-Joghurt-Knoblauch-Sauce (siehe Seite 52).

Tomaten-Quiche

1 Quicheboden (Seite 137)
1 kg Tomaten
1 Zwiebel
Oregano, Thymian, Basilikum und Salbei (frisch oder gerebelt)
Kräutersalz und Pfeffer
3 Eier
150 g geriebener Käse (Parmesan oder Bergkäse)
1 TL Paprika

Den Teig ausrollen, eine Springform damit auskleiden. Die Tomaten in Scheiben schneiden und diese rosettenartig darauf legen, mit der gewürfelten Zwiebel und den gehackten oder gerebelten Kräutern sowie Kräutersalz und Pfeffer bestreuen. Eier und Käse mit Paprika und etwas Kräutersalz verrühren und über die Tomaten gleichmäßig verteilen. Die Quiche bei 200 Grad 30 Minuten im Ofen backen.

Käse-Wähe mit Hefeteig

Teig:
200 g Weizenmehl
1 Prise Meersalz
5 g Hefe
1/8 l lauwarme Milch
25 g flüssige Butter

Füllung:
1/4 l Sahne
30 g Mehl
2 Eier, Pfeffer
300 g geriebener Emmentaler
Fett für die Förmchen

Aus den Teigzutaten einen Hefeteig bereiten, 30 Minuten gehen lassen. Für die Füllung Sahne, Mehl und Eier verquirlen und unter Rühren erhitzen. Käse unterrühren und schmelzen lassen, Pfeffermühle darüber drehen. Hefeteig entweder in einer Springform ausrollen oder in Tortelettförmchen drücken (reicht für 5 Torteletts; die Tortelettförmchen dicht nebeneinander stellen, den ausgerollten Teig darüber legen, in die Förmchen drücken und um die Förmchen herum abschneiden). Die Füllung darauf geben. Bei 200 Grad im Ofen etwa 30 Minuten backen. Etwas abkühlen lassen, mit einem spitzen Messer die Wähen aus der Form lösen. Sie können die Käse-Wähe auch mit Mürbeteig (siehe Quicheboden Seite 137) zubereiten.

Die Käse-Wähe können Sie auch füllen mit:

- Blättrig geschnittenen Champignons (in Butter mit Kräutersalz, Pfeffer und ein paar Spritzern Zitronensaft gedünstet)
- Gewürfelten Paprikaschoten und Tomaten (in Butter mit Kräutersalz, Pfeffer und Knoblauch kurz gedünstet)
- Einer pikanten Quarkfüllung (Quark, angemacht mit gehackter Zwiebel, Kapern, Kräutersalz und Pfeffer, vermischt mit geriebenem Parmesan) usw.

Über diese Füllungen dann entweder die Käse-Royale-Sauce (Seite 50) gießen oder einfach geriebenen Käse darüber streuen und Butterflöckchen darauf setzen.

Zwiebelkuchen

Reicht für 1 Blech, das sind 8-10 Portionen. Für eine Springform nehmen Sie die Hälfte der Zutaten.

Pizzaboden (Seite 133)
2 kg Zwiebeln (ist reichlich, eventuell weniger)
250 g Butter oder Pflanzenöl
8 Eier
1 Becher saure Sahne
Kräutersalz und Pfeffer
Kümmel nach Geschmack

Den Teig ausrollen und auf ein gefettetes Backblech geben, einen Rand drücken. Die Zwiebeln in Ringe schneiden und grob hacken, in der Butter oder im Öl golden dünsten, abkühlen lassen. Nach und nach Eier und Sahne unterrühren und mit den restlichen Zutaten abschmecken. Die Zwiebelmasse auf dem Teig verteilen. Im Ofen bei 200-225 Grad 40-50 Minuten backen. Der Zwiebelkuchen soll goldgelb bis zartbräunlich aussehen. Er wird heiß gegessen zu jungem Wein.

Es geht auch ohne Zucker

Kuchen, Torten und Kleingebäck

Zucker sparen grundverkehrt –
der Körper braucht ihn, Zucker nährt!

Mit diesem Slogan wirbt die Zuckerindustrie für noch mehr Zukkergenuß – obwohl, wie sie selbst zugibt, der durchschnittliche Tagesverbrauch bei etwa 110 g pro Person liegt! Eine typische und gefährliche Halbwahrheit.

Denn den natürlichen Zucker, den der menschliche Organismus aus der Vollwertkost wie Vollkorn, Reis, Kartoffeln, Obst und Gemüse selbst erzeugt, braucht der Mensch durchaus. Der Grundstoff jeder Zelle ist Zucker. Den künstlich hergestellten Fabrikzucker jedoch braucht der Mensch ganz und gar nicht. Im Gegenteil: Er sollte ihn meiden wie die Pest, denn er ist ein ganz schlimmer Kalk- und Vitaminräuber.

Ein ganz wichtiger Punkt: Neben seiner Eigenschaft als Vitamin- und Kalkräuber macht der industriell hergestellte Zucker Vollkornprodukte und Frischkost unverträglich. Wer also meint, Vollkornprodukte nicht zu vertragen, muß nicht diese meiden, sondern industriell gezuckerte Dinge wie Marmeladen und andere Süßigkeiten, Säfte etc., dann verträgt er plötzlich durchaus die Vollkornprodukte und die Frischkost.

Und was ist mit dem Süßstoff? Er ist nicht schädlich wie der Industriezucker, er ist praktisch neutral, gehört aber dennoch nicht in die Vollwertküche, weil er verhindert, daß wir von den abnormen Süßigkeitsgraden, an die wir uns gewöhnt haben, herunterkommen. Hat sich die Zunge erst einmal umgestellt, empfindet sie »normal« gesüßtes Gebäck geradezu als unangenehm süß.

Also auch die Honigmengen sollte man immer mehr reduzieren. *Außerdem:* Wenn immer mehr Menschen immer mehr Honig verzehren würden, hätten die fleißigen Bienen bald selbst keine Nahrung mehr. Daher möchte ich Ihnen empfehlen, möglichst mit Trockenobst, Birnendicksaft etc. zu süßen.

Mutters einfacher Apfelkuchen
für 1 Blech

Teig:
400 g Weizenmehl
200 g Butter
2 Eier
abgeriebene Schale einer Zitrone
1 MSP Meersalz
2 TL Backpulver
1 EL Honig

Belag:
etwa 1 1/2 kg Äpfel
100 g Korinthen
100 g Sultaninen
1-2 EL Rum
50 grob gehackte Mandeln
Zimt und gemahlene Nelken

Alle Zutaten für den Teig gut verkneten, dann auf einem gefetteten Backblech ausrollen. Für den Belag die Äpfel mit der Schale in dicke Scheiben schneiden und mit den Korinthen, Sultaninen und Rum vorsichtig dünsten – die Äpfel dürfen nicht zerfallen. Die abgekühlten Äpfel auf den Teigboden geben, gehackte Mandeln, Zimt und Nelken nach Geschmack darüber streuen. Den Kuchen bei 180 Grad 25-30 Minuten backen. Noch warm mit Honigschlagsahne servieren.

Variation:
Statt mit Äpfeln können Sie den Kuchenboden auch mit Himbeeren, Erdbeeren, entkernten Kirschen, Pflaumen oder Aprikosen belegen.
Dann kommt noch ein Guß darüber aus: 3 Eigelb, 2 EL Honig, 2 EL saurer Sahne, 50 g fein geriebenen Mandeln, Schnee von 3 Eiweiß.
Auf die Fülle Semmelbrösel streuen und den Kuchen wie oben backen.

Himbeer-Biskuit-Rolle

Teig:
4 große Eier
3 EL kaltes Wasser (evtl. etwas mehr)
3 EL Honig
150 g Weizenmehl
1 gestr. TL Backpulver
abgeriebene Schale einer Zitrone
1 Prise Meersalz

Füllung:
250 g Himbeeren
(frisch oder tiefgekühlt
2 EL Honig
1/2 TL Naturvanille
1/4 l eiskalte Sahne

Eier trennen, die Eigelb mit Honig und Wasser schaumig schlagen. Das Mehl mit Backpulver mischen und zusammen mit der Zitronenschale unter die Eigelbmasse rühren. Eiweiß mit einer Prise Salz schnittfest schlagen und ebenfalls unterheben. Ein gefettetes Backblech mit gefettetem Pergamentpapier auslegen, Biskuitteig darauf streichen. Bei 180 Grad im Backofen 7-8 Minuten backen. Dann sofort auf ein Küchentuch stürzen, das daran haftende Pergamentpapier mit kaltem Wasser bepinseln und schnell abziehen, Biskuitplatte mit Hilfe des Küchentuchs (wie bei einem Strudel) zusammenrollen. Die Rolle abkühlen lassen.
Für die Füllung die Himbeeren (einige zum Verzieren zurückbehalten) mit Honig, Vanille und der Hälfte der sehr steif geschlagenen Sahne verrühren. Biskuit wieder aufrollen, die Füllung gleichmäßig darauf streichen, wieder zusammenrollen und kalt stellen. Vor dem Servieren den Rest der Sahne auf die Rolle streichen oder spritzen und mit den restlichen Beeren verzieren. Die Biskuitrolle in circa 3 cm dicke Scheiben schneiden.

Variation:
Statt Himbeeren können Sie auch Erdbeeren, Blaubeeren oder entsteinte Kirschen nehmen. Oder die Sahne, statt sie über die Rolle zu streichen, getrennt dazu reichen.

Bananen-Kokos-Torte

Teig:
250 g Weizenmehl
80 g Honig
1 Ei
1 Prise Vollmeersalz
1 MSP Zimt und/oder Naturvanille
1 gestr. TL Backpulver
70 g Butter

Belag:
1 1/2 kg Bananen
1 Zitrone
100-200 g Himbeeren
2 Eiweiß
50 g Honig
125 g Kokosraspeln

Das Mehl mit allen Zutaten zu einem Mürbeteig verkneten. 30 Minuten ruhen lassen. Bei 200 Grad circa 20 Minuten vorbacken. Für den Belag Bananen schälen und in circa 3 cm lange Stücke schneiden. Mit Zitronensaft beträufeln, dicht nebeneinander auf den Tortenboden legen. Himbeeren zwischen den Bananenstükken verteilen. Eiweiß steif schlagen. Honig am Schluß zugeben. Kokosraspeln unter den Eischnee heben und auf die Bananen streichen.
Nochmals im Backofen bei 200 Grad circa 10 Minuten hellbraun backen.

Bananen-Zitronen-Torte aus Spanien

Teig:
250 g Weizenmehl
100 g Butter
1/2 Glas Wasser
2 Eier
1 TL Honig
1 Prise Meersalz

Belag:
8 Zitronen
4 EL Rum
4 Löffelbiskuits / übriggebliebener Biskuitkuchen, auch anderer Kuchen)
4 EL Rum
3 Bananen
50 g Honig

Für den Teig Mehl mit Butter, Wasser, Eiern, Honig und Salz verkneten. 2 Stunden ruhen lassen. 2 Zitronen waschen und möglichst dünn schälen, die Schale in etwas Wasser 5 Minuten kochen und in dünne Streifen schneiden. 3 Zitronen auspressen, die restlichen 3 Zitronen in Scheiben schneiden. Zitronensaft mit Zitronenscheiben und Zitronenstreifen und dem Honig 20 Minuten auf kleiner Flamme kochen. Biskuits zerkrümeln, den Rum darüber gießen. Die Zitronenscheiben und -streifen aus dem Zi- tronensaft nehmen, den Saft unter die Biskuitbrösel mischen. Den Teig in einer gebutterten Springform 1 cm dick ausrollen, mit einer Gabel einstechen. Das abgekühlte Biskuitgemisch darauf verteilen. Die Bananen in Scheiben schneiden und abwechselnd mit den Zitronenscheiben auf dem Boden verteilen, eventuell noch mit etwas Honig beträufeln. Die Torte bei 200 Grad etwa 30 Minuten backen.

Bienenstich

Hefeteig (siehe unten)
150 g Mandeln und
5 Bittermandeln
150 g Butter
150 g Honig
3-4 EL Milch (oder Wasser)
abgeriebene Schale einer Zitrone
1 EL Zimt
1 TL Rum

Beide Mandelsorten mit kochendem Wasser überbrühen, die Haut abrubbeln, die Mandeln stifteln oder grob hacken. Butter mit Mandeln und Honig kurz aufkochen, mit der Milch verrühren und die Masse abkühlen lassen. Dann Zitronenschale, Zimt und Rum untermischen. Den gut gegangenen Hefeteig auf einem gefetteten Backblech ausrollen, die Masse darauf streichen. Im vorgeheizten Backofen bei 200 Grad 30 Minuten backen.

Grundrezept für Hefeteig

600 g Weizenmehl
350 g lauwarmes Wasser
1 Würfel Hefe
1 EL Honig
1 TL Meersalz
60 g geschmolzene Butter

Das Mehl in eine Schüssel geben, die Hefe in Wasser mit Salz und Honig auflösen. Mit dem Mehl vermischen, und den Teig 10 Minuten kräftig kneten, bis er sich vom Schüsselrand löst.

Den Teig 15 Minuten zugedeckt ruhen lassen, dann die Butter zugeben und nochmals kurz durchkneten. Je nach Belieben formen. Im vorgeheizten Ofen bei 200 Grad circa 20-30 Minuten backen.

Man kann daraus folgendes zubereiten:

- Ein Früchtebrot, indem Sie unter den Teig eingeweichte Aprikosen und Walnüsse mischen.
- Einen Sesamring: Eine lange Wurst formen, zu einem Ring drehen, mit kaltem Wasser bepinseln und dick mit Sesam bestreuen.
- Einen Kräuterkranz, das heißt: Der Teig wird mit frischen gehackten Kräutern wie Thymian, Dill, Petersilie, Schnittlauch etc. durchgewalkt, in drei gleichmäßig lange und dicke Würste geteilt, die Würste wie ein Zopf geflochten und zu einem Kranz gelegt. In den Kranz Lorbeerblätter stecken (natürlich vor dem Backen).
- Ein Zwiebelbrot: Unter den Teig gehackte Zwiebeln geben, die man zuvor in Sonnenblumenöl mit etwas Kräutersalz kurz gedünstet hat, und frisch geriebenen Käse unterkneten.
- Frische, in Scheiben geschnittene Bananen oder Aprikosen oder Apfelwürfel, Sesam und Nüsse darunter gemischt, geben dem Ganzen einen orientalischen Touch. Wenn Sie schon mehr Mut haben, würzen Sie noch mit etwas Curry und zerstoßenem Kreuzkümmel.
- Den Teig zu kleinen Würstchen/Stangen drehen, diese mit Wasser bepinseln und dann in Mohn, Sesam, Kümmel, Fenchel, geriebenen Nüssen oder geriebenem Käse wenden.
- Den Teig zu einem Rechteck ausrollen, dieses mit zerlassener Butter bepinseln und mit frischen gehackten Kräutern bestreuen (Petersilie, Schnittlauch, Dill, Borretsch, Sauerampfer, Kresse, Liebstöckel, Thymian und Majoran) sowie mit Knoblauch. Den Teig von allen Seiten etwas einschlagen, zu einer Rolle formen, diese in eine gebutterte Kastenform legen, gehen lassen, mit einer Gabel einstechen, mit Eigelb bepinseln und bei 200 Grad 60 Minuten backen.
- Sie können Brezeln daraus formen oder Hörnchen oder einen langen Zopf flechten und zu Ostern einen Ostereierkranz

backen: Den Zopf in eine Form legen, vor dem Backen mit einem Ei so viele Dellen in den Teig drücken, wie Sie ihn später mit Eiern schmücken wollen – inzwischen die Eier hart kochen und mit Pflanzenfarben färben. (Rote-Rüben-Saft gibt ein leuchtendes Rot, Spinatsaft ein saftiges Grün, Zwiebelschalen färben bräunlich.) Nach dem Backen die Eier in die Dellen setzen.

- Sie können eine Zahl aus dem Teig formen, zum sechsten Geburtstag zum Beispiel, die Zahl mit Bananenscheiben, Weintrauben, Beeren etc. belegen und mit zerlassener Honigbutter begießen, bevor Sie die »Zahl« in den Ofen schieben.
- Fix gemacht ist ein Blechkuchen: frische Äpfel mit der Schale in Scheiben schneiden, fächerartig auf dem Kuchen verteilen, eine Mischung aus zerlassener Butter und Honig darüber gießen, grob gehackte Walnüsse darüber streuen.
- Auch ein Zwetschgenkuchen aus diesem Teig schmeckt wunderbar, mit gehackten Walnüssen bestreut.
- Ebenso eignet sich jedes Obst aus der Tiefkühltruhe oder auch eingeweichtes, abgetropftes Dörrobst.
- Wenn Sie den Teig mit frischen oder eingemachten oder tiefgekühlten abgetropften Beeren belegen, können Sie vor dem Backen entweder die warme Butter-Honig-Sauce darüber gießen oder einen Guß aus Sahne, Honig und Eiern (3-4 Eier, 1/2 l Sahne, 2 EL Honig).

Ihrer Phantasie sind keine Grenzen gesetzt. Da der Teig sehr mager ist und nicht süß, können wir obendrein prassen.

Mutters Käsetorte

Süßer Mürbeteig (Seite 149)
Füllung:
150 g Butter
3-4 Eigelb
3 EL Honig
1 kg Quark
Saft einer Zitrone
1 TL Naturvanille
2 EL Kartoffelmehl
1 TL Backpulver
3-4 Eiweiß (zu Schnee geschlagen)

Den Mürbeteig in einer gefetteten Springform ausrollen, dabei einen kleinen Rand lassen. Für die Füllung Butter schaumig rühren, nach und nach die Eigelb und den Honig unterrühren, dann die restlichen Zutaten. Zum Schluß vorsichtig den Eischnee unterziehen. Die Masse auf den Teigboden füllen. Bei 180 Grad 1 Stunde backen.

Süßer Mürbeteig

250 g Weizenmehl
2 gestr. TL Backpulver
1 Ei
1 EL Honig
100 g Butter
Naturvanille
abgeriebene Schale einer Zitrone
1-2 EL Rum oder Cointreau

Alle Zutaten miteinander verkneten. Den Teig 1/2 Stunde ruhen lassen. Dann ausrollen und eine Springform damit auskleiden, dabei einen Rand stehen lassen. Oder Tortelettförmchen damit auskleiden (reicht für 5 Förmchen). Bei 200 Grad 20-30 Minuten im Ofen backen, je nachdem, ob Sie den Tortenboden »leer« oder bereits belegt backen.
Dieser Mürbeteig ist eine Wucht. *Die* Lösung, wenn überraschend Besuch kommt. Sie können ihn mit allem Obst belegen, das gerade zur Hand ist, frisch oder tiefgekühlt, und dazu gibt es Honigschlagsahne.
Für ein Blech nehme ich einfach die doppelte Menge.

Varianten:
1 Handvoll Kokosflocken unter den Teig kneten, oder
1 Handvoll gehackte Nüsse oder Mandeln oder einige Eßlöffel Apfelmus oder Quark.

Was Sie aus diesem Mürbeteig alles machen können:

- Den Teig zu einem Rechteck ausrollen, das Rechteck in 2 gleiche Teile teilen, auf den ersten Teigteil eine Füllung streichen aus: geriebenen Mandeln (etwa 150 g), Honig, abgeriebene Schale von 2 unbehandelten Orangen, Saft einer Orange.

- Die zweite Teighälfte darauf legen, gut andrücken. Bei 180 Grad 20 Minuten backen. Danach mit warmer Marmelade bestreichen, etwa: Erdbeer-, Holunder-, Aprikosenmarmelade – und mit grob gehackten Mandeln bestreuen, dann in Würfel schneiden.
- Den Mürbeteig zu einer Wurst formen. Etwa 5 cm große Scheiben abschneiden, und aus jeder Scheibe wieder eine dünne Wurst formen, diese zu einer Brezel drehen. Die Brezeln auf gefettetem Blech bei 180 Grad 20 Minuten backen, abkühlen lassen, dann in zerlassene Butter tauchen (eventuell mit etwas Milch oder Sahne verdünnt), mit gehackten Pistazien bestreuen und auf einem Rost abkühlen lassen.

Mürbeteigtorte mit Birnen

1 süßer Mürbeteigboden (siehe Seite 149)
Belag:
1 kg Birnen
Zitronensaft
2 Eier (getrennt)
2 EL Honig
1/8 l Sahne

Den Tortenboden bei 200 Grad 20 Minuten vorbacken, die Birnen schälen, vierteln und mit Zitronensaft beträufeln, auf dem Tortenboden rosettenförmig anordnen. Eigelb und Honig schaumig rühren. Sahne steif schlagen und mit der Eier-Honig-Masse mischen. Eiweiß steif schlagen und unterziehen. Masse auf die Birnen füllen und glatt streichen. Torte nochmal im heißen Ofen überbacken, bis die Masse fest ist. Haben Sie sehr harte Birnen, dünsten Sie die geschälten Birnen in einer Mischung aus Wasser-Butter-Honig weich, lassen sie abtropfen und geben sie auf den Tortenboden.

Feine Mürbeteigtörtchen mit Himbeeren

Süßer Mürbeteig (Seite 149)
Belag:
Honigschlagsahne
etwa 500 g Himbeeren

Den Mürbeteig ausrollen, Teigplatten in der Größe von Tortelettförmchen ausstechen, in die gebutterten Formen drücken, mehrmals mit einer Gabel einstechen. Bei 180 Grad etwa 15 Minuten im Ofen goldbraun backen, herausnehmen, auf einen Rost stürzen. Die Törtchen mit Honigschlagsahne bestreichen, Himbeeren darauf setzen (eventuell noch mit etwas Honig beträufeln), einen Kranz von Honigschlagsahne drumherum spritzen.
Sie können auch einen Guß aus Johannisbeer- oder Holundergelee über die Himbeeren geben: 100 g Gelee unter Rühren erhitzen, bis es flüssig ist, mit Himbeergeist nach Geschmack (etwa 1 Schnapsglas) mischen und die Masse über die Himbeeren verteilen. Und statt der Himbeeren können Sie natürlich Erdbeeren oder Blaubeeren nehmen, auch tiefgefrorene.

Mandelkuchen

250 g Mandeln
250 g Kartoffeln
3 EL Honig
5 Eier
1 Prise Meersalz
Butter zum Einfetten der Form
50 g Mandelblättchen

Die Mandeln mit der Schale mahlen. Die Kartoffeln kochen, pellen und durch die Kartoffelpresse drücken, mit Mandeln und Honig verkneten. Die Eier trennen und die Eigelb unter den Teig mischen. Die Eiweiß mit einer Prise Salz sehr steif schlagen und unter den Teig heben. Eine Springform gründlich einfetten und mit den Mandelblättchen ausstreuen, den Teig einfullen und glatt streichen. Im vorgeheizten Backofen bei 180 Grad ungefähr 1 Stunde backen.
Schmeckt sehr gut warm oder kalt mit Honig-Schlagsahne oder mit Vanillesauce.

Mohntorte

Teig:
200 g Weizenmehl
1/2 TL Backpulver
100 g Butter
2 EL Honig
Fett zum Einfetten des Blechs
1 Prise Meersalz
abgeriebene Schale
einer Zitrone
2 EL Sahne
1 Eigelb

Füllung:
1/2 l Milch
125 g Butter
100 g Rosinen
400 g gemahlener Mohn
100 g Semmelbrösel
4 EL Rum

Alle Zutaten für den Teig verkneten und daraus einen Kloß machen. Den Teig 30 Minuten kalt stellen, dann in einer gefetteten Springform ausrollen, mit einer Gabel einstechen. Bei 180 Grad 15 Minuten vorbacken.
Inzwischen die Füllung bereiten: Milch mit Butter und Rosinen zum Kochen bringen, übrige Zutaten zugeben und alles unter Rühren so lange auf dem Feuer lassen, bis die Masse dick wird. Die Füllung auf den vorgebackenen Teig streichen und nochmals 15 Minuten backen.

Einfacher Vollkorn-Sandkuchen

Teig:
170 g Butter
2-3 EL Honig
4 Eier
abgeriebene Schale
einer halben Zitrone
1 Prise Meersalz
250 g Weizenmehl
1 gestr. TL Backpulver

Guß:
20 g Kokosfett
1-2 EL heißes Wasser
2 EL Honig

Butter mit dem Honig schaumig rühren, nach und nach Eier und Gewürze zugeben. Das mit dem Backpulver gemischte Mehl unterrühren, Teig in eine gefettete, mit Pergamentpapier ausgelegte Kastenform füllen.
Bei 180 Grad 50 Minuten backen. 10 Minuten abkühlen, dann stürzen.

Guß zubereiten:
Alle Zutaten miteinander vermischen und den Kuchen nach dem Erkalten damit überziehen.

Rustikaler Savarin mit Beeren

Hefeteig:
250 g Weizenmehl
1/2 Würfel Hefe
1/2 Tasse lauwarme Milch
100 g flüssige Butter
3 Eier
1 Prise Meersalz

Sirup zum Tränken:
4 EL Honig
8 EL Orangensaft
1 EL Zitronensaft
3 EL Rum oder Cointreau
Mus von 3 EL getrockneten, eingeweichten Aprikosen (einmal aufgekocht)

Füllung:
1/4 l geschlagene Sahne
250 g Beeren nach Wahl (oder Rumtopffrüchte)

Aus den Teigzutaten einen Hefeteig herstellen, in eine gefettete Ringform geben. Den Teig zudecken und gehen lassen. Dann ca. 30 Minuten bei 200 Grad backen.
Inzwischen alle Zutaten für den Sirup verrühren. Den Savarin aus dem Ofen nehmen, stürzen und noch heiß mit dem Sirup tränken. Abkühlen lassen, dann mit den Früchten und Schlagsahne füllen.

Schlesischer Streuselkuchen

Teig:
500 g Weizenmehl
1/4 l Milch
1 Päckchen Hefe
1-2 Eier
120 g zerlassene Butter
2 EL Honig
1 MSP abgeriebene Zitronenschale
1 Prise Meersalz

Streusel:
450 g Weizenmehl
3 EL Honig
1 TL Zimt
225 g Butter
50 g gemahlene süße Mandeln

Das Mehl in eine Schüssel geben, in die Mitte die in der erwärmten Milch aufgelöste Hefe. Mit wenig Mehl einen Vorteig herstellen. Den Vorteig 1/2 Stunde gehen lassen. Die übrigen Zutaten zugeben, alles verkneten. Den Teig schlagen, bis er sich von der Schüssel löst, dann eine Stunde gehen lassen, anschließend auf einem gefetteten Blech ausrollen, ringsum einen Rand drücken. Den Teig nochmals 10 Minuten gehen lassen.
Für die Streusel alle Zutaten mischen und zwischen den Händen zu Streuseln reiben. Streusel auf dem gut gegangenen Kuchen verteilen. Bei 180 Grad 60 Minuten backen.

Wenn Sie auf den Teig eine Quarkmasse geben, haben Sie einen

Schlesischen Käsekuchen

Hefeteig wie Streuselkuchen (Seite 153)

Käsemasse:

100 g Butter
3 EL Honig
4 Eigelb oder 2-3 ganze Eier
2 kg Quark
6-8 bittere Mandeln
125 g Korinthen
abgeriebene Schale einer Zitrone

Butter schaumig rühren, Honig und Eier hinzufügen. Dann unter Rühren die restlichen Zutaten zugeben (verwendet man ganze Eier, vorher das Eiweiß zu Schnee schlagen). Die Käsemasse auf den gut gegangenen Hefeteig streichen. Bei 180 Grad 60 Minuten backen.

Apfelstrudel

Teig:

200 g Weizenmehl
50 g Butter
1 Ei
1 Prise Meersalz
4 EL warmes Wasser

Zum Backen:

100 g Butter
1/2 l Milch

Füllung:

100 g geschmolzene Butter
1/8 l saure Sahne
1 Tasse Rosinen
1 kg Äpfel
Honig und Zimt nach Geschmack

Aus den Zutaten einen nicht zu festen Teig kneten; er muß sich von der Schüssel lösen (evtl. etwas mehr Wasser nehmen). Den Teig in eine bemehlte Schüssel legen und zugedeckt 1/2 Stunde ruhen lassen. Dann auf einem mehlbestäubten Küchentuch ausrollen und hauchdünn mit den Händen ausziehen. Die Teigoberfläche mit geschmolzener Butter und saurer Sahne bestreichen, darauf die mit der Schale in dünne Scheiben geschnittenen Äpfel, vermischt mit Rosinen, Honig und Zimt, verteilen. An einer Seite das Tuch vorsichtig anheben und mit Hilfe des Tuches den Teig aufrollen. In einer feuerfesten Form Butter in der Milch zergehen lassen (die Flüssigkeit sollte etwa fingerdick hoch sein). Den Strudel hinein setzen und bei 180 Grad etwa 40 Minuten backen. Dabei öfter mit der Butter-Milch-Mischung begießen.

Variationen (dann Rosinen weglassen):
- Strudelteig mit Kirschen belegen.
- entsteinte, halbierte Pflaumen auf den Teig legen.
- den Teig dicht mit Weintrauben belegen.

Topfenstrudel

Strudelteig (wie für Apfelstrudel, Seite 154)
60 g zerlassene Butter
2-3 EL geröstete Semmelbrösel
1 Handvoll Rosinen
Füllung:
300 g Topfen (Quark)
1/4 l saure Sahne
3 Eigelb
1 Prise Meersalz
1 EL Honig
1/2 TL Naturvanille
Schnee von 3 Eiweiß
Zum Backen:
100 g Butter
1/2 l Milch
etwas Butter zum Bepinseln

Für die Füllung alle Zutaten gut vermischen (Eischnee zum Schluß unterheben). Den auf einem bemehlten Küchentuch ausgezogenen Strudelteig mit der zerlassenen Butter bepinseln, mit Semmelbröseln und Rosinen bestreuen. Füllung darauf geben, den Teig mit Hilfe des Tuches vorsichtig zusammenrollen, zu einer Schnecke drehen. Die Butter in Milch in einer feuerfesten Form zergehen lassen. Strudel hineingeben, mit etwas Butter bepinseln. Bei 180-200 Grad 40 Minuten backen.

Weizenvollkornwaffeln

200 g feingemahlener Weizen
1/4 l Milch (reichlich, der Teig muß von der Schöpfkelle laufen)
1-2 Prisen Meersalz
Butter zum Ausfetten des Waffeleisens

Das Weizenmehl mit Milch und Salz gut verquirlen, den Teig mindestens 10 Minuten ruhen lassen. Das Waffeleisen erhitzen, mit dem Pinsel das Eisen leicht einfetten. Je eine Schöpfkelle voll Teig in das Waffeleisen füllen, backen. Die Waffeln warm halten (auf einem Rost oder im Ofen) oder abkühlen lassen. Je nach Waffeleisen ist die Backdauer verschieden. Bei den automatischen können Sie zwischen »weich« und »knusprig« wählen. Ich backe die Waffeln knusprig auf Stufe 4. Beim beschichteten Eisen braucht man nur leicht mit einem gebutterten Pinsel darüber zu fahren.
Übrigens: Die Waffeleisenhersteller behaupten, daß die Teflonbeschichtung nur gesundheitsgefährdend ist, wenn sie bis auf 400 Grad (versehentlich) erhitzt wird.

Weihnachtsstollen

100 g Hefe
3 EL warme Milch
1 TL Honig
1 kg Weizenmehl
100 g flüssiger Honig
500 g Butter
1 gestr. TL Kardamom
1 gestr. TL geriebene Muskatnuß
1 TL Vollmeersalz
500 g Sultaninen
150 g Korinthen
20 g Zitronat
100 g Orangeat
200 g grob gehackte Mandeln
50 g zerlassene Butter
3 EL fein gemahlene Kokosflocken

Die Hefe in der warmen Milch mit dem einem TL Honig gut verrühren und 10 Minuten gehen lassen. Das Mehl in die Rührschüssel geben, in die Mitte die Hefe-Honig-Milch, dazu den flüssigen Honig, die Butter in Flöckchen und die Gewürze. Alles gut verkneten (evtl. noch warme Milch zugeben) und gehen lassen. Sultaninen, Korinthen, Zitronat, Orangeat und Mandeln unter den Teig kneten, noch mal gehen lassen. Auf einem bemehlten Backbrett einen Stollen formen und auf das gefettete Backblech setzen. Bei 190 Grad etwa 80 Minuten backen. Noch heiß mit der geschmolzenen Butter bepinseln und mit Kokosflocken bestreuen.
Falls keine Kinder mitschmausen, können Sie die Rosinen und Korinthen über Nacht in Rum einweichen. Der Stollen wird dann besonders saftig. Auch Marzipan können Sie einarbeiten.

Windbeutel
Die Menge gibt circa 20 Stück

1/4 l Wasser
50 g Butter
150 g Weizenmehl
6 Eier
1 gestr. TL Backpulver
Salz

Wasser und Butter zum Kochen bringen, von der Herdplatte nehmen. Unter Rühren das Mehl hinzugeben und rühren, bis sich die Masse vom Topf löst. Nach und nach drei ganze Eier unterrühren, dann sehr vorsichtig das vierte und fünfte Ei. Hat der Teig dann Hochglanz, erübrigt sich das sechste Ei. Andernfalls zuerst das sechste Eigelb zugeben und nur wenn nötig, das sechste Eiweiß. Backpulver untermengen. Mit einem Teelöffel kleine Bällchen auf ein leicht gefettetes, mit Mehl bestäubtes Backblech setzen. Bei 180 Grad ungefähr 30 Minuten goldgelb backen (während des Backens Ofen nicht öffnen!). Danach bei geöffnetem Ofen 5-10 Minuten stehen lassen. Zum Schluß die Windbeutel aufschneiden und mit Honigschlagsahne füllen.

Plätzchen, Kekse und Süßspeisen

Aprikosenplätzchen

250 g getrocknete Aprikosen
250 g Kokosraspel
Zitronensaft nach Geschmack
etwas abgeriebene Zitronenschale
fester Honig
gehackte Nüsse

Die getrockneten Aprikosen ganz kurz im Wasserbad erhitzen und mit den Kokosraspeln pürieren. Mit Zitronensaft und abgeriebener Zitronenschale abschmecken. Soviel Honig zugeben, daß eine feste Masse entsteht. Eine circa 5 Zentimeter dicke Wurst formen und diese in Scheiben schneiden. Die Scheiben in gehackten Nüssen wälzen.

Backpflaumenplätzchen

12 eingeweichte Backpflaumen
2 EL Sonnenblumenöl
2 EL Leinsamenschrot
1 TL Honig
1 TL Nußmus
1 MSP Agar-Agar
Saft einer halben Zitrone

Die eingeweichten, abgetropften Backpflaumen entsteinen und fein hacken. Mit den übrigen Zutaten verkneten. Die Masse ausrollen und Plätzchen ausstechen, diese auf gefettetem Blech 10-15 Minuten bei circa 180 Grad backen.

Dattelkonfekt

250 g getrocknete Datteln
50 g Pistazienkerne
Naturvanille
Honig

Die Datteln der Länge nach aufschneiden, Kerne herausnehmen. Pistazien fein hacken, mit den übrigen Zutaten zu einer Paste verkneten. Paste in die Datteln füllen.

Früchtekugeln mit Sesam

Trockenfrüchte wie:
Aprikosen, Birnen, Äpfel, Rosinen,
Mandeln, Nüsse
Honig
Sesam

Die Trockenfrüchte hacken und im Mixer pürieren. Nüsse und Mandeln fein mahlen. Früchte und Nüsse mit Honig nach Geschmack vermischen (evtl. etwas Wasser zugeben). Sesam in der Pfanne kurz rösten. Aus der Früchte-Nuß-Honig-Masse Kugeln formen und die Kugeln in den Sesamkörnern wälzen.
Sie können auch eine Prise Naturvanille an die Masse geben.

Honigkekse

Die Menge ergibt 2 Backbleche Kekse

3 EL Honig
2 EL Sonnenblumenöl (oder Butter)
2 EL Wasser
1 Prise Meersalz
2 Eigelb
1 TL Zimt
1 Prise gemahlene Nelken
abgeriebene Schale einer Zitrone
1 EL Zitronensaft
250 g Weizenmehl
3 gestr. TL Backpulver
100 g getrocknete Aprikosen
100 g gemahlene Mandeln oder Nüsse
etwas Mehl zum Bestäuben der Backfläche

Honig, Sonnenblumenöl oder Butter, Wasser und Salz im Kochtopf erwärmen und in die Rührschüssel gießen. Etwas abkühlen las-

sen, dann die Gewürze, Eigelb, Zitronenschale und -saft unterrühren. Das mit dem Backpulver gemischte Mehl dazugeben und alles gut verkneten. Die Aprikosen fein hacken, mit den gemahlenen Mandeln unter den Teig kneten, eine Stunde kalt stellen. Teig auf bemehlter Backfläche etwa 1/2 cm dick ausrollen. Beliebige Formen ausstechen. Kekse auf gefettetem Blech bei 180 Grad 15 Minuten backen.
Die Kekse können mit Milch oder verquirltem Eigelb bepinselt und mit Pistazien oder halben Nüssen oder Mandeln verziert werden (vor dem Backen).

Wenn Eiweiß übriggeblieben ist, backe ich

Makronen

3 Eiweiß
1 Prise Meersalz
3 EL Honig
250 g fein gemahlene Mandeln oder Nüsse
3 gemahlene bittere Mandeln

Eiweiß mit der Prise Salz sehr steif schlagen, Honig zugeben und weiterschlagen. Die fein gemahlenen Nüsse unterrühren. Mit einem Löffel kleine Häufchen von der Masse auf ein gefettetes Blech setzen. Bei 150-180 Grad im Ofen mehr trocknen als backen. Statt der Nüsse lassen sich auch Kokosraspeln verwenden. Will ich Makronen würziger, nehme ich mehr bittere Mandeln.

Marzipan

200 g Mandeln
15 bittere Mandeln
3 EL Honig
3 EL Rosenwasser (aus der Apotheke)

Mandeln mit kochendem Wasser überbrühen. Schalen abrubbeln, so fein wie möglich mahlen. Mit Honig und Rosenwasser verkneten (eventuell mehr Rosenwasser zugeben). Am besten über Nacht zugedeckt ruhen lassen. Dann weiterverarbeiten zu Kugeln, Talern usw.

Trockenfrüchte-Pralinen

Gleiche Menge getrocknete Pflaumen, Birnen, Aprikosen oder Rosinen

Nach Geschmack:
abgeriebene Schale von unbehandelten Zitronen und/oder Orangen
Zitronensaft
Orangensaft
Rum oder Cointreau
gemahlene Nelken (sparsam)
Naturvanille
Zimt
geriebene Haselnüsse
geriebene Mandeln (auch ein paar bittere)
Kokosraspeln zum Wälzen

Pflaumen, Birnen und Aprikosen fein hacken bzw. pürieren, mit den übrigen Zutaten verkneten. Den Teig 1/2 Stunde ruhen lassen. Dann zu Kugeln oder länglichen Pralinen formen, die Sie in Kokosraspeln wälzen.

Gebackene Bananen

4 Bananen
1 EL Butter
Zitronensaft
Naturvanille

Bananen waschen und der Länge nach aufschneiden. Jede Hälfte mit Butter bestreichen und im Ofen bei 200 Grad 10-15 Minuten backen. Mit Zitronensaft beträufeln und mit Vanille bestreuen. Auf heißen Tellern servieren und aus der Schale löffeln.

Holundersuppe mit Hirseklößchen

1 l Holundersaft
3 Nelken
Zimt
Zitronensaft
Honig

Für die Hirseklößchen:
Mit Milch gekochter Hirsebrei (Seite 101)
1 Ei
Honig (nach Geschmack)

Den Saft mit den Nelken erhitzen, mit Zimt, Zitronensaft und Honig abschmecken. Den Hirsebrei mit Ei und Honig vermischen. Kleine Klößchen abstechen und in der heißen Suppe ziehen lassen.

Erdbeer-Sahne-Mousse

700 g Erdbeeren
2-3 EL Honig
1 Schnapsglas Kirschwasser
1/4 l Sahne
2 Pfirsiche

Erdbeeren pürieren, mit Honig und Kirschgeist vermischen. Die steif geschlagene Sahne unterziehen (etwas Sahne zum Verzieren zurückbehalten), kalt stellen.
Pfirsiche mit kochendem Wasser überbrühen, abziehen und würfeln. Das Erdbeerpüree in Portionsgläser füllen, obendrauf die Pfirsichwürfel geben. Mit der restlichen Sahne verzieren.
Schmeckt ebensogut mit Himbeeren.

Mohnpielen

250 g gemahlener Mohn
1/2 l Milch
1 Prise Meersalz
etwa 3 EL Honig
50 g Rosinen
40 g gehackte Mandeln
12 Vollkornzwiebäcke

Gemahlenen Mohn in die Rührschüssel schütten. Die leicht gesalzene Milch im Kochtopf erwärmen, mit dem Honig gut verrühren und die Hälfte der Honigmilch über den Mohn gießen. Rosinen und Mandeln unterrühren. Zwiebäcke in einer zweiten Schüssel zerbröseln, die andere Hälfte Honigmilch darüber gießen. In eine Glasschüssel immer abwechselnd eine Schicht Zwiebackmasse und eine Schicht Mohnbrei füllen; die oberste Schicht ist Mohnbrei. Die Schüssel in den Kühlschrank stellen und die Mohnpielen gut durchziehen lassen. Mit Honigschlagsahne servieren.

Variation:
Sie können die Mohnpielen auch gleich in Portionsgläser füllen, darin abkühlen lassen und mit einem Honigschlagsahne-Häubchen servieren.

Russische Paßcha

500 g Quark
3 Eier
100 g Butter
200 g saure Sahne
1 Prise Meersalz
3-4 EL Honig
Naturvanille
125 g Mandeln

Den Quark schaumig rühren. Die Eier, Butter und saure Sahne zugeben, unter Rühren erwärmen, aber nicht kochen. Sobald sich Blasen bilden, vom Herd nehmen, unter Rühren abkühlen lassen. Salz, Honig, Vanille und die geriebenen Mandeln unterrühren. In eine Glasschale füllen und erkalten lassen.

Mandelpudding

500 g süße Mandeln
3 bittere Mandeln
1 Schnapsglas Kirschwasser
3 EL Honig
1 Prise Meersalz
2 Päckchen Agar-Agar
3/4 l Milch
3/4 l Sahne

Die Mandeln mit kochendem Wasser überbrühen, abziehen und mahlen, mit dem Kirschwasser begießen. Honig, Salz und Agar-Agar in der Milch verrühren, mit der Mandelmasse mischen. Nach Vorschrift erhitzen, etwas abkühlen lassen. Wenn die Creme beginnt fest, zu werden, die steif geschlagene Sahne unterziehen. Pudding in eine mit kaltem Wasser ausgespülte Form füllen, im Kühlschrank erstarren lassen. Vor dem Servieren stürzen.
Göttlich schmeckt der Mandelpudding mit Orangensauce (Seite 170) oder einer anderen Fruchtsauce.

Eis, Halbgefrorenes und süße Saucen

Das übliche industriell hergestellte Eis hat in der Vollwertküche natürlich nichts zu suchen. Ein Eishersteller hat mir, selbst nicht ganz glücklich darüber, verraten, wie er sein Eis fabriziert: aus pasteurisierter Milch, Zucker, einem Bindemittel und künstlichen Aromastoffen. Da hat das Erdbeereis von einer Erdbeere höchstens mal geträumt.
Wenn Sie mal selbst Eis oder Halbgefrorenes aus frischer Sahne, Honig, frischen oder tiefgefrorenen Früchten, Nüssen, Mandeln, Mohn, Zimt und Naturvanille usw. zubereitet haben, rührt Ihre Familie das Industrie-Eis nicht mehr an. Man kann Eigelb verwenden, muß aber nicht. Ich finde, Sahne genügt – davon aber reichlich. Eindicken mit Agar-Agar ist eine weitere Möglichkeit. Sie können die einzufrierende Masse entweder in Portionsförmchen füllen, in eine Schüssel oder eine Kastenform, und dann davon jeweils Scheiben abschneiden.
Die Formen werden mit kaltem Wasser ausgespült, bevor die Masse hineingefüllt wird.
Halbgefrorenes braucht 15-20 Minuten, festes Eis braucht bis zu 3 Stunden im Gefrierfach. Das Eis herausnehmen, kurz in heißes Wasser stellen, stürzen, mit oder ohne Sauce servieren. Beim Schneiden das Messer jedesmal in heißes Wasser tauchen.

Aprikoseneis

500 g entkernte Aprikosen	1/4 l Sahne
2-3 EL Honig	1 Schuß Rum

Aprikosen pürieren, mit Honig süßen, steif geschlagene Sahne unterheben, mit einem Schuß Rum abschmecken. In eine Schüssel geben und 1 1/2 Stunden frieren lassen.

Brombeereis mit Schlagsahnehäubchen

500 g Brombeeren (frisch oder tiefgekühlt)
1/4 l Johannisbeersaft oder anderer Fruchtsaft
Agar-Agar (für 1/2 l Masse 1 Päckchen)
3 EL Honig
1/4 l Schlagsahne

Die Brombeeren mit der Gabel zerdrücken, ein paar besonders schöne zum Garnieren zurückbehalten. Den Obstsaft mit Agar-Agar erhitzen, etwas abkühlen lassen, 2 Eßlöffel Honig unterrühren. Die Sahne mit dem restlichen Honig steif schlagen, kurz vor dem Festwerden unter die Brombeermasse ziehen (etwas von der Sahne zurückbehalten). Brombeermasse in Portionsgläser füllen, im Kühlschrank kalt stellen. Vor dem Servieren restliche Schlagsahne als Häubchen darauf setzen und mit den ganzen Brombeeren verzieren. Man kann das Brombeereis auch ohne Sahne machen und diese nur als Häubchen darüber geben – man kann auch das Agar-Agar weglassen und einfach Brombeeren und gesüßte Honigsahne mischen und einfrieren. Halbgefroren schmeckt es am besten!

Mohn-Nuß-Zimt-Eis

2 EL gemahlener Mohn
2 EL grob gehackte Walnüsse, Haselnüsse oder Mandeln
1 EL Honig
1 Prise Meersalz
1-2 EL Zimt
Saft einer halben Orange und einer halben Zitrone
1 EL Rum oder Cointreau
1/4 l Sahne

Alle Zutaten außer der Sahne miteinander vermischen. Die Sahne steif schlagen und unterheben. Kalt stellen.

Obsteis aus rohen Früchten

500 g rohes Obst (Beeren etc.)
Honig nach Geschmack
Agar-Agar entsprechend der Gesamtflüssigkeit
(8 g = 1 gestr. EL mit 1/2 l Flüssigkeit ergibt ein festes Eis)

Das rohe Obst zerdrücken, Honig zugeben. Mit der entsprechenden Menge Agar-Agar mischen. Im Wasserbad nach Vorschrift erwärmen. Die Masse in eine mit kaltem Wasser ausgespülte Form oder in Portionsförmchen füllen, abkühlen lassen. Im Gefrierfach 15 Minuten kalt stellen.
Dazu schmeckt Bananensauce (siehe Seite 168).

Orangen-Zitronen-Halbgefrorenes

1/4 l Sahne
1 EL Honig
abgeriebene Schale von je einer unbehandelten Orange und Zitrone

Die Sahne steif schlagen, abgeriebene Orangen- und Zitronenschale und Honig unterheben. Noch einmal steif schlagen, in Portionsförmchen oder Gläser füllen und 20 Minuten ins Gefrierfach stellen. Servieren Sie dazu die Mohn-Nuß-Sauce (siehe Seite 169). Schmeckt wahnsinnig gut!

Schokoladen-Nuß-Eis

100 g Haselnüsse
2 Eiweiß
3 EL Honig
400 g Sahne
2 EL Kakao
2 EL Rum

Haselnüsse in der Pfanne ohne Fett kurz rösten, bis die Haut springt, fein mahlen. Eiweiß mit Honig steif schlagen, Sahne steif schlagen. Alle Zutaten vorsichtig unterheben und einfrieren.

Walnußeis

2 Eigelb
Honig (nach Belieben)
Vanille
1/2 l Sahne
2 Eiweiß
gehackte Walnüsse

Das Eigelb mit Honig und Vanille schaumig schlagen, Sahne steif schlagen, Eiweiß ebenso. Beides zusammen mit den Walnüssen unter die Eigelbmasse heben. In einer Schüssel einfrieren.
Dazu paßt eine Aprikosensauce: Aprikosen pürieren und mit Honig, Vanille und Cointreau abschmecken, evtl. mit Schlagsahne verfeinern.

Weitere meiner Eisspezialitäten:
Die Angaben entsprechen den vorhergehenden Rezepten: bei Früchten jeweils 500 g, 3 EL Honig, evtl. Zitronensaft (je nach Säuregrad) 1/2 l steif geschlagene Sahne.

- Ananas-Eis: Ananas in kleine Stücke geschnitten oder püriert, mit Zitronensaft und Honigschlagsahne, Naturvanille und Kirschwasser.
- Pfirsich-Eis: Pfirsiche püriert, mit Zitronensaft, geriebenen Mandeln und Honigschlagsahne.
- Stachelbeer-Eis: Stachelbeeren püriert mit Zitronensaft, Honigschlagsahne (ebenso Erdbeer-, Himbeer-, Heidelbeer-Eis).

Süße Saucen

Zu Aufläufen, süßen Getreidegerichten, Mehlspeisen, Puddingen und Desserts.

Rohe Aprikosensauce

500 g Aprikosen
1 EL Honig
etwas Wasser oder Aprikosensaft oder Saft von 1 Zitrone

Aprikosen pürieren, mit den übrigen Zutaten mischen. Wenn Sie getrocknete Aprikosen nehmen, am Abend vorher in so viel Wasser einweichen, daß sie bedeckt sind, und das Einweichwasser verwenden.

Apfelmus-Sauce

Apfelmus mit Apfelsaft verdünnen, mit Zimt und Naturvanille abschmecken. Auch heiß sehr gut zu Eierkuchen, Reisküchlein und Kartoffelwaffeln.

Bananensauce

4 Bananen
1-2 EL Honig
1-2 EL Zitronensaft
Naturvanille
1/4 l Sahne

Bananen pürieren, mit den übrigen Zutaten verrühren, zuletzt die steif geschlagene Sahne unterheben.

Variation:
2 EL Butter
4 Bananen (oder mehr, je nach Größe)
Zitronensaft
1 EL Honig
1 TL Curry
1 Knoblauchzehe (jawohl!)
1 MSP Naturvanille
1/8 l Sahne

Butter in der Pfanne zergehen lassen. Bananen mit der Gabel zu Mus zerdrücken und zugeben. Köcheln lassen und die übrigen Zutaten zugeben. Zum Schluß die steif geschlagene Sahne unterziehen.

Warme Butter-Honig-Sauce

2 EL Butter
2 EL Honig
Cointreau oder Rum nach Geschmack

Butter zerlassen, Honig zugeben. Gut verrühren, evtl. noch mit Cointreau oder Rum abschmecken oder mit Naturvanille oder Zimt.

Heiße Fruchtsauce

2 EL Honig
1 EL Wasser (oder weniger, hängt von der Feuchtigkeit der Früchte ab)
200 g Früchte (Erdbeeren, Himbeeren, Pfirsiche, Bananen, Ananas, einzeln oder gemischt)
1 Glas Rum, Cognac, Kirschwasser oder Barack Palinka

Honig mit Wasser erhitzen. Die in Stücke oder Scheiben geschnittenen Früchte zugeben und bei kleinster Hitze 5-10 Minuten dünsten und, wenn man mag, pürieren. Zum Schluß mit einem Schnäpschen ablöschen!
Heiß zu Eis servieren!

Makronensauce

100 g bittere Makronen
ca. 1 EL Honig
1/4 l Sahne
2 Eigelb

Die Makronen zerstoßen, mit dem Honig und der Sahne aufkochen, die Eigelb unterrühren.

Mohn-Nuß-Sauce

2 EL Butter
2 EL gemahlener Mohn
2 EL grob gehackte Walnüsse (oder Haselnüsse oder Mandeln)
1 EL Honig
1 Prise Meersalz
Zimt nach Geschmack
Saft einer Zitrone und einer Orange
1 EL Rum oder Cointreau

Alle Zutaten miteinander verrühren und erhitzen. Phantastisch zu Eis, Aufläufen und süßen Getreidegerichten.

Orangensauce

4 Orangen
etwas abgeriebene Orangenschale
2 MSP Agar-Agar
1/4 l Wasser
Honig nach Geschmack
1-2 EL Cointreau

Das klein geschnittene Orangenfleisch mit etwas abgeriebener Orangenschale pürieren. Agar-Agar in dem Wasser anrühren. Orangenpüree zugeben, bis zum Siedepunkt erhitzen. Mit Honig süßen, mit Cointreau abschmecken.

Selbstversorgers Vorratskammer

Vorratswirtschaft macht unabhängig

Was gelagert wird, verliert im allgemeinen an Wert.
Trotzdem gibt es auch beim Konservieren gewaltige Unterschiede. Grob gesagt: Kälte schadet weniger als Wärme – Einfrieren schadet weniger als Einkochen. Deshalb friere ich Äpfel, Pflaumen, Aprikosen, Himbeeren für Obstkuchen und Aufläufe ein – ebenso wie Blattgemüse, also Spinat, Mangold, Petersilie etc.
Kompott aus Obst gibt es bei mir überhaupt nicht. Abgesehen davon, daß es ungesund ist, schmeckt es mir auch nicht. Da mein Garten aber im Herbst von Äpfeln überquillt, bereite ich Apfelsaft – wohl wissend, daß Saft ein Teilnahrungsmittel ist. Es leuchtet ein: Wenn ich 1 Möhre gründlich kaue, dauert das etwa so lange wie ich brauche, um Saft von 10 Möhren zu trinken – weil dem Saft ein wesentlicher Teil des urspünglichen Ganzen fehlt. Prof. Kollath zum Beispiel hat nachgewiesen, daß bei der Saftherstellung zwar die wasserlöslichen Vitamine in den Saft gelangen, daß aber andere wichtige biologische Stoffe (er nannte sie Auxone) in den Rückständen, im Trester zurückbleiben.

Das wirklich Schlimme ist aber, daß Säfte, egal ob gekauft oder selbstgemacht, genau wie Fabrikzucker und gekochtes oder eingemachtes Obst, Unverträglichkeiten in Kombination mit Vollkorn und Frischkost bewirken können– Sie also Ihren Frischkornbrei womöglich nicht vertragen, wenn Sie Saft trinken.
Dennoch gehe ich beim Apfelsaft diesen Kompromiß ein. Ich habe viel Kinderbesuch, darunter auch eingefleischte Coca-Cola- und Limo-Trinker. Bei denen blitze ich ab, wenn ich ihnen Kräutertee anbiete. Da ist ein selbstgepreßter, naturtrüber Apfelsaft ohne Konservierungsstoffe, möglichst mit Wasser verdünnt, immer noch besser als Cola; den trinken sie alle mit Wonne. Ebenso die Gäste, die gern weniger Alkohol konsumieren wollen.

Auch bei der Marmelade bin ich zu einem (winzigen) Kompromiß bereit. Einen Teil rühre ich roh an, aber einen Teil koche ich, wenn auch mit Honig statt mit Zucker, ein. Diese Marmeladen müssen bei 115-130 Grad sterilisiert werden, wenn sie haltbar sein sollen. Konservendosen kommen in meinem Haushalt so gut wie gar nicht vor. Weißblechdosen, die innen nicht lackiert sind, können durch die Säuren der Nahrungsmittel bei längerem Stehen angegriffen werden und Eisen und Zinn abgeben. Zinn über 100 mg/kg muß als gesundheitlich bedenklich angesehen werden, Eisen führt zu Verfärbungen des Einmachgutes. Darüber hinaus bedeutet Konservieren in Dosen eine ungeheure Verschwendung von kostbaren Rohstoffen. Generell unterscheide ich bei meiner Vorratswirtschaft zwischen den Lebensmitteln, die einen kühlen, feuchten Keller brauchen und denen, die trocken gelagert werden müssen.

Meine Kellervorräte

Der Keller ist verhältnismäßig klein, ich muß Äpfel und Kartoffeln gemeinsam unterbringen, was ungünstig ist, da die Äpfel die Kartoffeln zum Keimen anregen. Unsere Bauernäpfel halten sich aber sowieso nicht lange, so trockne ich die meisten, und nur die schönsten bewahre ich im Keller auf. Als beste Methode hat sich bewährt: Jeden Apfel einzeln in Seidenpapier wickeln und in einer Pappschachtel stapeln.

Die Kartoffeln liegen in Steigen, luftig übereinandergestellt. Eine sehr gute Aufbewahrungsmethode fand ich für das Gemüse. In einer Kellerecke habe ich einen Bretterverschlag gebaut, auf den Holzboden eine Lage Stroh geschichtet, darauf die Gemüse: je ein Haufen rote Rüben, Möhren, Sellerie. Alles wird abgedeckt mit einer Lage Moos – Namensschildchen in das Moos stecken, damit man nicht herumwühlen muß, um das jeweilige Gemüse zu finden. Das Moos wird durch gelegentliches Besprühen mit Wasser aus der Gießkanne feucht gehalten. *Die* Methode überhaupt – bis spät in den Frühling hinein habe ich frische Knollen.

Lauchstengel und Kohlrabi werden mit der Wurzel aus der Erde gezogen und in Steigen voller Erde »wieder eingepflanzt«. Die Erde ebenfalls gelegentlich mit Wasser besprühen.

Krautköpfe, rote und weiße, liegen auf Holzregalen nebeneinander. Sie müssen ab und zu umgedreht werden, damit sie nicht schimmeln.
Zum Einlegen von Sauerkraut und Gurken benutze ich Gärtöpfe. Sie sind in verschiedenen Größen in Reformhäusern und Naturkostläden erhältlich. Wenn die Wasserrinne immer sorgsam mit Wasser gefüllt ist, können keine unerwünschten Bakterien von außen in den Gärtopf dringen. Sie ersparen sich das leidige Abschöpfen der obersten Lagen des eingelegten Gutes sowie das Nachfüllen von Wasser in den Topf. Nach meiner Erfahrung ist es praktischer, mehrere kleine Gärtöpfe zu nehmen als zu große; die Haltbarkeit der eingelegten Produkte, nachdem man den Topf einmal angebrochen hat, ist besser.
Pilze und milchsaures Gemüse lege ich noch lieber in Twist-off-Gläsern ein. Gerade von Pilzen werden erfahrungsgemäß nur geringe Mengen auf einmal gegessen. In kleinen Gläsern säuert das Eingelegte nicht so stark nach wie in größeren. Außerdem können Sie immer nebenbei mal eine Portion einsäuern, wenn Sie gerade ein paar Tomaten übrig haben, eine Zucchini, dazu eine halbe Zwiebel.
Wenn Sie selbst nicht über genügend Raum verfügen, planen Sie eine Vorratshaltung mit Freunden. Einer wird genügend Platz haben, um all die Kostbarkeiten bis zum Verbrauch für die anderen mit zu horten.
Das Einkaufen, Putzen von Gemüse, Stampfen von Sauerkraut, Sammeln von Pilzen und Beeren, Einkochen von Marmeladen macht einen Heidenspaß, wenn man es gemeinsam tut. Ein Wochenende ist dafür nicht zu schade.

Die verschiedenen Konservierungsmethoden

Die Milchsäuregärung:
Die beste Konservierungsmethode ist die uralte Form der Milchsäuregärung, in allen osteuropäischen Ländern seit eh und je beliebt. Nicht nur bleiben hierbei Vitamin A und C zur Gänze erhalten – der Vitamin-C-Gehalt nimmt sogar zu, ebenso der

Gehalt an Vitaminen der B-Gruppe. Neben der Milchsäure bildet sich auch Vitamin B12!
Milchsauer eingelegtes Gemüse wird bei vielen Krankheiten mit Erfolg eingesetzt, vor allem in der Krebsdiät. Milchsäure verhindert das Aufkommen von Fäulnisbakterien sowohl im eingelegten Gemüse wie auch in unserem Darm. Sie ist rechtsdrehend wie die körpereigene Milchsäure (rechtsdrehend wird durch +, linksdrehend durch - gekennzeichnet). Bei jeder Krankheit entsteht linksdrehende Milchsäure, die jedoch ein abwehrbereiter Körper durch rechtsdrehende Milchsäure neutralisiert.

Das Einfrieren:
ist nach dem milchsauer Einlegen die zweitbeste Konservierungsmethode. Es entstehen kaum Vitaminverluste. Vor allem wenn Gemüse und Obst knackfrisch sind, können die Vitalstoffverluste geringer sein als bei unsachgemäßer und zu langer Lagerung.
Ich friere folgendes ein: Mangold, Spinat, Petersilie, Dill und Schnittlauch. An Obst: Äpfel, Pflaumen, Aprikosen, Himbeeren, Kirschen, Erdbeeren und Rhabarber. Pflaumen, Zwetschgen, Aprikosen und Kirschen entsteinen, nebeneinander ausgebreitet vorfrieren, dann in Beutel einschweißen. Ebenso friere ich Erdbeeren, Himbeeren etc. vor. Rhabarberstengel ziehe ich ab und schneide sie in Stücke, bevor ich sie in Beutel einschweiße. Äpfel für Apfelkuchen schneide ich mit der Schale in dicke Scheiben, schmore sie kurz mit Rosinen und Rum, lasse sie abkühlen und schweiße sie dann in Beutel ein. Bei Gebrauch werden sie aufgetaut, auf dem rohen Kuchenboden verteilt und, mit etwas Nelkenpulver und Zimt bestreut, gebacken.
Die Blattgemüse waschen und kurz mit kochendem Wasser überbrühen, abtropfen und abkühlen lassen, in Folie einschweißen. Bei Petersilie, Dill und Schnittlauch: waschen und trockentupfen, Blätter von den Stengeln zupfen, im Ganzen vorfrieren und auch im Ganzen in Beuteln einschweißen. Bei Bedarf aus den Beuteln nehmen, noch gefroren zwischen den Händen zerrebeln bzw. Schnittlauch mit der Schere zu Röllchen schneiden und sofort verwenden. Bei dieser Methode wird das Aroma optimal erhalten, während es mehr oder weniger verlorengeht, wenn das Gut vor dem Einfrieren zerkleinert wird.

Kleine, gebrauchsfertige Portionen friere ich auch einfach in Joghurt- oder Quarkbechern ein.

Das Einsalzen:
Suppengrün – also Lauch, Möhren, Knollensellerie und Petersilienwurzel – eignet sich zum Einsalzen. Auf 100 g gewaschenes, gut abgetropftes, feingehacktes Suppengrün gebe ich 30 g Vollmeersalz und vermische alles gut. Läßt sich auch gut einfrieren. Bei Bedarf mit einem Löffel die entsprechende Menge herausschaben und unaufgetaut in die Suppe geben.
Längere Haltbarkeit erziele ich, wenn ich die gehackten Gemüse kurz in Pflanzenöl andünste und erst dann mit dem Salz vermische.

Das Dörren
von Obst und Gemüse bedeutet immer einen Verlust an Vitalstoffen, ist aber andererseits einer langen, vor allem einer unsachgemäßen Lagerung vorzuziehen.
Ich habe mir einen Dörr-ex-Trockenapparat gekauft und bin damit sehr zufrieden. Dieser Apparat besteht aus Drahtsieben, die, übereinandergestellt, von einem elektrisch betriebenen Ventilator von unten mit milder Hitze versorgt werden. Sie können bis zu 7 Siebe übereinanderstapeln, und Kräuter z.B. auch ohne Strom trocknen. Eine fabelhafte Methode zum Dörren von Aprikosen, Pflaumen, Birnen- und Apfelschnitzen etc. Bei sehr saftigen Früchten eventuell Seidenpapier auf die Siebe legen, damit sie nicht klebrig werden.
Das Vitamin C wird natürlich beim Dörren geschädigt, aber die Mineralstoffe, wie Kalium etc., bleiben erhalten, sehr intensiv ist der Zuckergehalt.

Wie ich meine Kostbarkeiten dörre oder trockne:

- Pflaumen im Dörr-ex vortrocknen (etwa 3 Tage), dann die Kerne entfernen und nachtrocknen.
- Aprikosen entsteinen, dann trocknen.
- Äpfel und Birnen mit Schale in dicke Scheiben schneiden (ich lasse das Kernhaus drin) und mit Zimt bestreuen.
- Kirschen einen Tag vortrocknen, dann die Kerne herausdrükken und fertig trocknen.

- Erdbeeren – auch Walderdbeeren – auf Seidenpapier trocknen (wunderbar als Beigabe in Teemischungen).
- Pilze geputzt, möglichst ungewaschen, in Scheiben schneiden.
- Kräuter wie Melisse, Pfefferminze, Erdbeer- und Brombeerblätter, Salbei und Rosmarin etc. ernte ich vor der Blüte nach dem Morgentau an einem trockenen Tag und hänge sie entweder zu Sträußen gebündelt an einem staubfreien, schattigen Platz auf – oder ich trockne abgezupfte Blätter und Stengel getrennt auf den Sieben des Dörr-ex – ohne Hitze, ohne Strom, an einem warmen, schattigen Platz. Erst wenn alles wirklich knochentrocken ist, bewahre ich die Kräuter in beschrifteten Mullbeuteln auf, sie müssen staubfrei und luftig hängen. Das Beschriften ist sehr zu empfehlen, weil einige Blätter im Laufe des Winters ihr spezifisches Aussehen und manchmal auch ihren Duft verlieren und dann kaum noch voneinander zu unterscheiden sind.

In Beuteln luftig aufgehängt ist die Gefahr der Schimmelbildung geringer als bei der Aufbewahrung in Gläsern, allerdings verfliegt das Aroma schneller. Am besten selbst die günstigste Methode ausprobieren.

Meine Trockenvorräte

Trocken aufbewahrt werden
- alle Getreidesorten
- getrocknete Tees
- Zwiebeln
- alle getrockneten Früchte

Ideal ist ein luftiger Dachboden. Nie Plastik verwenden, alles muß atmen können. Getreide hänge ich in Jutesäcken an großen Haken an der Decke auf – ab und zu das Getreide »umrühren«. Kleinere Mengen stehen trocken im Küchenschrank.

Die Tees hängen ebenfalls, wie gesagt, in Mullbeuteln, Zwiebeln zu Zöpfen geflochten, an Haken oder Nägeln, ebenso Knoblauch. Die getrockneten Birnen, Äpfel, Aprikosen, Pflaumen lasse ich in Bastkörben nachtrocknen – öfter mal wenden. Wenn sie ganz trocken sind, werden sie ebenfalls in Mullbeuteln aufgehängt. Auch Pappschachteln mit Luftlöchern eignen sich.

Für 2 Personen (und Freunde zu Besuch) sehen meine Trockenvorräte so aus:

100 kg Weizen
100 kg Roggen
20 kg Hafer
20 kg Hirse
10 kg Buchweizen
20 kg Grünkern
10 kg Reis
10 kg Honig

1 Sack Walnüsse (unbehandelt, im Herbst beim Bauern gekauft oder vom Grünmarkt),
10 kg Haselnüsse (unbehandelt, vom Grünmarkt),
getrocknete Pflaumen, Apfelscheiben und Birnenscheiben (je nach Ernte),
20 kg Zwiebeln.

Säfte, Marmeladen und Gelees ohne Zucker

Holunder-Apfel-Saft

Gleiche Menge Holunderbeeren (grob von den Stielen gezupft) und Äpfel, auch Fallobst (mit Schale und Kerngehäuse, in Stücke geschnitten)

Holunder und Äpfel mischen, im Dampfentsafter entsaften. Heißen Saft sofort in sehr saubere, mit heißem Wasser ausgespülte Flaschen füllen. Sofort mit Gummikappen verschließen, die in Wasser ausgekocht wurden.
Der Saft – ohne Zugabe von Zucker oder Honig – hält sich über Jahre. Sie können daraus mitten im Winter eine delikate Grütze zaubern. Genauso bereite ich Apfelsaft.

Holunderblütentrank

Holunderblüten über Nacht in Wasser ansetzen. Am nächsten Tag mit Zitronensaft und Honig abschmecken, frische Melisseblätter dazugeben. Gekühlt servieren.
Der Holunderblütentrank sieht entzückend aus in einer Glaskaraffe.

Das mögen Kinder:

Holundermilch

1/2 l Milch	2 EL Honig
Holunderblüten	Naturvanille nach Geschmack

Milch erwärmen – nicht über 40 Grad – und über die Holunderblüten gießen. 10 Minuten ziehen lassen und abseihen. Honig und Vanille unterrühren.
Schmeckt warm und kalt.

Variante für die Großen:
An die abgekühlte Honig-Milch noch 4 verquirlte Eigelb und 4 Stamperl Obstler oder Cognac geben. Gut gekühlt servieren.

Kwas

1 kg Roggenbrot	3 EL Honig
8-10 l Wasser	25 g frische Pfefferminze
25 g Hefe	50 g Rosinen

Das Roggenbrot in dünne Scheiben schneiden, im Ofen rösten. Die Scheiben in einen Topf legen, kochendes Wasser darüber gießen, den Topf zudecken und 4 Stunden stehen lassen, dann pürieren (Pürierstab). Hefe und Honig zugeben. Topf zudecken und 6 Stunden gären lassen. Wenn der Kwas schäumt, durch ein Sieb gießen, in saubere Flaschen abfüllen; in jede Flasche etwas frische Pfefferminze und 3 Rosinen geben. Flaschen mit Korken oder Gummikappen verschließen. Im Keller lagern. Nach 3 Tagen können Sie den Kwas trinken. An einem heißen Julisonntag unter

Apfelbäumen in der Hängematte schaukelnd, ein Glas kellerkühlen Kwas in der Hand – und Sie kommen sich vor wie eine Figur aus einem Drama von Tschechow.

Wie bereitet man Marmelade ohne Zucker – aber so, daß sie sich auch hält? Das ist nach wie vor ein beliebtes Gesprächsthema unter Vollwertköstlern.
Unsere Mütter rechneten auf 1 Kilo Früchte 1 Kilo Zucker. Doch was tun wir Ernährungsbewußten, die wir um die Schädlichkeit des Zuckers wissen? Sollen wir aufs Marmeladekochen verzichten, wenn Bäume und Sträucher im Garten sich unter der Last der reifen Früchte biegen?
Die meisten von uns werden sich zu einem Kompromiß entschließen, zumal ja von Marmeladen und Gelees nur kleine Mengen verzehrt werden. Ich habe folgende Zubereitungsarten als empfehlenswert herausgefunden – danke auch allen Einsendern für ihre Vorschläge!

Rohmarmelade aus Dörrobst

Pflaumen und Zwetschgen, Aprikosen, Kirschen etc. entsteinen bzw. entkernen und dörren. Dann jeweils soviel Marmelade zubereiten, wie Sie gerade kurzfristig verbrauchen werden. Dafür das entsprechende Dörrobst etwa 10 Stunden in Wasser einweichen (das Obst muß gerade bedeckt sein). Im Mixer pürieren – fertig. Eventuell mit etwas Honig nachsüßen. Diese Rohmarmelade ist natürlich nur kurze Zeit haltbar.

Rohmarmelade mit Honig

Auf 500 g Früchte – Himbeeren, Erdbeeren, Brombeeren, Preiselbeeren, Pflaumen etc. – müssen Sie etwa 125 g Honig rechnen. Früchte im Mixer pürieren, Honig zugeben und 15 bis 20 Minuten weitermixen, bis sich der Honig aufgelöst hat. Ganz nach Geschmack können Sie mit Zimt, Nelkenpulver, Vanille, abgeriebener Zitronenschale würzen. Die Rohmarmelade in gut gewaschene Schraubgläser füllen und im Kühlschrank aufbewahren.

Benutzen Sie tiefgefrorene Früchte, können Sie sich jeweils die Portionen zubereiten, die Sie gerade brauchen. Die Haltbarkeit von Rohmarmelade hängt vom Flüssigkeitsgehalt der Früchte ab und von der Honigmenge. Bei einem Verhältnis 1:1, also gleiche Menge Früchte wie Honig, hält sich die Marmelade mehrere Monate an einem trockenen, kühlen Ort (öfter mal kontrollieren). Ein Beispiel:

Rohe Pflaumenmarmelade

500 g entsteinte Pflaumen (so lange wie möglich am Baum reifen lassen, am besten, bis sie schrumpelig und süß sind)
500 g Honig
abgeriebene Zitronenschale
Zitronensaft
Zimt
Nelkenpulver
evtl. etwas Rum

Alle Zutaten (Gewürze nach Geschmack) im Mixer 15-20 Minuten pürieren. In Gläser oder kleine Steinguttöpfe füllen. Ich gieße etwas Rum darauf und binde sie mit Einmachfolie zu.

Variante:
Marmelade aus Dörrobst mit Rohmarmelade aus Früchten mischen.

Marmelade mit Agar-Agar

500 g Früchte (nach Wahl)
125 g Honig
Saft einer Zitrone
2 gestr. TL Agar-Agar

Die Früchte zerdrücken oder pürieren, mit dem Honig mixen. Unter Rühren aufkochen (evtl. etwas Wasser zugeben, damit nichts anbrennt), 5 Minuten sprudelnd kochen lassen. Das in etwas Wasser und Zitronensaft aufgelöste Agar-Agar einrühren, einmal aufkochen. Die Marmelade in gut gesäuberte, heiß ausgespülte Schraubgläser füllen und sofort auf den Kopf stellen, damit etwaige Luft entweichen kann.
Agar-Agar möglichst nicht öfter als einmal aufkochen und die

Gläser unbedingt bis zum Erkalten ruhig stehen lassen, da sonst die Gelierfähigkeit des Agar-Agar beeinträchtigt wird.

Pflaumenmus wie Mutter es machte

Die entsteinten Pflaumen ohne Zucker, nur mit gemahlenen Nelken und Zimt nach Geschmack im Backofen bei offener Ofentür und gelinder Hitze in der Saftpfanne (oder einem dickbodigen weiten Topf) zu einem dicken Mus einköcheln lassen. Das dauert mindestens 6 Stunden, und leider hauchen dabei die Vitamine ihren Geist aus.
So heiß wie möglich in heiß ausgespülte Twist-off-Gläser oder Schraubgläser füllen. Das Pflaumenmus hält sich auch ausgezeichnet in kleinen Steinguttöpfen, mit Einmachfolie verschlossen.
Übrigens ein hübsches und beliebtes Mitbringsel!

Holundergelee

2 l Saft (im Dampfentsafter gewonnen aus halb Holunder, halb Äpfeln – siehe Holunder-Apfel-Saft, Seite 177)
1 Schuß Rotwein (in den 2 Litern Saft inbegriffen)
Zimt, Nelkenpulver, Honig nach Geschmack
3 gestr. EL Agar-Agar

Den frisch gewonnenen Saft mit den übrigen Zutaten aufkochen, in Twist-off-Gläser füllen (oder in Weckgläser). Die Twist-off-Gläser stelle ich kurz auf den Kopf (1 Minute) und rühre sie während des Geliervorgangs nicht mehr an. Ebenso bereite ich Apfelgelee.

Pflaumenmarmelade

2 kg entsteinte Pflaumen
Zimt
Nelkenpulver
2 EL Honig
8 gestr. TL Agar-Agar

Alle Zutaten zusammen aufkochen. 30 Sekunden durchkochen (große, feste Früchte so lange, bis sie gar sind). Sofort heiß in vorgewärmte Gläser füllen, mit Deckel verschließen. Gläser eine Minute auf den Kopf stellen, dann wieder wenden und während des Geliervorgangs nicht mehr bewegen.

Vorsicht!
Säfte und gekochtes Obst, auch gekochte Marmelade, können Vollkornprodukte unverträglich machen. Bei empfindlichem Magen-Darm-Trakt sollten diese gemieden werden.

Eingelegtes

Milchsaures Gemüse in Gläsern

Das Einlegen in Weck- oder Twist-off-Gläsern ist eine fabelhafte Methode, milchsaures Gemüse für den Winter zu bereiten. Quasi nebenbei schneidet man ein paar Tomaten, Zucchini und Knoblauch, eine Zwiebel – ins Glas füllen, Salzwasser drübergießen und Deckel drauf – fertig!
Die Faustregel für die Salzmenge: 15 g Vollmeersalz auf einen Liter Wasser.

Ein paar wichtige Tips:
- 4-5 cm frei lassen für den Gärungsprozeß.
- Das Salzwasser wird aufgekocht, auf Handwärme abgekühlt und über das Gemüse gegossen.
- Ein frisches und unbehandeltes Weinblatt darauf legen, falls Sie ein solches auftreiben können.
- Ist das Glas gefüllt und ordentlich verschlossen (mit Twist-off-Deckel oder Gummiring und Weckglas-Deckel plus Klammer), an warmem Platz (bei 20-25 Grad) 8 bis 10 Tage stehen lassen.
- Die beginnende Gärung zeigt sich durch Aufsteigen von Bläschen bzw. Gluckern.
- In einen kühlen Raum stellen mit 0 bis 10 Grad. In etwa 6 Wochen ist Ihr milchsaures Gemüse reif. Meine Erfahrung hat

gezeigt, daß milchsauer Eingelegtes nachsäuert, in kleinen Gläsern aber weniger als in großen.
- Nach der Entnahme des Gemüses: übriggebliebener Gärsaft hält sich in Flaschen gefüllt im dunklen Keller und kann zu Salatsaucen verwendet werden.

Beispiele für milchsaures Gemüse in Gläsern:
- Gurken (größere Gurken mit einem Zahnstocher einstechen), Zwiebeln, Knoblauch, Meerrettichscheiben, Dill, Senfkörner, Koriander, Estragon, Nelken.
- Gurken in Stücken, Paprikastreifen, Tomaten in Vierteln, Zwiebeln in Vierteln, Knoblauch, Gewürze wie oben oder nach Geschmack - z.B. Rosmarin und Lorbeerblätter, Salbeiblätter.
- Kohlrabi in Scheiben, Estragon, Gewürzkörner, Dill.
- Grüne Bohnen müssen vor dem Einsäuern gekocht werden (in Wasser ohne Salz etwa 15 Minuten), dann wie üblich einlegen – mit Zwiebelstücken, Knoblauch, Bohnenkraut.
- Gurken gemischt mit Bohnen – Gewürze nach Belieben.
- Gurken und Blumenkohlröschen (größere Gurken in Scheiben schneiden), Gewürze nach Geschmack.
- Sellerie grob reiben und sofort mit Salzwasser vermischen, damit er nicht braun wird – Gewürze wie bei Gurken.
- Roter Paprika in Stücken – Gewürze wie bei Gurken.

Milchsaures Gemüse im Gärtopf

Der Gärtopf hat vor dem üblichen Steintopf den Vorteil, daß die mit Wasser gefüllte Rinne die im Topf freiwerdende Kohlensäure zurückhält; diese Kohlensäure verhindert die Entstehung der Kahmhefe, die zum Schmierigwerden von Brettchen und Steinen führt. Wichtig auch hier: Gemüse und Steine müssen immer ausreichend, etwa 5 cm hoch, mit Gärbrühe bedeckt sein. Die Steine können gelegentlich mit heißem Wasser abgewaschen werden.
Wenn Gärtöpfe nicht kalt genug stehen (ideal sind 0 bis 10 Grad) und nicht zügig genug geleert werden, kann sich im Topfinneren eine Hefebelag bilden, der aber nicht schadet, sofern Gemüse und Steine ausreichend mit Brühe bedeckt sind. Ich wische diesen

Belag mit einem sauberen Tuch ab. Der Gärsaft wird zu Salaten verwendet.
Die Bereitung von milchsaurem Gemüse im Gärtopf entspricht der bereits geschilderten in Gläsern.
Wichtig: Zwischendurch kontrollieren, ob das Wasser in der Rinne verdunstet ist – eventuell nachfüllen!

Tips zum Einlegen von Gurken:

- Nur feste Gurken ohne die kleinste schadhafte Stelle nehmen
- Alle Gefäße müssen gründlich gereinigt sein
- Die Gurken mit einer weichen Bürste gründlich schrubben
- Gurkengläser oder Fässer (mit Ausnahme der Gärtöpfe) mit Klarsichtfolie zubinden
- Gläser und Fässer kühl und dunkel lagern

Kürbis süß-sauer eingelegt

2 kg Kürbis (gewürfelt)
Sud:
1 l Apfelessig
500 g Honig
Schale einer Zitrone
2 Stangen Zimt
1 EL Gewürznelken
1 TL Kräutersalz

Für den Sud alle Zutaten aufkochen. Kürbiswürfel darin glasig kochen, abtropfen lassen und in Gläser füllen. Den Sud 8 Minuten einkochen, Zitronenschale herausnehmen. Den Sud über die Kürbiswürfel gießen. Nach 3 Tagen den Sud abseihen, noch einmal aufkochen und wieder über die Kürbiswürfel gießen. Die Gläser mit Einmachfolie verschließen und kühl lagern.
Genauso lassen sich Zucchini zubereiten.

Sauerkraut

20 kg Weißkohl (geputzt gewogen)
60 g Vollmeersalz
1 Handvoll Wacholderbeeren
etwa 2 EL Kümmel

Den geputzten Kohl ohne Strünke fein hobeln, mit dem Salz mischen. Je eine Lage Kraut in den Gärtopf geben, darauf Wacholder und Kümmel. Festdrücken oder stampfen (Holzstampfer). Jede Lage feststampfen, bis der Saft austritt. Den Topf nur so voll füllen, daß Platz für die beiden Steine bleibt.

Wichtig:
Kraut muß immer mit Flüssigkeit bedeckt sein – ist das Kraut sehr trocken, gießt man etwas abgekochtes, abgekühltes Wasser dazu. Der Saft muß mindestens 2 cm über den Steinen stehen. Deckel auflegen, Wasserrinne mit Wasser füllen und den Topf 8-10 Tage bei Zimmertemperatur stehen lassen, nach etwa 10 Tagen kommt der Topf an einen kühlen Ort, möglichst in den Keller. In 6 Wochen ist das Sauerkraut »reif«.
Ist der Topf einmal angebrochen, siedeln sich in seinem Inneren unter Umständen auch Schimmelbakterien an – es ist ratsam, das freiliegende Innere mit einem sauberen Tuch jedesmal nach der Entnahme von Sauerkraut auszuputzen. Und das Sauerkraut möglichst zügig aufzubrauchen.

Variante:
1/2 Liter naturreinen Weißwein zugeben und eine Menge gehackten Knoblauch.

Ideale Lösungen, wenn in Ihrem Garten oder auf dem Biomarkt plötzlich eine Tomatenschwemme ausbricht:

Tomatenmark selbstgemacht

Vollreife Tomaten waschen, entstielen, in Stücke schneiden und im Mixer pürieren. Durch ein feines Sieb streichen, in dem Kerne und Haut zurückbleiben. Das gewonnene Mark in ein ausgekochtes Tuch gießen und über Nacht stehen lassen, bis aller Saft abgelaufen ist. Das Mark in kleine Gläser füllen, verschließen und auf einen Untersatz in ein kaltes Wasserbad setzen (Dampfdrucktopf ohne Deckel oder in die mit Wasser gefüllte Fettpfanne), langsam auf 85 Grad erhitzen und 30 Minuten pasteurisieren.

Tomaten tiefgefroren

Tomaten mit kochendem Wasser überbrühen, Haut abziehen, Tomaten vierteln, Stielansatz wegschneiden und mit dem Teelöffel die Kerne herauslösen. Das Fruchtfleisch so in Gefrierdosen drücken, daß möglichst keine Zwischenräume entstehen. Luftdicht verschließen und einfrieren.
Gefroren verwenden oder vorher auftauen – für Aufläufe, Suppen und Saucen.

Selbstgemachtes Tomaten-Ketchup

(nachempfunden einem Rezept aus dem Kochbuch meiner Mutter, herausgegeben 1920 in Berlin)

vollreife Tomaten
gleiche Menge Sellerie

Gewürze nach Geschmack:
z.B. Muskatnuß, Ingwerpulver, schwarzer Pfeffer, Paprika
Weinessig
Honig

Tomaten und fein geraspelten Sellerie weich kochen, durch ein Sieb treiben. Den aufgefangenen Saft über Nacht durch ein Tuch seihen, das im Tuch aufgefangene Tomatenmark mit den Gewürzen abschmecken (den Honig etwas erwärmen).
In kleinen Portionen einfrieren, z.B. im Eiswürfelfach.
Mutter kochte natürlich die Masse, bis sie dick wurde. Dann wurde sie in kleine Flaschen gefüllt, mit einem »Ölverschluß« versehen, das heißt Öl darauf gegossen – und die Flaschen zugekorkt.

Obstessig

Obstessig mache ich (natürlich) auch selbst.
Ich lasse den frisch gepreßten rohen Apfelsaft in Flaschen gefüllt so lange unverschlossen stehen, bis die Bakterien ihn in Essig verwandelt haben. So hat man es bereits im alten Rom gemacht, vermutlich schon vor Tausenden von Jahren, und so funktioniert es heute noch. Essig ist ja nichts als ein »verrufter, getödter Wein,

der seinen guten Namen und Geschmack durch farlässige Zufäll verloren hat, welches offtermahls nicht des Weins, sondern des Hausherren schuld ist« – sagt ein Kräuterbuch aus dem Mittelalter.
Hat mein Apfelsaft sich in Essig verwandelt, decke ich ein Tuch über die offenen Flaschen und lasse sie im Keller stehen. Ab und zu kontrolliere ich, ob sich nicht falsche Bakterien angesiedelt haben, etwa Schimmel an der Flaschenöffnung.

In ein paar Extra-Flaschen bereite ich meinen Spezialessig: In eine Flasche fülle ich gehackte Knoblauchzehen plus ein Lorbeerblatt, eine andere Flasche wird mit frischen Blättern von Estragon, Thymian und Rosmarin aromatisiert. Ganz nach Lust und Laune können Sie auch Basilikum, Zitronenmelisse, Dill, Kerbel, Lorbeerblätter und Salbei in Ihren Essig geben. Diese Kräuteressige geben Salaten einen ganz besonderen Pfiff.

Wichtig:
Zweige und Blätter müssen immer mit Essig bedeckt sein!

Für diejenigen, die in der glücklichen Lage sind, naturbelassene Milch aufzutreiben, die noch sauer wird, hier die Anleitung für die Zubereitung von

Quark und Kefir

Quark

Milch 1-2 Tage an einen warmen Ort stehen lassen, bis sie sauer ist. Milch vorsichtig erhitzen – nicht über 40 Grad –, bis sich Quark und Molke trennen, in ein Sieb gießen und den Quark darin auffangen.
Die abgeflossene Molke ist ein erfrischendes Getränk.

Zubereitung von Kefir

Nach Professor Mensikow, der der Kefirforschung sein ganzes Leben widmete, widersteht so gut wie keine Krankheit dem Kefirpilz. Und mit dem Wissen, das wir inzwischen über die Wichtigkeit einer gut funktionierenden Verdauung und ihre Auswirkung auf das Gesamtbefinden haben, hört sich das gar nicht mehr so verwunderlich an. Denn der Kefir verhindert durch seine Gärungsbazillen das Faulen von Stoffen im Darm.
Einen echten Kefirpilz aufzutreiben, ist gar nicht so einfach. Das gelingt meistens nur über Freunde von Freunden von Freunden, denen Freunde einen von irgendwoher mitgebracht haben – ich hatte mal einen Kefirpilz aus Jugoslawien, der aber seit langem das Zeitliche gesegnet hat. So ein echter Kefirpilz wird einfach aus dem fertigen Kefir herausgenommen und wieder zum Neuansetzen des nächsten Kefirs verwendet. Mit dem Bio-Ferment aus dem Reformhaus oder Naturkostladen gelingt die Zubereitung ebensogut. Ein Päckchen Ferment enthält 3 kleine »Bomben«; aus jeder können Sie etwa 15mal einen Liter Kefir herstellen, indem Sie vom fertigen Kefir 2-3 Eßlöffel abnehmen und die Milch damit »impfen«.

Sowohl beim Kefirpilz als auch beim Ferment wird gekochte Milch genommen – damit gar keine anderen Bakterien wirken können als die Kefirbakterien. Der Kefirpilz belebt sozusagen die »tote« Milch.

Und so wird's gemacht:
1 l Milch aufkochen und auf 20 Grad abkühlen lassen. Das Kefirferment in die Milch rühren und in eine Schüssel schütten. Nach einer Stunde einmal umrühren. Zugedeckt bei 22-27 Grad etwa 24 Stunden stehen lassen, fertigen Kefir im Kühlschrank aufbewahren.
Die erste Portion Kefir bleibt dünnflüssig, es sei denn, sie erwärmen ihn im Wasserbad. Erst bei den folgenden »Impfungen« wird der Kefir fest.
Die Töpfe oder Schüsseln, mit denen Kefir in Berührung kommt, sollen immer mit kochendem Wasser ausgewaschen werden.
Kefir liefert die begehrte gesundheitsfördernde rechtsdrehende Milchsäure.

Kräutertees für jung und alt

Immer mehr Menschen wenden sich den Naturheilmitteln zu. Unter diesen spielen die Tees und Auszüge aus Blumen und Blüten eine wesentliche Rolle. Im Naturheilverfahren wird nicht gegen den Erreger einer Krankheit vorgegangen (anti-pathie), sondern man bemüht sich, den geschwächten Organismus zu stärken (sym-pathie), so daß es diesem gelingt, selbst mit dem Krankheitserreger fertig zu werden.

Es ist interessant, daß synthetische Substanzen so gut wie immer den natürlichen unterlegen sind. Wie auch der Mensch sich bemüht: Einen Apfel kann er eben nicht herstellen, selbst wenn er die chemische Zusammensetzung kennt. Ein Beispiel dafür ist *Rauwolfia serpentina*, eine in Indien heimische und seit Jahrhunderten beliebte Heilpflanze, die unter anderem das blutdrucksenkende Reserpin und das herzregulierende Ajmalin enthält. Die Pflanze verfügt über zahlreiche Spurenelemente, Salze und womöglich noch gar nicht bekannte Stoffe, die eine chemische Analyse einfach nicht erfassen und deswegen auch nicht wiedergeben kann. Man begann nämlich, das Reserpin zu isolieren und im Labor synthetisch herzustellen. Nach 20 Jahren stellte sich dann heraus, daß diese chemische Nachahmung beim Menschen Brustkrebs und schwere Depressionen auslöste, die die Pflanze nicht verursacht. Ähnlich verhält es sich mit den natürlichen, aus der Weidenrinde gewonnenen Salicin und den synthetischen Salicylaten (in der Rheumabehandlung gern angewendet).

Mein Arzneischrank birgt keinerlei synthetische Mittel mehr – die wenigen Wehwehchen heile ich mit Natursubstanzen, mit Arnika und Johanniskraut und Schwedenbitter. Aber die eigentliche Phytotherapie, sprich: Heilung durch Pflanzen, spielt sich in der Küche ab, mit Hilfe von Zitronenmelisse, Pfefferminze, Salbei, Brennessel und Ringelblume, Thymian und Beinwell. Meinen Kräutertee serviere ich in Teekannen aus Glas. Die bunten Blüten von Korn- und Schlüsselblume, von Löwenzahn, Holunder und Gänseblümchen lassen jeden Teetrinker in entzückte Ahs und Ohs ausbrechen. Aber nicht nur Körper und Sinne – auch die Seele wird durch Kräuter therapiert!

Bei der Teezubereitung gilt im allgemeinen:

- Blüten und Blätter mit kochendem Wasser überbrühen oder in kaltem Wasser ansetzen, über Nacht stehen lassen und dann abseihen.
- Wurzeln in kaltem Wasser ansetzen, über Nacht stehen lassen und abseihen, oder aufkochen und abseihen.
- Harte Stengelteile, Rinden und Samen in kaltem Wasser ansetzen, aufkochen, ziehen lassen und abseihen.

Eine Faustregel: 1 Tasse Wasser auf 1-2 TL der Zutaten oder 1 l Wasser auf 5-6 TL oder 2 EL der angegebenen Zutaten.

Hier einige Beispiele:

Brennesseltee

1 TL Brennesseln (frische zerpflückt, trockene gerebelt) mit einer Tasse kochendem Wasser überbrühen oder kalt ansetzen. Einmal aufkochen und kurz ziehen lassen, abseihen. Als Entschlakkungskur dreimal am Tag 1 Tasse trinken.

Frühlingstee

(toll zum Entschlacken)

50 g frische Brennesselblätter
20 g zerstoßener Fenchel
30 g gehackte Löwenzahnwurzeln und -blätter plus Blüten
1 l Wasser

Alles mit kochendem Wasser überbrühen, nur 1/2 Minute ziehen lassen, dann abseihen.
Am besten ungesüßt trinken, und zwar die erste Tasse auf nüchternen Magen, dann noch 2 Tassen über den Tag verteilt, möglichst 4 Wochen lang.

Frühstückstee

Thymian, Melisseblätter, Waldmeisterkraut, Schlüsselblumenblüten und Erdbeerblätter überbrühen, ziehen lassen und abseihen, mit Zitronensaft und Honig abschmecken.

Hagebuttentee

Hagenbuttenkerne oder -schalen oder beides gemischt in Wasser aufkochen, ziehen lassen, abseihen und mit Honig süßen. Schmeckt auch gut mit einigen frischen Erdbeeren vermischt.

Holunderblütentee

Die Holunderblüten überbrühen, kurz ziehen lassen, abseihen, mit Honig und Zitrone abschmecken und frische Melisseblätter zugeben (schmeckt auch sehr gut gekühlt).

Sommertee

Gleiche Mengen: Hirtentäschelkraut, Pfefferminze, Schafgarbe, 1 l Wasser

Kräuter mit kochendem Wasser überbrühen, 1-2 Minuten ziehen lassen, abseihen. Kann mit Zitronensaft und Honig getrunken werden.

Herbst- und Wintertee

1 l Wasser
1 EL Hagebuttenschalen und –kerne
1 EL Apfelscheiben
1 EL Lindenblüten

Alles zusammen aufkochen, 10 Minuten ziehen lassen und abseihen. 1 Eßlöffel Holundersaft dazugeben, verfeinert den Tee noch.

Pfefferminztee

Pfefferminzblätter mit kochendem Wasser überbrühen, ziehen lassen, abseihen und mit Honig und Orangensaft abschmecken – eventuell noch ein paar frische Pfefferminzblättchen hineingeben (Pfefferminztee schmeckt auch sehr gut gekühlt).

Teevariationen:

- Fencheltee: Nach dem Abseihen mit etwas Holundersaft vermischen.
- Brombeerblättertee: Nach dem Abseihen Zitronensaft, Honig und ein paar frische Brombeeren hinzufügen.
- Erdbeerblättertee: Nach dem Abseihen Zitronensaft, Honig und ein paar frische Erdbeeren hinzufügen.
- Tee von Blättern der schwarzen Johannisbeere: Nach dem Abseihen Holundersaft, Honig und frische schwarze Johannisbeeren hinzufügen.
- Salbeitee: Nach dem Abseihen mit Milch, im Mörser zerstoßenem Fenchel und Honig mischen usw.
- Und der beruhigende Tee für den Abend: Die Mischung aus Melisse und Johanniskrautblüten. Wenn ich besonders abgekämpft und überreizt bin, brühe ich etwas mehr Tee auf und gieße den Rest ins Badewasser. Ein erquickender Schlummer ist Ihnen gewiß!

Im ersten Teil dieses Buches habe ich die köstlichsten Vollwertrezepte vorgestellt von Frischkost bis Dessert – immer unter dem Gesichtspunkt »Genuß ohne Reue«.

Im zweiten Teil möchte ich anhand von praktischen Beispielen zeigen, wie brisant das Thema Ernährung nicht nur in gesundheitlicher, sondern auch in politischer Hinsicht ist. So kommen Einzelpersonen zu Wort wie auch Experten im Bereich Medizin, Landschafts- und Umweltschutz, Permakultur, Solarenergie etc., sowie Initiativen und Vereine, die weniger bekannt sein dürften als Greenpeace und Amnesty International, von denen ich aber meine, daß ihr Tun beispielgebend und mutmachend ist. Bekanntlich gibt es nichts Gutes, außer man tut es! Schließlich finden Sie auch ganz praktische Tips zur Ernährung und Gesunderhaltung unserer Tiergeschwister.

Nicht alle Leser/Innen werden sich nun gleich zu hundertprozentigen Vegetariern mausern, aber es sind ja die kleinen Schritte, die zählen. Wenn jede/r von uns bewußter lebt, die Ernährung in Richtung einer vollwertigen Kost umstellt und den Verzehr von tierischen Produkten reduziert, ist schon viel gewonnen.

Natürlich meiden wir darüber hinaus alles, was mit dem Quälen von Tieren verbunden ist, wie Gänseleberpastete und Froschschenkel (die Gänse werden zwangsernährt, die »Delikatesse« wird gewonnen aus einer krankhaft vergrößerten Leber, den Fröschen werden die Schenkel bei lebendigem Leibe ausgerissen, der noch lebende, zuckende Leib wird weggeworfen); wir kaufen keine Eier von in Legebatterien gehaltenen Hühnern, tragen keine Tierpelze – sie sind ein Relikt aus der Steinzeit, es gibt wunderbar leichte, warme und noch dazu billige Webpelze; wir unterstützen die Biobauern durch den Kauf ökologischer Lebensmittel; verwenden nur Kosmetik, die ohne Tierversuche hergestellt wird (die Liste der entsprechenden Firmen kann über den deutschen Tierschutzbund bezogen werden); achten auch im Haushalt auf umweltverträgliche Produkte, behandeln kleinere Unpäßlichkeiten nicht gleich mit der chemischen Keule, sondern mit Naturheilmitteln wie Homöopathie, Schüßlersalzen, Ayurveda, Bachblüten etc.

»Die Menschen gehen lieber zugrunde, als daß sie ihre Gewohnheiten ändern« – finden Sie nicht, dieser pessimistische Satz des russischen Dichters Tolstoi (übrigens ein radikaler Vegetarier!) sollte endlich der Vergangenheit angehören?

TEIL II

»Das Meer kann nicht schreien. Wir schon.«

(Greenpeace: Handeln. Jetzt.)

In den meisten Punkten bin ich zwar durchaus nicht seiner Meinung, aber wo er recht hat, hat der Mann recht:

> »Durch den vollkommenen Mangel an Vernunft in der Küche ist die Entwicklung des Menschen am längsten aufgehalten und am schlimmsten beeinträchtigt worden.«
> *(Friedrich Nietzsche)*

Keine Schuldzuweisungen! Jedoch steht wohl fest: An jahrtausendelange Unterdrückung durch den Mann gewöhnt, durch jahrtausendelange Unterdrückung durch den Mann gezeichnet, hatten die Frauen sich damit abgefunden zu kuschen. Die Männer machen die Welt kaputt, die Frauen versuchen, sie wieder heil zu machen. So ist es nun mal, da kann man bzw. frau halt nichts machen.
Diese Zeiten sind hoffentlich endgültig vorüber. Nutzen wir endlich unsere weibliche, unsere weiche Macht, indem wir boykottieren, was uns krank macht und fordern, was uns laut Grundgesetz zusteht: gesunde Luft, gesundes Wasser, gesunde Nahrung. Inzwischen gibt es glücklicherweise genügend einsichtige Männer, die uns dabei helfen.
Proteste lohnen sich: Vor Jahrzehnten sprach mich auf dem Flugplatz ein Pelzhändler an. Er habe sich sehr über die Tierschützer und speziell über mich geärgert, weil er aufgrund unserer Kampagnen auf seinen Seehundfellen sitzengeblieben war und einen ziemlichen Verlust erlitten hatte. Mit dem Ergebnis, sagte er, »daß ich mich auf Webpelze umgestellt habe und nun genauso viel verdiene.«
Und eben kommt per Fax die Nachricht, daß Nestle und Unilever den weltweiten Protesten Rechnung tragen und gentechnisch veränderte Sojaprodukte kennzeichnen werden. Ein großer Erfolg für die VerbraucherInnen!

Manchem mag dieses Buch ein Kuriosum scheinen, dieses Potpourri aus Kochrezepten, Tier- und Umweltschutzempfehlungen, Expertenmeinungen zu Solarenergie, Atomkraft und gar den Auswirkungen von Meditation auf die Gesundheit nicht nur einzelner, sondern ganzer Berufsgruppen.
So fragte mich eine im Tierschutz engagierte Bekannte erstaunt: Was hast Du denn auf einem Symposium in Tschechien zum Thema Atomkraft zu tun?
Der Frischkornbrei hat sehr wohl auch mit Atomkraft zu tun. Wer (wieder) lernt, ganzheitlich zu leben, macht sich Gedanken über Zusammenhänge, die bisher vielleicht nicht beachtet wurden, überlegt sich, woher der Strom kommt, wenn man den Stecker in die Steckdose steckt; wird vielleicht nicht länger gedankenlos Mäntel aus dem Fell ermordeter Tiere tragen, blasses Kalbfleisch verlangen, den hohen Blutdruck mit blutdrucksenkenden Medikamenten bekämpfen – sondern sich um eine vernünftigere Lebensführung bemühen, die auch das Wohl anderer Lebewesen miteinbezieht; wird eine gesündere Ernährung anstreben, möglichst zu Naturheilmitteln greifen; die Fensterscheiben mit Essig putzen statt mit Chemie, ein paar Groschen mehr ausgeben für Eier, die von freilaufenden Hühnern gelegt wurden und nicht von solchen aus Legebatterien; wird die Biobauern unterstützen, auf der Kennzeichnung krank machender Produkte bestehen und diese boykottieren; wird Müll möglichst vermeiden, zumindest gewissenhaft trennen; wird sich gegen die lebensfeindliche Atomkraft wehren, zumal, wie es Franz Alt immer wieder betont, die Sonne uns ja keine Rechnung schickt, und vor allem: durch das Wahlverhalten diejenigen Politiker unterstützen, von denen ein einigermaßen lebensfreundliches Handeln zu erwarten ist.
Alles ist mit allem verbunden, miteinander vernetzt.
Der Flügelschlag eines Schmetterlings vermag auf der anderen Seite der Erdkugel einen Tornado auszulösen. Diese Einsicht erlegt uns eine enorme Verantwortung auf.

»Alles, was ist, ist nur, weil es mit allem kommuniziert.
Nichts ist für sich selbst,
ein jedes hat seine Existenz im Anderen.«
Der Dalai Lama

GESUNDER MENSCH

Du siehst Dinge
und fragst »Warum?«
Aber ich träume von Dingen,
die es noch nie gegeben hat,
und sage »Warum nicht?«

George Bernard Shaw

Der Bund Naturschutz informiert:

10 Gründe, warum Sie Bioprodukte kaufen sollten!

Die Möglichkeiten, effektiv auf die Entwicklung unserer Umwelt Einfluß zu nehmen, sind vielfältig. Eine der naheliegendsten ist die Entscheidung, wofür wir unser Geld ausgeben.

Mit der Entscheidung, Lebensmittel aus biologischem Anbau zu konsumieren, können wir viel bewirken:

1. Schutz der natürlichen Ressourcen Boden, Wasser, Luft
Durch den Verzicht auf Pestizide und synthetische Düngemittel wird auf allen biologisch bewirtschafteten Flächen zur Verringerung der Belastung des Trinkwassers und der Fließgewässer, zum Schutz des Bodens und zur Reinhaltung der Luft beigetragen.

2. Bereicherung der Artenvielfalt und Schutz der Landschaft
Vielseitige Fruchtfolgen, geringe Saatstärken, mechanische und thermische Verfahren der Unkrautbekämpfung und ausgewogene Düngung führen zu einer großen Vielfalt an Kräutern und Kleinlebewesen auf biologisch bewirtschafteten Flächen. Die abwechslungsreichen Fruchtfolgen tragen zu einem vielfältigen Landschaftsbild bei. Außerdem engagieren sich viele Bauern freiwillig für den Schutz der Landschaft, indem sie Hecken oder Weiher anlegen und pflegen, Feuchtwiesen mähen oder breite Ackerraine belassen.

3. Gesunde Lebensmittel
Durch den langsameren Wuchs und die ausgewogene Nährstoffversorgung der Pflanzen mittels Bodenlebewesen wird eine optimale Qualität von biologischen Lebensmitteln erzielt. Sie zeichnen sich durch guten Geschmack, eine Vielzahl von wertgebenden Inhaltsstoffen und schonende Verarbeitung aus.

4. Ausschluß gentechnisch veränderter Lebensmittel
Der Einsatz von gentechnisch verändertem Saatgut oder gentechnisch hergestellten Hilfsstoffen bei der Lebensmittelverarbeitung ist im biologischen Landbau verboten. Unkontrollierbare Risiken gentechnischer Freisetzungen für Ökologie und menschliche Gesundheit sind damit ausgeschlossen.

5. Verminderung von Futtermittelimporten aus der Dritten Welt
Im ökologischen Betrieb werden die Tiere zum Großteil mit im Betrieb selbst erzeugtem Futter ernährt. Zukauf von Futter aus anderen Biobetrieben ist begrenzt möglich. Importfuttermittel aus Dritte-Welt-Ländern (z.B. Tapioka oder Soja) sind konsequent ausgeschlossen.

6. Unterstützung einer artgerechten Tierhaltung
Biologisch wirtschaftende Betriebe sind verpflichtet, ihre Tiere artgerecht zu halten. Wo immer möglich, wird den Tieren Auslauf im Freien gewährt. Eingestreute Liegeflächen stehen zur Verfügung. Für ausreichend natürliches Licht und gutes Stallklima wird gesorgt.

7. Transparenz der Herstellung
Das europäische Gesetz zur Kennzeichnung und Kontrolle biologisch erzeugter Lebensmittel schützt den Verbraucher vor falscher Kennzeichnung. Durch die Kontrollnummer auf den Produkten kann der Weg des Produktes zurück bis zur Ernte auf dem Bauernhof bzw. in der Gärtnerei verfolgt werden.

8. Abkehr von der Massentierhaltng
Durch die Zulassung als biologisch wirtschaftender Betrieb sind die Biolandwirte verpflichtet, nur eine geringe Anzahl an Tieren pro Fläche zu halten und damit eine Überdüngung und Grundwasserschädigung oder Luftbelastung zu vermeiden. Der anfallende tierische Dung wird sorgfältig gepflegt und ist ein kostbarer Wertstoff im betrieblichen Nährstoffkreislauf.

9. Preiswerte Lebensmittel – Agrarpolitik von unten
Dauerhafte Erträge mit geringstmöglichem Einsatz an nicht erneuerbaren Ressourcen und Optimierung der Lebensleistung von

Tieren stehen im Mittelpunkt der Bemühungen der Ökobauern. Der Verzicht auf Höchstmengen und die Mehrarbeit erfordern jedoch eine angemessene Entlohnung. Über Ihre Kaufentscheidung für Bioprodukte unterstützen Sie ein System, das keine Umweltfolgekosten verursacht und Kosten der Agrarpolitik wie Exporterstattung oder Überschußverwaltung unnötig macht.
Biohaushalte geben trotz höherer Preise nach einer Studie der Universität Hohenheim sogar weniger Geld für Nahrung und Genußmitel aus als »konventionelle« Haushalte.

10. Ausreichend Nahrung für alle
Die Erträge liegen im ökologischen Landbau bei Grundnahrungsmitteln um ca. 20%-40% unter dem heute erzielten Ertragsniveau. Bei Verzicht auf Flächenstillegung und nachhaltiger Nutzung von Grenzertragsstandorten sowie Umschichtungen der Produktion kann die Selbstversorgung bei ökologischem Landbau sichergestellt werden. Erforderlich ist unter anderem ein geringer Schweinefleisch-, Geflügel- und Eierkonsum in den westlichen Industrieländern.
Rein rechnerisch würden allein die 50 Mio. t Futtermittel, die die EU jährlich importiert, ausreichen, um 600 Mio. Hungernden eine ausreichende Zusatzernährung zukommen zu lassen.

Umweltschutz mit dem Einkaufskorb – machen Sie mit!
Bis zum Jahr 2000 10% der landwirtschaftlichen Flächen in Bayern ökologisch bewirtschaften! Das ist das Ziel der Verbände, die sich zum Aktionsbündnis ökologischer Landbau zusammengeschlossen haben.
Machen auch Sie mit, und setzen Sie Bio-Lebensmittel auf Ihren Speisezettel.

Dieses Informationsblatt ist erhältlich beim Bund Naturschutz.
Adresse im Anhang

Modell einer ökologischen Lehrküche

Ein schönes Beispiel für eine Einzelinitiative, die Beispielwirkung haben kann, ist die ökologische Lehrküche im Bildungswerk des Bund Naturschutz in Bayern.
Sie wurde am 21.9.1996 im bayerischen Wiesenfelden im Bildungszentrum des »Bund Naturschutz in Bayern« in Anwesenheit des bayerischen Umweltministers eröffnet.
Damit dieses Beispiel Schule macht und Mut, etwas Ähnliches in anderen Ländern zu versuchen (das Umweltministerium hat immerhin eine ganz erkleckliche Summe zur Realisierung der Lehrküche beigesteuert), bringe ich hier einen Auszug der Rede von Beate Seitz-Weinzierl, Diplomtheologin, Journalistin und Leiterin des Bildungswerkes des Bund Naturschutz in Bayern, gehalten anläßlich der Eröffnungsfeier.

B.R.

Wie alles, hat auch diese Lehrküche eine Geschichte

Wir haben in unserem Bildungswerk 1983 damit angefangen, den ersten Vollwert-Kochkurs anzubieten. Das war damals noch exotisch. Ich kann mich gut erinnern: Es gab Diskussionen im Vorstand, ob man die neuen Tendenzen im Bildungswerk gutheißen soll.
Ich gebe zu, daß damals noch zu viele sichtbare Körner auf den Tisch kamen. Und unser erster Versuch, Weihnachtsplätzchen mit Zuckerrübensirup zu backen, ist zwar äußerlich gelungen – sie haben aber alle nach kurzer Zeit ziemlich gleich geschmeckt. Und selbst unsere Hühner hatten ihre Probleme damit.
Doch inzwischen hat sich einiges geändert und vieles hat sich in der Vollwerternährung weiterentwickelt und ist raffinierter geworden. Das Gesunde und Vollwertige sieht man dem Essen nicht an. Im Vordergrund steht der gute Geschmack.

Die Vollwerternährung ist mittlerweile zu einer anerkannten zeitgemäßen Ernährungsform geworden, ist wissenschaftlich erforscht und hat jeden sektiererischen Beigeschmack verloren.
Vor allem aus Gründen der Gesundheit hat sie viele Anhänger gefunden, hat sich doch inzwischen herumgesprochen, daß die meisten Zivilisationskrankheiten ernährungsbedingt sind, wie z.B. Rheuma, Gicht, Gebißverfall (schon bei Kindern), Fettsucht, Gallensteine, Stoffwechselstörungen, Arteriosklerose. Auch Krebs kann durch falsche Ernährung ausgelöst werden.
Anlaß für uns, das Ernährungsthema wieder intensiver aufzugreifen, waren vor allem zwei umweltpolitische Aufträge, die das Thema Ernährung in einen umfassenderen gesellschaftlichen und weltweiten Zusammenhang stellten:

- Einmal die lokale Agenda 21, die auf dem Erdgipfel von Rio verabschiedet wurde.
- Zum anderen die Studie »Zukunftsfähiges Deutschland«, die vom BUND und vom Misereor in Auftrag gegeben worden ist, und die als ein Leitbild unter anderen eine Ernährung mit Weitblick fordert.

In beiden Schriften wird die Bedeutung des regionalen Denkens und der regionalen Kreislaufwirtschaft hervorgehoben. Denn ohne umweltgerechte Entwicklung in den Regionen und in den Kommunen, sei eine zukunftsfähige Gesellschaft nicht möglich, konstatierten beide Schriften.

Vor diesem Hintergrund haben wir das Projekt »Öko-Küche/ Essen aus der Region« entwickelt.
Wenn man sich überlegt, daß 20 Prozent unseres ganzen Energie- und Materialverbrauchs eingesetzt werden, um Lebensmittel auf deutsche Tische zu bringen, dann ist doch gerade der Ernährungsbereich ein ideales Feld, um sparsamer und umweltgerechter zu handeln.
Gibt es eine Politik, die dieses Ziel besser verfolgen könnte, als die Politik mit dem Kochtopf und dem Einkaufskorb? Gibt es eine geschmackvollere und lustvollere Art Natur- und Umweltschutz zu praktizieren, als die Wiederentdeckung einer Kochkultur, die

auf Lebensmittel aus der Region und nach der Jahreszeit zurückgreift?
Frisch, saisonal, fleischarm und aus der Region – diese Kriterien sollte der weitsichtige Verbraucher im Auge haben.
Essen aus der Region erspart lange Transportwege, unnötiges Verpackungsmaterial und ungesunde Konservierungsmittel, fördert den Direktverkauf bei umliegenden Bauernhöfen, gibt besonders der biologischen Landwirtschaft eine Zukunftschance.
Viele ärgern sich zwar über den wachsenden Flugverkehr und die LKWs auf den Straßen, denken beim Einkaufen von Kiwis aus Neuseeland oder von Wein aus Kalifornien aber nicht daran, daß solche Produkte diesen Verkehr verursachen. Es empfiehlt sich, nicht nur auf das Preisschild, sondern auch auf das Herkunftsschild zu schauen.
Die Küche als Treffpunkt ist also nicht der kleinste gemeinsame Nenner verschiedener politischer Ansichten, sondern eine große Perspektive für regionales Denken und ein zukunftsfähiges Bayern. So gesehen müßte der Umweltminister den Namen seines Ministeriums erweitern: Ministerium für Landesentwicklung, Umwelt und Küchenfragen.
Die Küche wird fälschlicherweise oft abgetan als das unpolitische Reich unbedeutender Frauen oder Männer – ein großer Irrtum, den schon der bekannte Philosoph Friedrich Nietzsche früh erkannte. Von ihm stammt der schöne Satz:
»Durch den vollkommenen Mangel an Vernunft in der Küche ist die Entwicklung des Menschen am längsten aufgehalten und am schlimmsten beeinträchtigt worden.«

Die Verbindung von Küche und Politik ist hochaktuell.
Deshalb wollen wir mit unserem Projekt auch eine Ausbildung anbieten, in der jeder und jede Interessierte die Theorie und Praxis der Vollwerternährung erlernen kann. Begleitendes Thema soll dabei immer die ökologische und gesellschaftspolitische Bedeutung des Ernährungs- und Einkaufsverhaltens sein.
Ziel unseres Projektes ist der lustvolle Naturschutz, wissen wir doch in der ökologischen Bildungsarbeit schon lange, daß Katastrophenpädagogik keine Wirkung hat. Vieles geht nur über den Bauch – besonders die Ernährung.

Wir müssen weg von einem kopflastigen, papierenen Umweltschutz. Das Gejammere kennen wir alle – die Umsetzung in die Tat ist die Perspektive zur Jahrhundertwende.
Sich selbst etwas Gutes tun und damit der Umwelt und der Gesellschaft nützen – das ist unser Programm.
Das Projekt »Öko-Küche/Essen aus der Region« bietet Menschen die Möglichkeit zur aktiven Mitgestaltung der Umweltpolitik und gibt Perspektiven für die Zukunft.

(Unveröffentlichtes Manuskript)
Adresse vom Bund Naturschutz, Bildungswerk, im Anhang

Zum Thema Vegetarismus bringe ich einen Auszug aus dem Vortrag von **Dr. Werner Hartinger,** Chirurg, vehementer Befürworter vegetarischer Ernährung und ebenso vehementer Gegner von Tierversuchen, international anerkannter Experte auf beiden Gebieten.

Vegetarisch leben
Ein Mediziner gibt Antwort

Das ganze Leben muß der Mensch essen und trinken, um seinen Organismus mit den Energien zu versorgen, die er zur Aufrechterhaltung seiner Lebensfunktionen und Leistungsfähigkeit benötigt. Er lebt also nicht, um zu essen oder den Gaumenfreuden zu huldigen, sondern die Nahrungsaufnahme soll ihn gesund erhalten und in die Lage versetzen, den physischen und psychischen Anforderungen des Lebens gerecht werden zu können. Jede Ernährung ist deshalb fehlerhaft und folgenschwer, die nicht zur Erreichung dieser grundsätzlichen Ziele beiträgt.

Seit jeher stellen Nahrungssuche und Essenszubereitung eine der bedeutendsten und zeitraubendsten Tätigkeiten im menschlichen Leben dar, und der direkte Zusammenhang zwischen Ernährung, Leistung und Gesundheit war schon immer bekannt. Um so erstaunlicher sind darum die bis zur Gegensätzlichkeit sich widersprechenden evangeliumsartigen Verkündungen von Ernährungsexperten über die Rollen, die Fleisch, Fette, Gemüse, Kohlenhydrate, Rohkost und Getreide für die sogenannten Zivilisationskrankheiten im Rahmen der Ernährung spielen. Deshalb muß zunächst abgeklärt werden, warum auf diesem kostenträchtigen Wissensgebiet überhaupt von Fachleuten so unterschiedliche Meinungen veröffentlicht werden können, die den Bürger mehr verwirren und verunsichern als informieren. Ein Sprichwort sagt, wer zur Quelle will, muß gegen den Strom schwimmen, und das wollen wir jetzt tun.

Bis in die jüngste Zeit wurde die Ernährungsforschung überwiegend von der Nahrungsmittelindustrie mit der Zielsetzung betrieben, ihre chemisch, technisch und genetisch hergestellten und veränderten oder auch bestrahlten Produkte als gleichwertig mit den natürlich belassenen Nahrungsmitteln ausgeben zu können und das Fleisch als unerläßliches Nahrungsmittel hinzustellen. Das Motiv ihrer Forschung war also weniger eine objektive Wissenschaftserkenntnis als mehr eine chemisch-physikalische Situationsanalyse aus marktwirtschaftlichen Erwägungen, also mehr eine Produktwerbung als eine Sachinformation. Bei der Verbreitung des nach diesen Kriterien erworbenen Wissens sind die gesetzlichen Grundlagen der Werbung sehr behilflich. Diese schreiben zwar vor, daß alle Werbeaussagen richtig sein müssen, aber sie verpflichten nicht, daß alle in diesem Zusammenhang erlangten Kenntnisse bekanntgegeben werden müssen. Darum kann verbreitet werden: »Fleisch ist ein Stück Lebenskraft!« So sieht sich kein Hersteller veranlaßt, auf nachteilige oder gesundheitsschädigende Eigenschaften seines Produktes hinzuweisen. Aus ähnlichen Gründen wurden statistische Untersuchungen weiterhin lediglich auf regionale Eßgewohnheiten im Sinne von »Interventionsstudien« beschränkt. Das heißt, eine bestimmte Gruppe von Menschen wurde veranlaßt, sich weiter so zu ernähren wie bisher. Sie wurden überwacht, untersucht und die Ergebnisse dann mit Menschengruppen verglichen, die lediglich im vorgegebenen Rahmen ihre Eßgewohnheiten variierten, denen Medikamente verabreicht wurden, die weniger Fette oder mehr Gemüse und Rohkost aßen, die Sport trieben oder auch nicht und anderes mehr.

Die Suche nach ernährungsbedingten Krankheitsursachen erfolgte somit unter weitgehender Beibehaltung der Mischkosternährung, und die Resultate waren dementsprechend kaum aussagefähig. Ja, es zeigten sich oft merkwürdige, angeblich nicht erklärbare Phänomene insofern, als z.B. die Todesrate der Herzerkrankungen bei den Franzosen nur etwa ein Drittel des europäischen Durchschnittes beträgt. Das geistert noch heute unkritisch durch viele Veröffentlichungen.

Bei einem erforderlichen Vergleich der Todesdiagnosen mit dem Lebensalter wäre dieses »Rätsel« schnell gelöst und erkannt worden, daß unsere westlichen Nachbarn die gleiche Lebenserwartung haben wie alle Europäer. Die niedrige Rate von Herztoten wird nämlich durch eine entsprechend höhere Zahl von Toten

durch Lebererkrankungen ausgeglichen, die früher verstarben. So nahe liegen Information und Desinformation beieinander!
Erst in den letzten Jahren wurden fachlich qualifizierte Untersuchungen über die Zusammenhänge von Ernährung und Krankheitshäufigkeit durchgeführt, wobei die statistischen Erhebungen der WHO im Krebsatlas über Fleischkonsum und Darmkrebs Anregung gaben. Gesundheitszustand und Lebenserwartung der Vegetarier werden also erst seit kurzem zielgerichtet nach objektiven Wissenschaftskriterien untersucht und mit dem Gesundheitsstandard der Fleischesser verglichen.
Da die Ablehnung der tierischen Nahrung meist auf religiösen, weltanschaulichen oder ethischen Motiven beruht, die von der Wissenschaft nicht ernst genommen und ihre empirischen Erkenntnisse als »unwissenschaftlich« abgetan wurden, ignorierte man weitgehend die Erforschung ökotrophologischer Krankheitsursachen. Erst unter dem Druck einer ständig steigenden Krankheitshäufigkeit, einer enormen Zunahme der Krebserkrankungen und rapide steigender Krankheitskosten rückte der Vegetarismus auch aus ökonomischen Aspekten zunehmend in den Interessenbereich der medizinischen Forschung. Obwohl für Erkrankungen keineswegs auch nur die Ernährungsweisen verantwortlich gemacht werden können, sondern ebenso die Erbanlagen, der Lebensstil, die Disposition, die Arbeitsbelastung, die Umwelteinwirkungen, das Immunsystem und nicht zuletzt psychosomatische Ursachen eine Rolle spielen, ergaben diese Untersuchungen doch eindeutige Erkenntnisse zugunsten der vegetarischen Lebensweise. Dabei dürfen allerdings die Konsequenzen der Ernährung im Hinblick auf die Landwirtschaft und die Drittländer nicht unbeachtet gelassen werden, denn unser Lebensstil und unsere Ernährungsweise hat gravierende Folgen in den Ländern der Dritten Welt, die wirtschaftlich von uns abhängig sind.
Noch vor 80 Jahren waren Getreide, Gemüse, Hülsenfrüchte, Kartoffeln, Obst und gelegentlich auch Milchprodukte überwiegend die Grundlagen unserer Ernährung. Mit steigendem Lebensstandard aber wurden sie zunehmend durch Fleisch, Fisch, Eier und vitalstoffarme Nahrungsmittel sowie durch gekochte oder sterilisierte Milchprodukte ersetzt. Zu dieser Umstellung haben eine wirtschaftlich orientierte Werbung mit einer einseitigen Ver-

braucherinformation nicht unerheblich beigetragen. So verzehrten die Amerikaner und Westeuropäer gegenüber dem Jahre 1900 rund 33% mehr Milchprodukte, 50% mehr Rindfleisch, 72% mehr Fisch, 190% mehr Eier und 280% mehr Geflügel. Eine solche Entwicklung hatte nicht nur gesundheitliche Folgen für den Konsumenten, sondern auch erhebliche Auswirkungen auf die Weltbevölkerung, vorwiegend in den Drittländern: Die landwirtschaftlichen Nutzflächen wurden zunehmend für die Tierhaltung und Futterproduktion verwendet und beanspruchen heute mehr als 64% der gesamten Anbauflächen. Die Masttiere fressen 49% der Getreide-Welternte und mehr als 90% aller angebauten Sojabohnen. Ihre Exkremente sind zu über die Hälfte für die Wasserverschmutzung und die Grundwasserverseuchung sowie zu 20%-25% für die Ozonschicht und Temperaturerhöhung verantwortlich, denn ihre »Produktion« beträgt in den USA und Europa zusammen 110 000 kg pro Sekunde (!) und ist entsorgungsmäßig schon lange nicht mehr zu beherrschen.
Für die Herstellung von 1 kg Fleisch sind circa 7 bis 10 kg Getreide oder Sojafrüchte erforderlich. Bei dieser »Umwandlung« der Nährstoffe zu Fleisch gehen über 90% der Pflanzeneiweiße, 92% der pflanzlichen Kohlenhydrate und 100% der Faser- und Ballaststoffe verloren. Allein in den USA werden jährlich mehr Tiere geschlachtet als die ganze Erde Einwohner hat. Wenn dort nur 10% weniger tierisches Eiweiß gegessen werden würde, könnten bei einem Getreideanbau auf den frei werdenden Flächen mehr als 1 Milliarde Menschen ernährt werden. Doch gegenwärtig sterben weltweit täglich 38 000 Kinder an Unterernährung und 1991 sind über 20 000 000 Menschen verhungert (laut Earth Save Foundation).
Um die riesigen Futtermengen zu erzeugen, werden jährlich mehrere Millionen Tonnen Pestizide auf die Felder gestreut. Auch diese Mengen verseuchen über Jahre hinweg unser Grundwasser zusätzlich bis zur Ungenießbarkeit und würden ausreichen, die ganze Weltbevölkerung den Gifttod sterben zu lassen.
Schon die Namen »Pestizide«, »Vermizide«, »Fungizide« und »Insektizide« sind auf eine Täuschung der Öffentlichkeit ausgelegt. Solche Gifte wirken keineswegs nur auf die so angesprochenen Schädlinge. Sie sind ganz einfach »Biozide«, also Lebensgifte, die

konzentrationsabhängig jeden biologischen Organismus bis zu seinem Tode schädigen, auch den Menschen. Sie gleichen darin den chemischen Kampfstoffen, die ebenfalls weder zwischen groß oder klein, noch zwischen Feind oder Freund unterscheiden. Dieser enorme Pestizid-Einsatz führt zu einer Kumulation der Giftstoffe in der Nahrungskette und damit im Körper des Menschen. So haben 97% der fleischessenden Frauen in ihrer Muttermilch erheblich erhöhte DDT-Werte, obwohl schon seit Jahren ein Anwendungsverbot besteht (DDT= Dichlor-diphenyltri-chlor-aethan). Bei den vegetarisch lebenden Müttern fanden sich nur in 8% der Fälle erhöhte Werte und bei den veganen Frauen lediglich in 1,1%. Die Pestizid-Belastung der Muttermilch bei den mischkostessenden Frauen war also um durchschnittlich 35mal größer als die der Vegan-Mütter.

Im beschriebenen Zeitraum von rund 80 Jahren der Ernährungsumstellung auf tierisches Eiweiß stiegen die tödlichen Herz-Kreislauferkrankungen und Krebsfälle jährlich um 3-5% und stellen heute mehr als zwei Drittel aller Todesursachen des Menschen in den westlichen Ländern. Die Tumorbildungen nahmen bei Kindern und Erwachsenen ebenso erschreckend zu wie die Allergie-Krankheiten. So gibt es in Deutschland mehr als 1,5 Millionen meist therapieresistente Neurodermitiskranke. In vergleichbarer Weise stiegen die Zahlen der Rheumatiker und Polyarthritiker an sowie die der Asthma- und Bronchitiskranken. Die Krebserkrankungen wurden zur häufigsten Todesursache der Jugendlichen bis 12 Jahren und der plötzliche Kindestod (SIDA) mit 2,5 vom Tausend der Kinder zwischen zwei und zwölf Monaten. Allein in den zehn Jahren zwischen 1975 und 1985 nahmen die Herz-Kreislauferkrankungen in Deutschland um 41% zu, die Tumorbildungen um 80%, die Gesamtzahl der Krankenhauseinweisungen um 114% und die Krankheiten um Schwangerschaft, Geburt und Wochenbett um 227% (Bundesverband der Ortskrankenkassen). Obwohl hinlänglich belegt ist, daß die Vegetarier von diesen Erkrankungen mit Abstand am geringsten betroffen sind, wird gelegentlich von Wirtschaftskreisen und Wissenschaftlern impliziert, daß die vegetarisch lebenden Menschen unterernährt seien, krankheitsdisponiert, infektanfällig, schwächlich und unter Vitaminmangel leiden würden. In letzter Zeit wird ähnliches auch von vegetarisch ernährten Kindern behauptet, um einen verständlicherweise sensiblen Punkt der Eltern anzusprechen. Doch nicht nur die Medizinstudien beweisen das Gegenteil, sondern auch die berühmten Sportler und Olympiasieger wie Carl Lewis, Edwin Moses, Paavo Nurmi, Dave Scott, Boris Becker und zahlreiche Sportteams. Sie alle sind nach »Earth Save Foundation« Vegetarier und entlarven solche Aussagen als unhaltbare Zweckbehauptungen.

Die unwahrscheinliche und unbewiesene, aber trotzdem vielfach zu hörende Behauptung, Vegetarier würden unter Vitamin B 12-Mangel leiden, veranlaßte, auch dieser Frage nachzugehen. Dieser angebliche Vitaminmangel würde dadurch entstehen, daß es eine Eigenproduktion des Körpers nicht gäbe, in den Pflanzen sei es nicht vorhanden und seine Zufuhr könne nur durch tierische Nahrung erfolgen. Deshalb ist es von besonderer Bedeutung, daß bei allen Ovo-Lacto-Vegetariern Normwerte des Vitamins B-12 festgestellt wurden und selbst bei den Vegans lag sein Spiegel an der unteren Grenze der Norm. Weil alle Untersuchten trotz des Fehlens jeglicher Zufuhr durch tierisches Eiweiß weder symptomatologisch Mangelerscheinungen noch analytisch Mangelwerte hatten, ist zwingend anzunehmen, daß entgegen anderslautenden Meinungen doch eine ausreichende Eigenproduktion des Vitamins erfolgt.

Von wesentlicher Bedeutung sind auch die Ergebnisse der großen »Chinesen-Vegetarier-Studie«, die ein gemeinsames Projekt der Cornell-Universität (USA), der Oxford-Universität (England) und zweier chinesischer Universitäten darstellt und von dem Amerikaner Collin T. Campbell an über 8 000 Chinesen durchgeführt wurde. Kein anderes Land bot so günstige Bedingungen für die 1983/84 vorgenommene epidemiologische Untersuchung.

Mehr als 90% der Chinesen leben und sterben in dem Landkreis, wo sie geboren sind. Sie ernähren sich fast ausschließlich von lokal angebauten, zeitlebens gleichbleibenden und überwiegend unbehandelten Lebensmitteln, trinken ihr Leben lang das gleiche Wasser und sind immer den gleichen Umwelt-und Arbeitsbedingungen ausgesetzt. Wegen ihrer geringen Mobilität stellen sie eine genetisch relativ homogene Bevölkerung dar, und ihr Lebensstil bleibt sozusagen von der Wiege bis zum Grab meist unverändert.

Dabei bestätigte sich erneut, daß tierisches Eiweiß und Fett nicht nur für Herz- und Kreislaufkrankheiten verantwortlich sind, sondern auch die häufigsten Krebsarten, Diabetes, Osteoporose und viele Stoffwechselkrankheiten verursachen, zumindest aber stark begünstigen. Je größer ihr Anteil an der Nahrung, desto öfter treten diese »Überfluß-Krankheiten« auf. Als ein großer spezifischer Risikofaktor für weibliche Brust- und Genitalkarzinome zeigte sich der Umstand, daß die fleischessenden Frauen bis zu fünf Jahre früher pubertieren. Bei den vegetarisch lebenden Chinesinnen waren diese Krebserkrankungen kaum zu beobachten.

Tausende Laborunteruchungen richteten sich gezielt auf ca. 150 der wichtigsten Krankheiten aus, und ihre Werte füllten ein fast tausendseitiges Werk. Viele Ergebnisse dieser Studie stellen etablierte Medizinauffassungen in Frage. So wird statistisch belegt, daß die bei uns so häufige Osteoporose nichts mit Kalkmangel zu tun hat. Die Chinesinnen nehmen nur halb so viel Kalk zu sich wie die Europäerinnen, trotzdem ist die Osteoporose dort praktisch unbekannt. Allerdings decken sie ihren Bedarf allein durch Pflanzennahrung und nicht wie bei uns durch Milchprodukte.

Es besteht heute kein wissenschaftlicher Zweifel mehr daran, daß der Mensch schon immer ein »frugivor«, also ein Früchte-Esser war, was sich unwiderlegbar an seinem Gebiß zeigt. Dagegen spricht auch nicht, wenn er durch die Klimaverschlechterungen der Eiszeiten zum Jagen und zum Fleischessen gezwungen wurde. Selbst wenn er enzymatisch in der Lage war und ist, tierische Eiweiße und Fette in großen Mengen als Nahrungsanteil zu vertragen, zeugt das lediglich von seiner Anpassungsfähigkeit. Doch die Folgen dieser Ernährung zeigten sich mit schweren arthritischen Gelenkveränderungen schon im dritten Lebensjahrzehnt, durch Paradontose, Karies und frühen Zahnausfall, durch hohe Infektanfälligkeit, durch Bluthochdruck, Arteriosklerose sowie frühen körperlichen Abbau und verkürzte Lebenserwartung. Die Lehre vom gesunden carnivoren Menschen stimmt einfach nicht. Sie ist ein Mythos und durch umfassende interdisziplinäre Forschungen schon lange widerlegt, auch wenn sie immer wieder aufgetischt wird.

Es liegt nicht in der Absicht eines Vegetariers und auch nicht in der meinen, Ideologien zu verbreiten oder gar zu indoktrinieren. Jedem sei überlassen, sich seine Gedanken darüber zu machen, in wieweit der Vegetarismus das Zusammenleben der Menschen untereinander und ihr Verhältnis zur Welt positiv beeinflussen kann, und jedem sei überlassen, aus den mitgeteilten Fakten seine Schlüsse zu ziehen.

(Siehe Literaturhinweise im Anhang)

Eine Gewissensfrage, die sich jede/r Vegetarier/in einmal stellt: Auch wenn ich Pflanzen esse, töte ich. Darf ich das?
Der Ernährungswissenschaftler Prof. Kollath meinte dazu sinngemäß: Leben lebt immer von Leben, aber jeder sollte nur soviel davon für sich nehmen, wie er wirklich braucht und verantworten kann.
In der Zeitschrift »Der Vegetarier« macht sich Carsten Strehlow Gedanken darüber.

Ist es ethisch vertretbar, Pflanzen zu essen?

Sehr häufig wird als Argument gegen den Vegetarismus angeführt, daß auch Pflanzen Lebewesen seien, Schmerz empfinden könnten und vielleicht sogar eine Seele hätten. Daher wäre es entweder falsch, Pflanzen zu essen oder egal, ob man Tiere und/oder Pflanzen ißt. Der ethische Vegetarismus/Veganismus fordert aber nicht, *kein* Leben zu vernichten und überhaupt *kein* Leid zu erzeugen. In dieser Welt völlig ohne Töten und Leiderzeugung auszukommen, ist eigentlich nicht möglich.
Nur bei einer reinen Früchtekost wäre das der Fall. Denn durch das Essen von Früchten wird nicht die Pflanze, das Lebewesen, geschädigt. Die Frucht fällt reif vom Baum, wird sie nicht gegessen, verfault sie. Aber auch in anderen Bereichen des menschlichen Lebens (z.B. Kleidung, Möbel, Medikamente) dürften dann nur Früchte und Mineralien verwendet werden, damit kein Lebewesen geschädigt würde. Dies alles so durchzuführen, ist nach heutiger Sicht leider unmöglich.
Daher fordert der ethische Vegetarismus/Veganismus, alle Lebensvernichtung und Leiderzeugung auf das *geringste* Maß einzuschränken. Um dieses Maß geht es.
Deshalb sollte bezüglich dieses Maßes das sogenannte *geringere* Übel gewählt und das Essen von Pflanzen dem Essen von Tieren vorgezogen werden. Denn zwischen Pflanze und Tier besteht wohl ein *größerer* Unterschied, als zwischen Tier und Mensch. Dies ist allein schon aus biologischer Sicht zu erkennen.

Außerdem werden bei der Umwandlung von 10 kg pflanzlichem Eiweiß zu 1 kg tierischem Eiweiß viel mehr Pflanzen verbraucht, als beim direkten Verzehr von Pflanzen.
Wenn irgendwie möglich, sollen auch Pflanzen geachtet werden. Ein erster kleiner Schritt ist z.B. keine Schnittblumen mehr zu kaufen/zu verschenken, sondern nur noch Topfpflanzen. Dabei bleibt nämlich die Pflanze weiter am Leben.
Heutzutage ist der Kannibalismus (Menschenesserei) abgeschafft, nun gilt es auch endlich den Karnivorismus (Tieresserei) zu überwinden und dann in späterer Zeit vielleicht zu versuchen, den Vegetarismus/Veganismus (Pflanzenesserei) in einen Frugivorismus (Früchteesserei) umzuwandeln.

(Adresse von »Der Vegetarier« im Anhang)

Food for Life – eine Krishna-Initiative

Neben den vielen bekannten Hilfsorganisationen gibt es tatsächlich eine, die bedürftige Menschen mit rein vegetarischen Mahlzeiten versorgt. Den meisten Zeitgenossen ist der Name »Krishna«, wenn überhaupt, wohl aus der Hippiezeit in Erinnerung. Kaum jemand weiß jedoch, daß »Die internationale Bewegung für Krishna Bewußtsein« zur Bekämpfung des Welthungers beiträgt, indem sie allein in den letzten zwei Jahrzehnten über 58 Millionen nahrhafte vegetarische Mahlzeiten auf der ganzen Welt kostenlos verteilt hat, unter dem Leitsatz:

Food for Life

A.C. Bhaktivedanta Swami Prabhupada, Gründer von Food for Life, begann die FFL-Essensverteilung in Mayapur, Westbengalen, im Jahr 1972.

Nachdem er Zeuge war, wie Dorfkinder mit den Hunden um die Essensreste stritten, sagte er: »Niemand im Umkreis von 10 Meilen um unseren Tempel soll Hunger leiden.«

Heute werden 350 000 Mahlzeiten pro Monat aus Lastwagen und in kostenlosen Restaurants verteilt. Food for Life beliefert auch Obdachlosenheime, Waisenhäuser, Gesundheitszentren, Schulen und Katastrophengebiete, oft unter Einsatz des Lebens der freiwilligen Helfer.

Food for Life arbeitet zusammen mit vielen großen Hilfsorganisationen, einschließlich des Internationalen Roten Kreuzes. Food for Life ist weltweit in über 60 Ländern vertreten. Regierungen unterstützen Food for Life, indem sie Gebäude, Fahrzeuge und Nahrungsmittel sponsern.

Stand 1996
(Adresse im Anhang)

Die österreichische Umweltschutzorganisation GLOBAL 2000 kann beachtliche Erfolge verbuchen, auch und besonders bei der Aufklärung über die Gefahren der Gentechnik.
Zwei Faltblätter aus dem Jahr 1996 »GE(N)FAHR« und »GE(N)STATTEN: SOJA« informieren.

GE(N)FAHR!
Freisetzung von genmanipulierten Pflanzen: Gefährliches Spiel mit dem Feuer!

Das Experiment
In den Forschungslabors der Chemie- und Saatgutkonzerne wird eifrig daran gebastelt, die Natur »nachzubessern«. Pflanzen sollen durch Genmanipulation gegen bestimmte Pflanzengifte und Schädlinge widerstandsfähig gemacht werden. Sie sollen einfach länger frisch und knackig aussehen oder eine andere chemische Zusammensetzung aufweisen. Dazu werden die abartigsten Versuche vorgenommen: Ein Gen der Seidenmotte wird in eine Kartoffel eingebaut, ein Bodenbakterium wird in das Erbgut von Mais eingeschleust oder ein bestimmtes Gen der Petunie in die Soja-Bohne. Und am Tag X beginnt das große »Abenteuer« Freisetzung: direkt vom Genlabor in die Natur.

Das Risiko
Das Gleichgewicht in der Natur ist kompliziert und höchst empfindlich. Eingriffe können zu fatalen Folgen führen. Mit der Gentechnik erfolgt ein Eingriff in das Grundsätzlichste des Lebens überhaupt, die Erbinformation. Werden so veränderte Pflanzen in freier Natur ausgesetzt, gibt es kein Zurück mehr. Einmal freigesetzt, kann niemand mehr kontrollieren, was mit den gentechnisch veränderten Pflanzen passiert, wie sie sich verhalten und welche langfristigen Folgen das mit sich bringt. Die »neuen« Eigenschaften der manipulierten Pflanzen können sich durch Pollenflug über große Entfernungen hinweg auf andere Pflanzen übertragen, auch über Ihren Gartenzaun und auf Ihr Gemüsebeet. Nicht eßbare genmanipulierte Pflanzen stellen ein ebenso großes Risiko dar, denn auch hier ist die gesamte Bodenökologie in Gefahr. Die

veränderten Gene können z.B. auf Bodenbakterien »überspringen« und eine völlig unkontrollierte Kettenreaktion mit unabsehbaren Konsequenzen auslösen. Konsequenzen, die vielleicht erst in Jahren spürbar werden. Immer wieder wurde in der Vergangenheit in das Ökosystem eingegriffen. Immer wieder wurden die Risiken heruntergespielt, bis es zu einer Katastrophe kam. Eine Vorgangsweise, die von Tschernobyl bis zum Rinderwahn dem gleichen Muster folgt.

Die Gewinner

Die Genkonzerne versuchen uns einzureden, der Einsatz von Gentechnik brächte nur Vorteile für Mensch und Natur. Verringerter Einsatz von Unkrautvernichtungsmitteln und wieder einmal die Beseitigung des Welthungers werden versprochen. In Wirklichkeit geht es jedoch ausschließlich um industrielle Bedürfnisse einzelner Firmen, um die Beschleunigung von Fertigungsprozessen und die damit verbundene Gewinnsteigerung. Besonders lukrativ ist hier die Herbizidresistenz: Durch Genmanipulation wird eine Pflanzensorte widerstandsfähig gegen jenes chemische Vertilgungsmittel, das vom eigenen Konzern erzeugt wird. Das ermöglicht den großflächigen Totaleinsatz dieses Pflanzengiftes. Als nächsten Schritt lassen sich die Konzerne das derart manipulierte Saatgut patentieren, um sich so langfristig ein Monopol zu sichern. Kassiert wird doppelt: zum einen für das manipulierte Saatgut, zum anderen für die dazu passende chemische Keule. Es gibt nur einen Gewinner – die Konzernbosse.

Ein Rückblick

Im Mai 1996 konnte GLOBAL 2000 eine illegale Freisetzung von gentechnisch veränderten Kartoffeln der Zuckerforschung Tulln, einer Tochterfirma der Agrano, aufdecken. Die Kartoffeln wurden wieder ausgegraben, und als Folge des Skandals wurden 1996 alle Freisetzungsanträge abgelehnt. Die Gesundheitsministerin verkündete eine zweijährige Nachdenkpause ohne Freisetzungen für Österreich. Ein politisches Versprechen, das mittlerweile wieder in Vergessenheit geraten zu sein scheint. Auch für 1997 sind Freisetzungsanträge geplant. Von politischer Seite gibt es bisher keine eindeutige Absage.

Einige Beispiele

Die »Seibersdorf-Kartoffel«: Dieser Kartoffel wurde ein Gen einer Seidenmotte (!) eingebaut, um sie widerstandsfähiger gegen Fäulniserkrankungen zu machen.

Die »Agrana-Kartoffel«: Dieser Kartoffel wurde ein Resistenzgen gegen ein Antibiotikum eingebaut. Zusätzlich wurde die Kartoffel-Stärke gentechnisch manipuliert, damit die Firma ein paar Produktionsschritte bei der Herstellung von Industrie-Stärke einsparen kann. Fadenscheinige Argumente wie der geringere Einsatz von Chemie, der nie belegt wurde, sollen das wahre Ziel dieses Experimentes verschleiern: Gewinnmaximierung auf Kosten der Natur und der Menschen.

Der »Ciba-Geigy-Mais«: Dieser Mais enthält neben der Resistenz gegen das Pflanzengift BASTA auch ein Resistenzgen gegen alle Penicillin-Antibiotika. Durch die Auspflanzung kann sich die Antibiotika-Resistenz beliebig übertragen. Eines der wichtigsten Antibiotika der Welt könnte wirkungslos werden. Bei der nächsten Lungenentzündung kann es dann ein böses Erwachen geben: Die Krankheitserreger würden auf die verabreichten Antibiotika nicht mehr ansprechen.

Erfahrungen weltweit

Der »Hoechst-Raps«: Dieser gentechnisch manipulierte Raps ist resistent gegen das Pflanzengift BASTA. Dänische Wissenschaftler haben inzwischen nachgewiesen, daß sich diese Resistenz auf verwandte Wildkräuter, also auch auf Unkräuter, überträgt. Diese Super-Unkräuter sind mit herkömmlichen Giften nicht mehr in den Griff zu bekommen. Und: Es kann nicht ausgeschlossen werden, daß das Resistenz-Gen auch auf die Mikroorganismen im Boden weitergegeben wird.

Die »Monsanto-Baumwolle«: Diese Baumwolle wurde mittels Genmanipulation resistent gegen einen Baumwollschädling gemacht. Trotzdem wurden Teile der Ernte von dem Schädling vernichtet. Die Resistenz hat sich wahrscheinlich innerhalb kürzester Zeit auf die Insekten übertragen. Der Konzern und seine Genforscher haben keine Erklärung dafür.

Widerstand zahlt sich aus

Im Frühjahr 1996 zog Hoechst den Antrag zur Freisetzung von genmanipuliertem Mais zurück. Grund dafür waren nicht nur die 40 000 Einsprüche, die GLOBAL 2000 in drei Wochen initiieren konnte, sondern auch eine sehr couragierte Gemeinde. Der oststeirische Markt Hartmannsdorf wehrte sich mit vereinten Kräften. Der Bürgermeister ließ eigene Einspruchskarten drucken, man nahm Kontakt mit den umliegenden Gemeinden auf und gewann Prominente.

Die 2700 Einwohner hatten sich entschlossen, gemeinsam zur Anhörung nach Wien zu fahren. Soviel geballter Bürgerprotest war dem multinationalen Konzern zuviel: Hoechst verzichtete auf den geplanten oststeirischen 10-Jahresversuch!

(Adresse von GLOBAL 2000 im Anhang)

Ge(n)statten: SOJA

Brot, Speiseöl, Babynahrung, Mozartkugeln, Sojamilch, Tofu, Margarine, Schnitten, Sojaöl, Backfett, Vegetarische Aufstriche, Mayonnaise, Sojawürfel, Schokolade, Teigwaren, Futtermittel, Kekse, Müsli, Tempeh, Knabbergebäck, Sojasprossen, Eis, Fertiggerichte, Salatdressing, Toastbrot, Schokoriegel, Sojasaucen, Desserts, ...

Soja ist in zwei Drittel aller Lebensmittel!

Erstmals in Europa

Eine amerikanische Sojabohne ist der erste gentechnisch veränderte Organismus, der für kommerzielle Zwecke in Europa zugelassen wurde. Die Sojabohnen sollen noch in diesem Jahr in den Handel kommen: ohne Kennzeichnung! Zwar werden heuer erst zwei Prozent der amerikanischen Sojaernte genmanipuliert sein, doch die Genlobby rund um den amerikanischen Konzern Monsanto will uns weismachen, daß eine getrennte Vermarktung unmöglich ist. Das stimmt nicht.

Die KonsumentInnen

Das genmanipulierte Soja bringt die VerbraucherInnen in eine skandalöse Ohnmachtsstellung. Einerseits soll es ungekennzeichnet auf den Markt kommen, und andererseits sind Sojabestandteile in zwei Drittel aller Nahrungsmittel enthalten. Oft ist dies nicht einmal auf der Packung ausgewiesen. So etwa verstecken sich Sojabestandteile im Speise- und Tafelöl und in der Angabe »Pflanzliche Fette«. Die meisten Lebensmittelhersteller sind leider dem genmanipulierten Soja nicht abgeneigt.

Für die KonsumentInnen bringen genmanipulierte Nahrungsmittel keinerlei Vorteile mit sich. Vielmehr sind sie einem überhaupt nicht kalkulierbaren Gesundheitsrisiko ausgesetzt. Die Langzeitwirkung von Gennahrung ist völlig unzureichend erforscht. Fest steht, daß der Körper mit unbekannten Proteinen zurechtkommen muß, deren Allergiewahrscheinlichkeit äußerst hoch ist.

Die Manipulation

Die Monsanto-Sojapflanzen sind herbizidresistent. Durch die Einschleusung mehrerer Fremdgene, unter anderem aus der Petunie und einem Bodenbakterium, werden die Pflanzen manipuliert. Sie sind gegen ein Totalherbizid (vernichtet alles, was grünt, radikal) namens Round-Up immun. Dieses Schädlingsbekämpfungsmittel stammt ebenfalls aus dem Hause Monsanto. Die genmanipulierte Pflanze wird vom Konzern gewinnträchtig im Doppelpack an die Bauern verkauft.

Die Wirkung

Bei großflächigem Anbau von herbizidresistenten Pflanzen können auch Resistenzen bei Wildpflanzen entstehen. In Australien wurden bereits resistente Round-Up-Pflanzen in der Natur entdeckt. Rückstände dieses äußerst giftigen Unkrautbekämpfungsmittels wurden noch nach einem Jahr im Boden nachgewiesen. Es schädigt Fische, Insekten und Vögel. Monsanto behauptet immer wieder das Gegenteil. Nur: Bereits zwei Labors, die im Auftrag des Konzerns toxikologische Tests durchführten, wurden von der US-Umweltschutzbehörde des Betrugs überführt.

Monsanto vertrauen?!

Vor wenigen Wochen scheiterte die insektenresistente Baumwolle des Konzerns kläglich. Insekten vernichteten die gesamte Ernte. Über das Warum gibt es nur Spekulationen! Erst 1993 setzte Monsanto die US-Marktzulassung für das berüchtigte gentechnisch hergestellte rBST-Rinderwachstumshormon, das die Milchproduktion steigert, durch. Heute äußert die amerikanische Vereinigung für Krebsvorsorge den massiven Verdacht, daß rBST Brustkrebs auslöst. Viel genauer darf man hier nicht formulieren, denn der Konzern greift schnell zum Mittel der Klage. So versuchte man gar Milch, die als rBST-frei gekennzeichnet war, gerichtlich verbieten zu lassen. Weiterhin stellte sich heraus, daß Monsanto die Veröffentlichung kritischer Forschungsergebnisse um drei Jahre verzögert hatte.

Die Bauern.

Das gentechnisch manipulierte Saatgut ist bis zu 25% teurer. Der angeblich geringere Pestizideinsatz soll diese höheren Kosten wettmachen. Nur werden nach wenigen Jahren Resistenzen auftauchen, die einen viel größeren Einsatz von Schädlingsbekämpfungsmitteln erfordern. Zudem produzieren die Bauern völlig am Markt vorbei. Denn 79,6% der VerbraucherInnen lehnen nach einer GLOBAL 2000-Umfrage Gentechnik in Nahrungsmitteln ab.

Die Genlobby

Die internationalen Gen-Konzerne haben eine ausgeklügelte Strategie in ihrer Öffentlichkeitsarbeit eingeschlagen. Sie versuchen uns glauben zu machen, daß Gentechnik schon viel breiter eingesetzt wird, als es tatsächlich der Fall ist. Die KonsumentInnen sollen den Eindruck bekommen, daß Widerstand zwecklos ist. Gleichzeitig versucht man, eine umfassende Kennzeichnungspflicht zu verhindern bzw. verwässerte Formen durchzusetzen, etwa: Genmanipulierte Tomaten werden gekennzeichnet, das Ketchup aus denselben Tomaten aber nicht. Im Falle Soja hat Monsanto sogar die in der EU vorgesehene, ohnehin halbherzige Kennzeichnung der Feldfrüchte verhindert. Vorerst!!

Unsere Erfolge

Allein in diesem Jahr konnte GLOBAL 2000 gemeinsam mit tausenden ÖsterreicherInnen die Genlobby dreimal in die Schranken weisen.

- Das Forschungszentrum Seibersdorf durfte seine manipulierten Kartoffeln nicht freisetzen.
- GLOBAL 2000 erwischte die Zuckerforschung Tulln bei der illegalen Freisetzung von Gen-Kartoffeln.
- Der internationale Konzern Agrevo/HOECHST zog seinen Antrag auf Freisetzung eines herbizidresistenten Mais zurück.

GLOBAL 2000 kämpft für eine lückenlose Kennzeichnung aller genmanipulierten Nahrungsmittel und ein sofortiges Importverbot für genmanipuliertes Soja.

Die Macht der VerbraucherInnen

Lassen Sie sich von der Genlobby nicht einseifen. Glauben Sie nicht, daß es schon zu spät ist, etwas zu unternehmen. Die internationalen Genkonzerne versuchen, die VerbraucherInnen zu demoralisieren. Denn: Die Konzerne wissen ganz genau, daß die überwiegende Mehrheit Gentechnik in Lebensmitteln völlig ablehnt.

In den USA haben die VerbraucherInnen gemeinsam mit Umweltschutzorganisationen und genkritischen Unternehmen dem Konzern Monsanto bereits einen schweren Schlag versetzt. Das genmanipulierte Rinderwachstumshormon rBST wurde, trotz einer verweigerten Kennzeichnung, bereits nach 18 Monaten ein Flop. Genfreie Milch machte das Rennen!

Was Sie persönlich tun können

- Fordern Sie die Supermärkte auf, dafür zu sorgen, daß sie keine genmanipulierten Sojabestandteile in ihren Waren haben.
- Fordern Sie die Lebensmittelindustrie auf, kein Monsanto Gensoja zu verarbeiten.

(Adresse von Global 2000 im Anhang)

Daß sich die nicht nachlassende Forderung nach gesunden biologisch angebauten Produkten schließlich doch bezahlt macht, zeigt das jüngste Beispiel eines Weltkonzerns, unter uns fortschrittlichen Essern berüchtigt wegen seines hohen Fleischangebots. Er gab dem Druck der Verbraucher/innen nach und setzte in mehreren Ländern vegetarische Burger auf seine Speisekarten.
Also boykottieren, was uns und Mutter Erde krank macht – und immer wieder verlangen, was uns laut Grundgesetz zusteht: gesundes Wasser, gesunde Luft, gesunde Nahrung!

B.R.

Wer heilt, hat recht

In Zeiten wie diesen mit einer ständig kränker werdenden Bevölkerung, der enormen Kostenexplosion im Gesundheitswesen, suchen immer mehr Menschen nach alternativen Heilmethoden. Vor allem die »alten« erleben eine regelrechte Renaissance, die von der Großmutter überlieferten, aber auch solche, die seit Tausenden von Jahren zum Erfahrungsschatz unserer Vorfahren wie auch anderer Völker gehören. Immer mehr an Bedeutung gewinnt zum Beispiel die Kenntnis von der fließenden Energie und der Akupunktur als harmonisierender Methode bei Blockierungen eben dieser Lebensenergie, der Aderlaß, die Phytotherapie, das Schröpfen, um nur einige zu nennen. Was heute aus Mangel an Verständnis noch abgelehnt oder sogar bekämpft wird, ist morgen vielleicht schon »in«, wie die im letzten Jahrhundert angegriffenen oder zumindest belächelten Anwendungen von Pfarrer Kneipp, heute Allgemeingut der Medizin.
Ich möchte hier einige Praktiken vorstellen, die meiner Meinung nach zu wenig bekannt sind, die mir aber ganz besonders helfen, in diesem schwierigen Leben immer wieder über die Runden zu kommen, nämlich verschiedene Meditationsarten, Ayurveda und das Heilfasten.

Meditation – wenn ja, warum?

Aus – begreiflicher – Sorge, in die Fänge irgendwelcher Sekten zu geraten, sperren sich viele Mitmenschen gegen alles Neue (Alte), was uns heute aus fernöstlichen Ländern überflutet.
So antwortete mir eine Bekannte, der ich gegen ihre Depressionen Meditation empfahl, ganz entsetzt: »Nein, nein, ich bleibe bei dem Glauben meiner Kindheit!«
In allen Epochen und in allen Religionen wurde meditiert, wurde gebetet. Es ist also schade, wenn wir aus Unkenntnis auf die segensreichen Wirkungen auch uns zunächst fremd erscheinender Meditationen und Gebete verzichten. Um aber die Spreu vom Weizen trennen zu können, muß ich mich erst einmal mit dem fremden Gedankengut beschäftigen.
Was empflieht der Apostel Paulus in seinem Brief an die Thessalonicher?
»Verachtet nicht prophetische Gaben. Prüft alles, das Gute behaltet.«
Nachdem ich verschiedene Meditationstechniken ausprobiert habe, komme ich zu dem Schluß: Egal, wie du meditierst – Hauptsache, du meditierst!
Wobei der Weg das Ziel ist.
Ob *Zen* oder *Transzendentale Meditation* oder die *Osho-Meditationen* – der Weg ist das Ziel!
Die meisten wissenschaftlichen Untersuchungen dürften über Maharishis Transzendentale Meditation angestellt worden sein. Sie hat mich in einer schweren Lebenskrise »gerettet«. Ich konnte mit Hilfe des Mantras wieder schlafen, das Leben wieder »meistern«. Auch den Zen-Meditationen habe ich viel zu verdanken, vor allem aber den auf Zen aufgebauten Osho-Meditationen, nicht nur den stillen, sondern auch und gerade den lauten, kathartischen Bewegungsübungen, wie der dynamischen Meditation und der Kundalini, die besonders geeignet sind, Verspannungen zu lösen.
Einfach ausprobieren und dann sehen, was einem »liegt«, was einem guttut.
Die Kundalini soll den Stockholmer Busfahrern zu einem ausgeglicheneren Gemüt verholfen haben, und die Transzendentale

Meditation soll sogar imstande sein, bei einer genügend großen Zahl von Ausübenden die Kriminalitätsrate in der Umgebung zu senken (siehe Berichte über beide Techniken).
Die Worte »Meditation« und »Medizin« entstammen der gleichen Wurzel, beide haben mit »Mitte« zu tun. Auch den Worten »heil«, »heilen«, »heilig« ist ein gemeinsamer Ursprung eigen. Ich zitiere aus Oshos »Buch der Heilungen«:
»Meditation heilt. Sie macht dich heil – und heil zu sein bedeutet, heilig zu sein. Nichts fehlt dir, du bist erfüllt. Du bist so, wie die Existenz dich haben wollte. Du hast dein Potential verwirklicht.«
Ist der Mensch in seiner Mitte, ist alles gut. Dann gibt es keinen Stau, keine Blockade, es fließen die Säfte – nicht zufällig hat das Wort »Humor« im lateinischen die Bedeutung »Saft« (ich zitiere aus dem Brockhaus): »Humor – die allgemeine Gemütsbeschaffenheit, Stimmung, Laune, wobei das Heitere überwiegt; sie glaubte man durch Mischung der Säfte (humores) im Körper bedingt.«
Und auf Hippokrates schließlich geht die Lehre zurück, daß »Veränderungen der Körpersäfte, wie Blut, Lymphe, Galle, Schleim, Gewebewasser u.a., die Grundlage der Krankheiten seien«.
Tun wir also alles, damit unsere Säfte fließen, damit wir in Harmonie, im Lot sind, damit unser Humor nicht zu kurz kommt.
Meditation ist das beste Mittel zum Meistern der eigenen Person.
Aber merke: Alles Meditieren auf der Matte nützt nichts, wenn ich es nicht schaffe, die Meditation in mein tägliches Leben einfließen zu lassen, sie muß auch auf dem »Marktplatz« standhalten.
Nach meinen Erfahrungen gelingt dies am besten durch die bereits erwähnten Osho-Meditationen, diese geniale Mischung von über Jahrtausende bewährten östlichen Praktiken und solchen, die den neuesten (westlichen) therapeutischen Erkenntnissen entsprechen. In den Osho-Kommunen habe ich gelebte Meditation am besten verwirklicht gefunden, gepaart mit geradezu unbändiger Lebensfreude.

Experiment mit Oshos Meditationen – Der Busfahrer-Versuch in Stockholm

Wäre doch eine Nachahmung wert, der **Busfahrer-Versuch in Stockholm!**
Fahr dich selbst gesund – so etwa könnte man das Experiment bezeichnen, das seit einigen Jahren in der größten Stockholmer Busgesellschaft läuft.
Das von der Firmenleitung eingeführte Streß-Management-Training beinhaltet Gruppenarbeit mit dem Ziel, daß die Busfahrer lernen, anders mit Streß umzugehen; es bietet Kurse über Konfliktlösungsmöglichkeiten, zum Erreichen körperlicher Fitneß und Oshos Dynamische Meditation sowie die Kundalini-Meditation, nachdem man herausgefunden hatte, daß 80% der Busfahrer an psychosomatischen Beschwerden litten wie Nacken- und Rükkenschmerzen, ganz abgesehen von den häufigen krankheitsbedingten Ausfällen und hier speziell Herzattacken.
Der Erfolg: Die Unfallquote unter den Stockholmer Busfahrern hat sich in einem Zeitraum von 2 Jahren halbiert, wobei nach Auskunft des Experimentleiters ein wesentlicher Anteil am Erfolg des Gesundheitsprogramms der Meditation zugeschrieben werden kann.
Das Programm kostet 40 000 Dollar pro Jahr, wovon die Hälfte seitens der Regierung zugeschossen wird. Bei 500 Angestellten eine geringe Investition, die durch eingesparte Kosten aufgewogen wird.

B.R.
(Weitere Informationen bei Osho Commune International, Adresse im Anhang)

Die transzendentale Meditation

Über die **Transzendentale Meditation** schreibt mein TM-Lehrer: »Die Transzendentale Meditation baut auf den Naturgesetzen des menschlichen Geistes auf: Sie benutzt die Natur unserer Aufmerksamkeit, Bereiche größerer Anziehungskraft mühelos aufzusuchen.

Sie haben sich sicher schon einmal gefragt, warum Ihnen z.B. während konzentrierter Arbeit immer wieder »die Gedanken davonlaufen«. Sicher deshalb, weil Ihre Aufmerksamkeit ständig nach angenehmen Erfahrungen sucht. In der Transzendentalen Meditation wird dieses natürliche Streben einbezogen, um dem Geist die Erfahrung tiefer Ruhe zu vermitteln. Im tiefsten Zustand der Ruhe erreichen wir unsere geistige Heimat, unser eigenes inneres Selbst. Mit Hilfe eines geeigneten Mantras (ein spezieller, harmonisierender Klang, der auf systematische Weise wiederholt wird) gleitet unsere Aufmerksamkeit sanft und wohltuend in immer feinere, stillere Bereiche, bis wir schließlich Momente klarer, gedankenfreier Stille in uns erfahren.

Diese einfache Methode, so weisen es Hunderte Untersuchungen aus Medizin und Psychologie nach, hat umfassende wohltuende Wirkungen. Wer durch regelmäßige Meditation Streß und Müdigkeit abbaut, wird naturgemäß weniger krank, und zwar um etwa 50 Prozent. Durch den Abbau nervlicher und psychischer Blockaden fördert man sein kreatives Potential zutage. Kreativität und Lebensfreude sind kein Zufall. TM-Ausübende meistern ihr Leben, indem sie mit den inneren Gesetzen der Natur Freundschaft schließen.

Die brennenden Probleme unserer Weltfamilie sind nicht höheres Schicksal, sondern selbstgeschaffen, und können somit auch von uns gelöst werden. Es ist jedoch offensichtlich, daß unser bisheriges Verständnis von den Zusammenhängen und unsere Lösungsstrategien nicht ausreichen. Hauptursache kollektiver Krisen ist die tägliche Anhäufung von Streß und Spannung. Bisher haben sich weder der Einzelne noch die Regierungen verantwortlich gefühlt, diese Anhäufung zu verhindern. Man sucht überall nach Ursachen: in der Umwelt, beim politischen Gegner, in der Wirtschaft oder sonstigen äußeren Bereichen. Streß ist jedoch zu-

nächst einmal eine höchst individuelle Angelegenheit. TM baut in schneller und gründlicher Weise Streß ab. In größeren Gruppen praktiziert, kann sie dies auch für ganze Städte und Länder leisten. Kriminalität, Krankheitsrate, Verkehrsunfälle und andere kollektive Streßsymptome lassen sich schnell und sicher reduzieren. Über 40 soziologische Studien zeigen die Wirksamkeit dieser Technologie des 21. Jahrhunderts. Selbst in der von Kriminalität heimgesuchten und geplagten USA-Hauptstadt Washington konnte im Sommer 1994 innerhalb weniger Wochen die Verbrechensrate durch eine große Gruppe TM-Meditierender gesenkt werden. Auf die öffentliche Ankündigung dieses Projekts meinte der Polizeichef von Washington nur sarkastisch: »Um das zu bewirken, brauchen wir einen halben Meter Schnee in der Stadt.« Den Statistiken der Polizei war allerdings nach erfolgreichem Abschluß des Projekts zu entnehmen, daß die Kriminalität um 18 Prozent gesunken war. Obwohl es nicht geschneit hatte.
Ein Wunder? Nein, eine uralte, natürliche Technologie des Bewußtseins, die Maharishi Mahesh Yogi uns wieder in Erinnerung gerufen hat.

(Internationale Kontaktadresse für die TM und Hinweise auf weiterführende Literatur im Anhang)

Dr. med. Hans Schäffler: Medizinische Leitung des Maharishi Ayurveda-Gesundheitszentrums in Irdning (Österreich), über

Maharishi Ayurveda – eine moderne Ganzheitsmedizin

In der Blütezeit des Ayurveda lag das Ziel ärztlichen Handelns darin, alle Einwohner im Bezirk gesund zu erhalten. Heute hingegen wird der Arzt erst aktiv, wenn der Patient seine Gesundheit bereits verloren hat.
Nun liegt zwischen Gesundheit und Krankheit ein langer Weg. Die Folgen von Reizüberflutung, Fehlernährung und Streß bauen sich über Jahre auf.

Verantwortung führt zu Zeit- und Leistungsdruck, die Fähigkeit zur Entspannung und Regeneration schwindet, die Konzentrationsfähigkeit nimmt ab, Energieschwankungen stellen sich ein. Oft steigt, als Versuch eines Ausgleichs, der Gebrauch von Genußmitteln. Der Stoffwechsel wird schlechter, und Schlacken sammeln sich in den Geweben an. Der Alterungsprozeß wird beschleunigt. Lange bevor Krankheiten entstehen, treten die ersten Alarmsymptome in Form von Stimmungsschwankungen, Schlafproblemen, schwachen Nerven, Verdauungsproblemen oder Stoffwechselstörungen auf. Meistens werden sie verdrängt. Man ist nicht mehr in der Lage, sich alleine aus dem Kreislauf von fehlender Regeneration und immer neuen Belastungen zu lösen.

Neue Wege der Vorsorge

Um diesen Problemen zu begegnen, ist es notwendig, völlig neue Wege in der Medizin zu beschreiten. Das übliche Gesundheits-Check-up gibt nur bei beginnenden organischen Erkrankungen eine brauchbare Antwort. In keiner Weise läßt sich daraus ablesen, inwieweit die täglichen Belastungen bereits zu drohenden Gefahren für die Gesundheit geworden sind.

Anfang der achtziger Jahre entstand in den USA das erste Maharishi Ayurveda-Gesundheitszentrum; weitere Gründungen in zahlreichen Ländern der Welt folgten. In den Maharishi Ayurveda-Gesundheitszentren kommt die gesamte Bandbreite und Tiefe ayurvedischen Wissens zum Einsatz. Im Mittelpunkt steht Pancha-Karma, eine sanfte Entschlackungsbehandlung.

Pancha-Karma befreit die Zellen und Gewebe von den Ablagerungen, die mit herkömmlichen Reinigungstherapien nicht erreicht werden, und justiert gleichzeitig Regelkreise des Körpers neu. Den Behandlungen geht eine ausführliche Untersuchung mit einer ayurvedischen Pulsdiagnose voraus. Die Diagnose hilft dem Arzt, die Behandlungen individuell an die Konstitution und die aktuellen Störungen anzupassen.

Öl: Reinigend und ausgleichend

Das Zauberwort bei Pancha-Karma ist Öl. Über ausgedehnte Ganzkörper-Ölbehandlungen mit verschiedenen Kräuterölen und der kurmäßigen Einnahme von Butterreinfett werden fettlösliche

Toxine, Schlacken und Umweltgifte mobilisiert und ausgeschieden. Öl reinigt jedoch nicht nur, sondern hat gleichzeitig eine balancierende Wirkung auf das vegetative Nervensystem.

Viele Pancha-Karma-Gäste bestätigen, daß sie nach den verschiedenen Ölbehandlungen oft nach langer Zeit erstmals wieder »richtig loslassen« konnten. Eine Wirkung, die durch die besondere Art der Massagen noch verstärkt wird: Die Ganzkörper-Ölmassagen werden grundsätzlich von zwei Therapeuten synchron durchgeführt, so daß die Behandlungen »wie aus einem Guß« wirken. Tiefe Entspannung stellt sich ein, meist gefolgt von einer wohltuenden Müdigkeit. Die Regeneration kann beginnen.

Entschlackung ist undenkbar ohne Reinigung und Regeneration des Verdauungssystems. Magen und Darm sind bei den meisten Mitteleuropäern vorgeschädigt und werden dadurch zur Wurzel von vielen Gesundheitsstörungen. Drastische Darmreiniung ist jedoch nicht angesagt. Ayurveda bestätigt auch hier wieder seinen Ruf, *sanfte* Heilkunde zu sein, die mit viel Fingerspitzengefühl vorgeht. Erholung der Bauchorgane und Verdauungsdrüsen, Entlastung des Bindegewebes und eine straffere Haut sind die erfreulichen Folgen der ayurvedischen Darmbehandlungen.

Entschlackung ist auch Befreiung von seelischem Ballast. Lösung von Verspannungen, Ruhe und aufmerksame Behandlung durch die Therapeuten erlauben dem Patienten »loszulassen« und sich neu zu entdecken. Die oft berichtete Steigerung der Lebensfreude ist dann ein sicheres Anzeichen, daß sich Gesundheit im ayurvedischen Sinne als perfektes Zusammenspiel von Körper und Geist einstellt.

(Internationale Kontaktadresse für Maharishi Ayurveda im Anhang)

Auch dem Gesunden schadet es nichts, gelegentlich einmal zu fasten, sich freiwillig der Nahrung zu enthalten, um Körper und Geist zu reinigen, denn Fasten ist auch eine geistige Leistung, die in allen Hochkulturen selbstverständlich war und ist.
Wie einfach so ein Heilfasten sein kann, zeigt uns der Umweltmediziner Prof. Dr. Zahn, der gemeinsam mit Dr. Ruediger Dahlke 1996 eine ganze Stadt, nämlich Straubing bei München, zum Fasten brachte, und mit dem Heilfasten auch den immer mehr zunehmenden Umwelterkrankungen zuleibe rückt.

Heilfasten zur Behandlung von Umwelterkrankungen

nach Prof. Dr. Volker Zahn
– Patienteninformation –

Fasten ist in allen Religionen schon immer eine Heilmethode zur Behandlung von köperlichen, seelischen und spirituellen Beschwerden gewesen.
Gerade in der heutigen Zeit werden viele Chemikalien über die Nahrung und über die Atmung in den Körper aufgenommen. Unsere Leber und Nieren sind täglich mit der Entgiftung dieser Schadstoffe beschäftigt. Es gibt bis heute noch keine anerkannte Methode, um Gifte aus dem Körper gut herauszubekommen. Die uralte Methode des Heilfastens sollte bei der Entgiftung durch die Leber wieder zur Anwendung kommen.
Nachdem das Hauptübel vieler Erkrankungen im Darm liegt, wird durch das Fasten auch der Darm entschlackt und entgiftet. (Der Darm hat eine Oberfläche von ca. 400 qm!)
Das umweltmedizinische Heilfasten wird wie folgt vorgenommen: Morgens mit einer Gymnastik beginnen, dann in ruhiger Atmosphäre 5-8 Tassen warmen Tee trinken, möglichst täglich verschiedene Kräuter, z.B. Leber-, Magen- und Nierentees.
Den ganzen Tag dann nach Belieben lebendiges Quellwasser, Mineralwasser oder Kräutertee trinken, mindestens 2-3 Liter. Vormittags für eine halbe Stunde eine heiße Wärmflasche auf die Leber legen. Mittags täglich einen Einlauf machen mit ca. 1 Liter

warmem Wasser durch einen Irrigator (keine Klistiere, keine Abführmittel). Danach eine Stunde ruhen oder schlafen.
Nachmittags eventuell physikalische Anwendungen, Wandern, Laufen oder andere sportliche Betätigungen und erneut eine heiße Wärmflasche auf die Lebergegend. Am Abend, ca. 18 Uhr, wieder in ruhiger Atmosphäre 1-2 Teller klare salzlose Gemüsebrühe essen.
Das Fasten soll nach ärztlicher Anordnung und unter ärztlicher Aufsicht, mindestens aber 7 Tage lang, durchgeführt werden. Dabei kann die Leber entgiften und sich wieder regenerieren. Die Nieren können durch die reichliche Flüssigkeitsaufnahme viele Gifte ausspülen und sind in dieser Zeit sicherlich durch die hohen Trinkmengen sehr beansprucht. Der Darm kann alle Kotreste, Darmabsonderungen und Gifte gut ausscheiden, wobei für regelmäßigen Stuhlgang täglich gesorgt werden muß (enterohepatischer Kreislauf – Darm-Leber-Kreislauf).
In dieser Zeit sollte dreimal am Tag der ph-Wert im Urin gemessen werden. Falls die Werte zwischen 5 und 6 liegen, sollte soviel Basenpulver, z.B. Bullrich-Vital-Pulver, gegeben werden, bis der ph-Wert über 6 ansteigt. Außerdem sollte täglich Ölziehen vorgenommen werden:
Kaltgepreßtes Öl wird morgens und abends 10 Minuten lang durch die Mundschleimhaut und Zähne gespült und danach ausgespuckt. Auftretende Beschwerden wie Kopfschmerzen, Kreislaufschwäche und sonstige Schmerzen sind nach ärztlicher Rücksprache entsprechend zu behandeln.
Nach Ende der Fastenzeit mit Obst, wie z.B. frischem Apfel beginnen, später Kostaufbau mit Kartoffelbrei, Suppen, Nudeln und gedünstetem Gemüse.
Viel Erfolg und viel Glück bei einer unserer wichtigsten Entgiftungsmethoden: **dem Heilfasten.**

Die 10 Regeln für das tägliche Leben

1. Glauben an die Kraft von oben.
2. Lebensmittel aus biologischem Anbau.
3. Meide Industriemehl, -zucker, -öl, -fett.
4. Mehrmals lachen.

5. Kreative Betätigung: Schreiben, Stricken, Gartenarbeit, Musizieren, Singen, Tanzen, Meditieren ...
6. 8 Stunden Schlaf, davon 2 vor Mitternacht.
7. Für die Haushaltsreinigung: Neutralseife, Essig, Scheuersand.
8. Tägliche Bewegung und Spaziergang an der frischen Luft.
9. Natürliche Textilien.
10. Natürliche Kosmetika.

(Weitere Informationen
siehe Literaturhinweise)

Neue Lebensformen

Immer mehr Menschen sind mit der herkömmlichen Zweierbeziehung und der Kleinfamilie nicht mehr zufrieden und auf der Suche nach neuen Lebensformen. Ökodörfer und –siedlungen schießen aus dem Boden wie die sprichwörtlichen Pilze im warmen Herbstwald. Zu ihrer weltweiten Vernetzung wurde das Global Eco-Village-Network ins Leben gerufen. Hier ein Informationsblatt.

GLOBAL ECO-VILLAGE NETWORK (G.E.N.)

GLOBALES ÖKODORF NETZWERK (G.E.N.)
Neue globale Ideale, die die Welt verändern können ...

Sowohl in der nördlichen wie in der südlichen Hemisphäre stecken menschliche Siedlungen in der Krise, jedoch aus unterschiedlichen Gründen. Im weiteren Sinne ist die Krise der Städte und Dörfer Teil des umfassenden Problems eines Planeten, der mit den Grenzen des Wachstums konfrontiert wird. Wie der Brundtland-Bericht und die Konferenz von Rio beweisen, besteht zunehmend Übereinstimmung darüber, daß wir lernen müssen, nachhaltige Lebensformen zu finden, wenn wir als Spezies überleben wollen.

Das Globale Ökodorf-Netzwerk (G.E.N.) wurde 1994 gegründet, um in den folgenden Bereichen Hilfe zu leisten:

- Unterstützung beim Aufbau nachhaltiger menschlicher Siedlungen.
- Hilfe beim Informationsaustausch zwischen den Siedlungen.
- Allgemeine Öffentlichkeitsarbeit zu Ökodorfkonzepten und Musterdörfern.

Hintergrund

Beim Umweltgipfel 1992 in Rio verpflichteten sich führende Politiker aus aller Welt zur Einhaltung von Programmen, die die Menschheit im 21. Jahrhundert zu einer nachhaltigen Lebens-

weise brinG.E.N. sollen. Das Ökodorf-Netzwerk greift diese Verpflichtung unmittelbar auf und versteht sich als Werkzeug zur konkreten Implementierung der Agenda 21.
Allen Projekten des Netzwerks ist das besondere Interesse an Bildung und der Wunsch gemeinsam, Ökologie, Spiritualität, Gemeinschaftsleben und wirtschaftliche Entwicklung in Einklang miteinander zu bringen.
Jedes dieser Projekte kann die Funktion eines Ökodorf-Schulungszentrums für die jeweilige Region übernehmen. Geboten wird dabei eine breite Palette an Fertigkeiten, die alle Aspekte des menschlichen Zusammenlebens abdecken.

G.E.N.-Aktivitäten

- Gründung und Entwicklung von Ökodörfern.
- Ökodorf-Schulungszentren und Programme für die Öffentlichkeit, die Möglichkeit zur persönlichen Weiterentwicklung und Informationen zu der Frage bieten, wie man sich von einem stark konsumorientierten Lebensstil zu befriedigenderen, hochwertigen, jedoch weniger umweltbelastenden Lebensweisen und Sozialstrukturen umorientieren kann.
- Entwicklung nachhaltiger Technologien und Unternehmungen, die Voraussetzung für die Nachhaltigkeit dieser Projekte sind.
- Internationale Vernetzung, die Ökodörfern die Möglichkeit gibt, ihr Know-how rasch durch Informationsvermittlung, Arbeitsaufenthalte, Schulungen und gesellschaftliche Interaktion zu erweitern. Der Schwerpunkt liegt dabei auf Jugendbildung und -austausch.
- Mittelbeschaffung.
- Förderung des öffentlichen Interesses.
- Beteiligung an der Agenda 21.

Organisation

Es gibt drei regionale Netzwerke, die alle Kontinente abdecken und deren Verwaltungszentralen sich in The Farm, Lebensgarten Steyerberg und Crystal Waters befinden, sowie ein Koordinierungssekretariat im Büro der Gaia Villages in Dänemark.
Das G.E.N. ist ein Zusammenschluß autonomer regionaler Netz-

werke und nimmt auch Organisationen, die global aktiv sind und die G.E.N.-Ideale unterstützen, auf Einladung als Mitglieder auf.

Das Globale Ökodorf-Netzwerk (G.E.N.) –
ein aufstrebendes Netzwerk,
das Projekte verbindet, deren Schwerpunkt
auf Bildung, Ökologie, Spiritualität
und dem Aufbau von Unternehmungen liegt.

(Internationale Kontakt-
adresse im Anhang)

Denjenigen, die sich über bereits bestehende oder im Entstehen begriffene Ökosiedlungen und -dörfer informieren wollen, sei das Buch »Eurotopia – Leben in Gemeinschaft« mit 350 Adressen und Projektbeschreibungen empfohlen.

(Siehe Literaturhinweise)

Ich habe mir viele Ökodörfer, –siedlungen und Kommunen angesehen und möchte auf zwei Gruppen hinweisen, die meiner Meinung nach besondere Beachtung verdienen, nämlich das **ZEGG** (Zentrum für experimentelle Gesellschaftsgestaltung) in Deutschland und **Tamera** in Portugal; erstens, weil ihre Mitglieder bereits Jahrzehnte gemeinsam überlebt haben – eine Seltenheit, gerade in Kommunen –, zweitens, weil beide das, was ich unter ganzheitlich verstehe und in diesem Buch vorzustellen versuche, zumindest anstreben; nämlich meinen Traum von einer Gemeinschaft junger und alter Menschen, Kindern und Tieren bei ökologischer Lebensweise.

ZEGG – Zentrum für experimentelle Gesellschaftsgestaltung

»Politisch oder spirituell? Sowohl als auch!« So präsentiert sich das ZEGG in einem Rundbrief »Schwerpunkt Ökologie«.
Wird die bisher offensichtlich unüberbrückbare Kluft zwischen Politik und Spiritualität endlich überwunden? Es scheint möglich.
»Ökologie ist die Lehre von den Beziehungen der Lebewesen

untereinander«, heißt es weiter und »Umwelt und Inwelt sind zwei Seiten desselben Gesamtproblems.«
Das ZEGG ist ein internationaler Treffpunkt und Versammlungsort für Fragen einer lebenswerten Zukunft, ein Studienort für neue Lösungen im Bereich der Liebe, für die Kooperation mit der Natur, für Autarkie und Überlebenswissen und für den Aufbau eines Netzwerkes für eine humane Erde. Es ist ein Ort für das Experiment Gemeinschaft, ein Lebensmodell und eine Werkstatt für konkrete Utopie.
Auf dem 15 ha großen Gelände mit Forschungseinrichtungen, Versammlungsräumen, Pensionsunterkünften, Freibad, Zeltdörfern und Jugendcamp werden regelmäßig Seminare, Info-Wochenenden, Workcamps und Tagungen angeboten. Seit 1991 leben dort circa 50 Männer, Frauen und Kinder zusammen (Stand 1996). Die Hauptschwerpunkte liegen im Bereich des Aufbaus eines politischen Netzwerkes von Gemeinschaften, Gruppen, Initiativen und Einzelpersonen, die beitragen können zum Aufbau eines gewaltfreien Kulturmodells. Technologische und ökologische Forschung gehören genauso dazu wie die Forschung an den Themen der Liebe und der Partnerschaft.
Angeboten werden zum Beispiel Workshops zu so unterschiedlichen Themen wie Kirschernte-Workcamp, neues Männerbild, Musik und Lebensenergie, Matriarchat – Patriarchat, wie funktioniert eine Pflanzenkläranlage?, Was ist Sozialökologie?, Dörren mit Solarkraft, eßbare Wildkräuter erkennen und sammeln, Bau einer Komposttoilette.

Projekt Tamera – Versuch des Aufbaus einer gewaltfreien Zukunftsgesellschaft

Die Mitinitiatoren des ZEGG, die Theologin Sabine Lichtenfels und der Soziologe und Psychologe Dr. Dieter Duhm haben ein neues Projekt gestartet, das Projekt Tamera.
Tamera ist ein Gelände im südlichen Portugal, 20 km von der Westküste entfernt, 140 ha groß. Eine Kooperative von Zukunftsarbeitern arbeitet am Aufbau eines Forschungsmodells mit dem Ziel einer gewaltfreien Zukunftsgesellschaft.

Die konkreten Ziele sind:

- Aufbau einer internationalen Begegnungsstätte.
- Aufbau eines Jugendzentrums.
- (langfristig) Aufbau eines Überlebensdorfes im Sinne eines Modells gewaltfreier Kulturbildung.

Angestrebt sind neue Systeme für Gemeinschaft, Wohnen, Gesundheit, Synergie, Liebe, Denken und Kooperation mit der Natur. Schwerpunkte: Ökologie – Technologie – Kunst – Traumarbeit und spirituelle Forschung.
Ein Credo von sowohl ZEGG wie Tamera der Satz von Dieter Duhm: »Es kann in der Welt keinen Frieden geben, solange in der Liebe Krieg ist« , und der von Sabine Lichtenfels »Eifersucht gehört so wenig zur Liebe wie Asthma zum Atmen.«

(Adressen im Anhang, siehe auch Literaturhinweise)
B.R.

Ihre Vision einer wirklich kindgerechten Schule im Projekt Tamera beschreibt die Lehrerin Annerose Mühlmann.

Freie Schule Tamera

Das Paradies wartet nicht irgendwo auf dich, sondern du mußt dein Paradies selber schaffen. Das sagten wir uns auch und folgten der Notwendigkeit, neue Wege für ein ganzheitliches Aufwachsen von Kindern zu gehen.
Wir sind vier engagierte Frauen, Mütter und Lehrerinnen, die seit einem Jahr an dem Konzept einer Freien Schule arbeiten.
Diese Schule wird, wie viele andere alternative Schulen, in kein Schema passen.
Um ein so hohes Ziel zu verwirklichen und ihm Dauer zu verleihen, ist es notwendig, vorher einige grundsätzliche Fragen zu beantworten.

Was ist Erziehung?
Jedes Lebewesen ist eine einmalige, hochkreative Schöpferpersönlichkeit. Und deshalb läßt sich keine bestimmte Vorgehens-

weise empfehlen, so und nicht anders soll das Kind erzogen werden und lernen. Es kann keine allgemeingültigen Richtlinien für jedes Kind geben. Das Kind braucht unsere Liebe, unsere Präsenz, unsere Akzeptanz, unser Vertrauen, unsere Hilfe und unsere Unterstützung.

Unsere Wahrnehmungsstörungen dem Kind gegenüber zeigen sich in den Verhaltensstörungen des Kindes uns gegenüber. Deshalb ist es notwendig, das Kind ganzheitlich wahrzunehmen und ihm jede gewünschte Unterstützung bei der Entwicklung seiner natürlichen Anlagen zu geben.

Wir mischen uns nicht in die inneren Angelegenheiten des Kindes ein. Wir beziehen klare Stellung zu allen Dingen, die uns selbst betreffen. Wir sprechen eine deutliche Sprache und sind berechenbar in unseren Reaktionen, weil wir sagen, was wir denken, zeigen, was wir fühlen, halten, was wir versprechen und verwirklichen, was wir planen.

Der Begriff Erziehung ist im Sinne einer Entfaltung und einer lebenslangen Lernbereitschaft zu verstehen.

Wie lernt ein Kind, seine inneren Potentiale frei zu entfalten?

Der große Visionär Richard Bach sagt: »Lernen ist Herausfinden, was du bereits weißt.«

Wir sagen:

Lernen ist eine Grundfunktion alles Lebendigen. Es ist ein ganzheitlicher Vorgang: Das geistige Verstehen, das Begreifen mit der Hand, das Erfühlen einer Situation, die Bewegung des Körpers usw. sind alles Lernprozesse. Alle Sinne sind daran beteiligt. Lernen ist von elementarer Wichtigkeit, wie essen, trinken, atmen, schlafen und lieben. Es wird spielerisch leicht, freiwillig und lustvoll genossen, wenn es von innen heraus kommt und von innen gesteuert wird.

Ein freier Geist hat Lust am Nachfragen. Er will das Wesen der Dinge begreifen und erkennen. Er will verstehen, wie etwas funktioniert. Schöpferische Menschen lernen von selbst, was sie lernen möchten, um die Werkzeuge zu haben, nach denen ihre Originalität und ihre Genialität verlangen.

Kinder besitzen von der Natur geschenkt eine hohes Maß an Intuition und Kreativität. Für sie ist es noch ganz leicht, ihrer inneren Stimme und der Schöpfungslogik der Natur zu folgen. Sie brauchen keine pädagogische »Spezialbehandlung«. Sie lernen, angetrieben durch ihre unbändige Neugier, mit allen ihren Sinnen. Jedes Kind lernt zum Beispiel innerhalb von drei Jahren seine Muttersprache, ohne eine einzige Vokabel zu pauken.

Was soll das Kind lernen?

Erster Lehrmeister ist die Welt selbst und das geheimnisvolle Leben, das sich ganzheitlich in ihr abspielt, denn alles ist ein Sein. Das bedeutet, daß das Kind aus seiner ganzheitlichen Wahrnehmung heraus seine innere und äußere Welt entdeckt.

Eine gesunde Entwicklung des Menschen verlangt, daß die logisch-analytischen und die intuitiv-kreativen Fähigkeiten in ausgewogener Weise zum Ausdruck gebracht werden. Das Kind braucht die Entwicklung beider Bereiche als Grundlage für seine Lebensgestaltung in Autonomie und Eigenverantwortung. Die Freie Schule Tamera wird die Kinder in vielfältiger Art unterstützen, damit sie folgende Fähigkeiten entwickeln:

- fundiertes, breitgefächertes Sachwissen
- Selbstbewußtsein und seelische Belastbarkeit
- Sensibilität und Liebesfähigkeit
- spirituelle, ganzheitliche Wahrnehmung
- Fragehaltung und Forschergeist
- soziale Kompetenz in Form von Solidarität, Engagement, Übernahme von Verantwortung nach innen und außen
- Denken in Zusammenhängen und Systemen
- Phantasie und Kreativität

Kinder, die ganzheitlich aufwachsen und sich als ein Teil des lebendigen Organismus Erde verstehen, werden aus ihrer inneren Fülle und Freude heraus handeln. Sie werden den natürlichen Wunsch haben, ihr Wissen, ihr Glück, ihre Anteilnahme politisch wirksam werden zu lassen. Sie handeln aus der Erkenntnis heraus, daß die Tiere ihre Freunde sind. Sie essen nicht das Fleisch ihrer Freunde und setzen sich für den Tier- und Umweltschutz ein.

Wie sieht das Konzept der Freien Schule Tamera aus?
Die Freie Schule Tamera ist ein lebendiger Organismus. Sie macht die Schlüsselfragen des Kindes zu den ihren. Sie stellt das Kind mit seinen Ängsten und Bedürfnissen in den Mittelpunkt und nicht den Lehrenden mit seinen Bildungsanforderungen und Lernzielen. Sie vertritt nur eine natürliche Autorität, die über die Sachkompetenz und Vorbildfunktion des Lehrenden aufgebaut wird. Sie ist keine Schule der Beliebigkeit, der Orientierungslosigkeit, keine Schule der Zügellosigkeit, auch wenn sie sich Freie Schule nennt.
Die Freie Schule Tamera arbeitet basisdemokratisch und nicht dirigistisch. Sie beteiligt alle Kinder an Entscheidungsprozessen, die sie unmittelbar betreffen, und die, ihrem Reifegrad entsprechend, von ihnen verantwortlich mitgetragen werden können (zum Beispiel in einem Kinderparlament, Kinderforum).
Diese Schule wird ein Versuchsmodell sein für die Verwirklichung einer neuen angstfreien Lernkultur. Sie wird in globalem Austausch mit anderen alternativen Schulen in Deutschland und in anderen Ländern stehen.
Wir verbinden uns mit allen Menschen, deren innere Stimme sagt: »Übernimm Verantwortung für den Zustand dieser Welt und ändere ihn. Wach auf und handle!«
Wir suchen den Dialog und die Zusammenarbeit mit Menschen, die wie wir auf der Suche nach neuen Wegen sind.
Alle Mitdenkenden sind zur Mitarbeit und Unterstützung aufgerufen und herzlich willkommen.
Der Weg ist schon ein Teil des Ziels.

(Adresse im Anhang)

GESUNDES TIER

»Tierschutz
ist Erziehung zur
Menschlichkeit«

Albert Schweitzer

Richtige Ernährung von Hunden und Katzen

Wie sieht sie aus? Und wie ernähren VegetarierInnen ihre fleischfressenden Lieblinge?

Fragt man Tierärzte, so antwortet jeder etwas anderes. Im folgenden kommen Experten und Praktiker zu Wort, wobei die einzelnen Empfehlungen jeweils unterschiedliche Schwerpunkte setzen. Viele raten, das Fleisch zu kochen, aus Angst vor der Aujeskyschen Krankheit – obwohl gekochtes Fleisch nun alles andere ist als artgerecht. Der homöopathische Tierarzt Dr. Wolf, Autor entsprechender Bücher, empfiehlt eine Mischung aus einem Drittel Fleisch, einem Drittel rohem Gemüse und einem Drittel Getreide. Von Dosenfutter wird im allgemeinen abgeraten, da es häufig von den Fußböden der Schlachthöfe abgekratztes, getrocknetes Blut mit schädlichem Adrenalin enthält, das die in Angst und Panik versetzten Schlachttiere produzieren.
Es wird empfohlen: Fleisch nicht zu braten oder zu grillen; entgräteter Fisch einmal wöchentlich, mit Haferflocken vermischt; Rindfleisch (nie Schweinefleisch); sämtliche Getreidesorten, in Wasser eingeweicht und sanft gegart, dazu Möhren, roh gerieben, frische gehackte Kräuter, kaltgepreßtes Pflanzenöl; wöchentlich 1 rohes Ei, ein paar Teelöffel Honig, auch Sesam und Meeresalgen werden angeraten. Als Getränke frisches Wasser, Buttermilch, saure Vollmilch und Molke, die, und das entspricht auch meiner Erfahrung, sowohl von Hund als auch von Katze besser vertragen werden als ungesäuerte Vollmilch.
Übrigens: Ein Fastentag pro Woche kann das Leben Ihres Hundes verlängern!
Wie unterschiedlich die Bedürfnisse der einzelnen Hunde auch in puncto Fressen sind, zeigen einige Beispiele. Meine Dackelin, aus dem Tierheim geholt, könnte sich glatt selbst versorgen. Noch unter einer einen Meter hohen Schneedecke gräbt sie eine Maus

aus, die sie mit Haut und Haar auffrißt. Sie findet auch immer irgendwo einen alten Knochen und mag Pferdeäpfel. Eine schwarze, aus dem Auto geworfene Neurotikerin knabbert leidenschaftlich gern rohe Möhren, der Podenco aus einem spanischen Tierheim liebt Dinkelvollkornwaffeln mit Butter. Eine Bäuerin der Nachbarschaft ist Vegetarierin und ernährt auch ihre 23 Hunde vegetarisch, nämlich mit Frischkornbrei und Molke. Das Fell der Hunde ist glatt und glänzend, obwohl sie nie gebürstet werden.
Eine Bekannte erzählte mir, seit sie ihren Hund lacto-vegetabil ernähre, sei er nie mehr krank. Eine andere hatte die gleichen Erfahrungen gemacht, betonte aber, das gemahlene Getreide müsse unbedingt einige Stunden eingeweicht werden, da es sonst zu Unpäßlichkeiten im Magen-Darmtrakt komme. Einleuchtend – da der Hund ja nicht »einspeichelt« und so die beim Menschen bereits im Mund einsetzende Kohlenhydratverdauung wegfällt. Ich bin aus diesem Grunde vom rohen Getreidebrei wieder abgekommen und dünste das Getreide, entweder gemahlen oder die ganzen Körner (wie von Johanna Wothke weiter unten beschrieben).
Meine Hunde bekommen viermal in der Woche Getreidebrei, dreimal in der Woche rohes Fleisch, Pansen oder Stichfleisch vom Rind, also sozusagen Trennkost, Eiweiß und Kohlenhydrate nicht in derselben Mahlzeit. Das bekommt ihnen ausgezeichnet. Bei Obst und Gemüse machen sie lange Zähne, das muß ich untermogeln, und ist es mit Knoblauch gewürzt, bleibt der Brei stundenlang stehen, bis Hunger sie hineintreibt.
Vom wöchentlichen Fastentag bin ich wieder abgekommen, da meine Hunde, obwohl sterilisiert, schlank, ja eher dünn sind.
Ganz ohne Fleisch, aber lacto-vegetabil, also mit Milchprodukten ernährte Hunde, von denen es offensichtlich besonders in England eine Menge gibt, werden gefüttert mit Getreidebrei (Hafer oder Weizen), etwas Milch, Honig, Hefeextrakt, geriebenem Käse, Quark, Eiern, gekochten Linsen oder anderen Hülsenfrüchten, rohem geraspeltem Gemüse wie Möhren, Blumenkohl etc., ergänzt durch eine tägliche Dosis kaltgepreßtes Pflanzenöl (einen Teelöffel für Hunde mittlerer Größe).
Hunde können also zweifellos vegetarisch ernährt werden.
Problematisch wird es bei den Katzen. Den Samtpfötchen mangelt

es an der Fähigkeit, bestimmte Aminosäuren und Vitamine selbst aufzubauen, beziehungsweise aus vegetarischer Nahrung zu entnehmen. Will man sie dennoch vegetarisch ernähren aus ethischen Gründen, muß dem Futter ein spezieller Zusatz beigefügt werden (siehe den Artikel »Vegetarische Ernährung von Hunden und Katzen« von Gina Geiger).
Zu verrückt, nicht artgerecht? Aber was ist heute überhaupt noch artgerecht?!

Einmal füttern oder zweimal, mittags oder abends?
Ich füttere meine erwachsenen Hunde mittags. Was übrigbleibt, können sie dann abends genießen. Katzen brauchen mehrere kleinere Mahlzeiten. Es heißt, daß Katzen mehr Protein benötigen als Hunde, und daß sie größere Mengen ungesättigter Fettsäuren nicht verdauen können, daher mehr gesättigte Fettsäuren erhalten sollten wie zum Beispiel Butter.
Entgegen Johanna Wothkes Rat kriegen meine Hunde ein- oder zweimal wöchentlich einen weichen Kalbsknochen. Bei den Hunden hatte ich damit noch keine Probleme, wohl aber ein schlechtes Gewissen gegenüber dem Kalb, von dem sie stammen – ich tröste mich dann, daß das Kalb ja sowieso von Menschen gegessen worden ist ...

Ein paar Tips:

- Leckerbissen für Hunde: harter Hundekuchen und alles getrocknet: Pansen, Schlund, Sehnen, Fisch, Rinderhufe.
- Leckerbissen für Katzen: Getrockneter Fisch und getrocknetes Rindfleisch.

- Achtung !
  Wohnungskatzen brauchen Queckengras zur inneren Reinigung und gelegentlich etwas Weizenkleie. Und sie lieben Hefeflocken!

- Spannungen zwischen Hund und Katz? Vielleicht, weil ein neuer Hausgenosse hinzugekommen ist? Da hilft folgender Trick:
  Bewerkstelligen Sie es irgendwie, dem Hund Kätzchens Hinterteil vor die Nase zu halten. Hat er einmal daran geschnup-

pert, jagt er es nie wieder. Ich habe es ausprobiert, in einem, wie es schien, hoffnungslosen Fall – es funktioniert!

Liebe Leserinnen und Leser, ich sehe sie sich bereits auf meinem Schreibtisch türmen, die vorwurfsvollen Briefe: »... da verhungern täglich Tausende von Kindern, und Sie bieten komplizierte Menüs für Hunde und Katzen an«, »... unerhört, Rezeptvorschläge, die Fleisch enthalten, in einem Buch, das eine vegetarische Lebensweise propagiert ...« und, und, und ...
Meine Antwort: Diejenigen Menschen, die sich im Tierschutz einsetzen, tun dies erfahrungsgemäß auch im Menschenschutz, arbeiten bei Amnesty International mit oder bei Greenpeace oder im SOS-Kinderdorf, unterstützen Patenkinder in der sogenannten Dritten Welt etc. Die ewigen Meckerer hingegen tun meistens gar nichts.
Am liebsten wäre mir, alle Lebewesen würden sich rein vegetarisch ernähren. Bis aber der Löwe, Gras fressend neben dem Zebra liegt, wie uns dies im Paradies ja verheißen wird, sind die kleinen Schritte nötig. Seien wir tolerant gegenüber allen, die noch nicht soweit sind wie wir selbst (zu sein glauben).

B.R.

Die Ernährung von Katze und Hund

aus der Sicht der Tierheilpraktikerin Carmen S. Weltersbach

Niemals verfüttern sollte man Nahrungsmittel, die geräuchert, gesalzen oder gepökelt sind, ebenso kein Schweinefleisch. Nach Möglichkeit auch keine Fertignahrung wie Dosen- oder Trockenfutter.
Gesünder und preiswerter ist es, wenn man das Futter selbst zusammenstellt und kocht. Das macht kaum Arbeit, und man weiß immer, welche Lebensmittel das Tier bekommt.

Täglich kann man folgende Zutaten in das Essen mischen:
- Bierhefe
- Kräuter
- Weizenkleie
- Weizenkeime.

Wöchentlich ein rohes Ei (aus der Freilandhaltung).

Von vegetarischen Lebensmitteln verfüttert man:
- Nudeln (ohne Eizusatz)
- Vollkornreis
- Hirse
- Graupen
- Hülsenfrüchte wie: Linsen, Erbsen, Bohnen (die getrockneten Hülsenfrüchte einige Stunden einweichen und dann gar kochen).

Gemüse:
Alles Gemüse der Saison, am besten leicht gegart (außer Möhren, diese werden immer roh mit etwas Öl gegeben).

Fleisch:
Darauf achten, daß diese Lebensmittel aus der Weidehaltung bzw. aus der Freilandhaltung stammen:

- Rindfleisch
- Pansen
- Schafsfleisch
- Hühnerfleisch
- Putenfleisch
- Hochseefisch

Das Fleisch immer gekocht anbieten.
Mischverhältnis: circa 60% Fleisch, 40% vegetarische Kost.

(Adresse von Frau Weltersbach im Anhang)

Frau Weltersbach empfiehlt, Fleisch nur gekocht zu verfüttern. Sie sehen, wie unterschiedlich sogar die Empfehlungen von Experten sind.

Und so lauten die Fütterungsempfehlungen von Johanna Wothke, Vorsitzende des gemeinnützigen Vereins »**Pro Animale**«. Über 3 000 Hunden hat sie das Leben gerettet und in mehr als einem Dutzend Ländern Tierheime errichtet. Weil ich sie und ihre reichen Erfahrungen sehr schätze, bat ich sie um einen Beitrag für dieses Buch.

Erfahrungen und Tips von Johanna Wothke

Aus Liebe zu den Tieren verzichten viele von uns Tierfreunden auf tierische Nahrung – und es hat mich traurig gestimmt, als anläßlich eines öffentlichen und feierlichen Empfangs bei einem internationalen Tierschutzsymposium mit 200 geladenen Gästen Lachs, Kaviar und Krabben serviert wurden. Den Organisatoren scheint bei der Ankündigung des vegetarischen Buffets vollkommen entgangen zu sein, daß es sich bei Fischen und Krabben doch auch um Tiere handelt, und nicht um »Vegetables«, also pflanzliche Kost, die dem Vegetarismus den Namen verliehen hat.
Weit über 1 200 Hunden habe ich im Laufe von zwölf Jahren in meinem Haus Obdach gewährt. Alle kamen ausnahmslos aus miserablen und hoffnungslosen Umständen, und auch ich war anfangs der Überzeugung, daß das Beste, was ich diesen armen Geschöpfen – neben Wärme und Geborgenheit – geben könnte, eine herzhafte Nahrung wäre, mit möglichst viel »leckerem Fleisch«.
Heute weiß ich, daß eine solche Ernährung vollkommen falsch und noch dazu ungesund für die Hunde ist.
Unsere Hunde leben seit 4 Jahren zu circa 90 Prozent vegetarisch!
Ich bin keine Ernährungswissenschaftlerin, weiß jedoch, daß Wölfe, Hyänen, Löwen und Tiger – gemeinhin als reine Fleischfresser deklariert –, wenn sie ein Schaf, eine Ziege, eine Gazelle, eine Antilope (allesamt Pflanzenfresser) schlagen, zuerst die Verdauungsorgane fressen, den Blättermagen, den Pansen, in welchem sich das vorverdaute Grünfutter befindet. Jedermann weiß, daß »wilde« Tiere eine ganz ursprüngliche Beziehung zu dem haben, was ihnen guttut.

Hinzu kamen ganz persönliche, subjektive Gründe, über die Ernährung unserer Hunde nachzudenken.
Wir, die wir das Fleisch von für uns getöteten Tieren nicht über die Lippen zu bringen vermögen, haben verstanden, daß das Leben des einzelnen Individuums unteilbar ist. Das Individuum ist für uns nicht mehr teilbar in Schenkel, Brust und Hals, nicht mehr zerlegbar in Herz, Lunge und Leber, nicht mehr veränderbar in Schinken oder Salami – es bleibt für uns immer, was es war, ein Kälbchen, ein Schwein, ein Rind, ein Hühnchen, ein Puter, eine Gans, eine Ente, ein Häschen, ein Fasan, eine Reh, ein Fisch oder eine kleine Krabbe auf dem Meeresgrund.
Deshalb sind viele von uns Tierfreunden zu Vegetariern geworden.

Doch siehe da, auch manchen Hund scheint Vegetarisches zu lokken: Meine Tochter Natascha, seit 15 Jahren überzeugte Vegetarierin, aß eines Tages genußvoll ihren Apfel und beobachtete, wie ihr Hund Arpad ihr gespannt beim Kauen zusah. Seiner Mimik entnahm sie, daß er große Lust hatte, es ihr gleich zu tun – und sie teilte den Apfel mit Arpad, der diesen mit großem Appetit verzehrte. Seither gehört Obst – Äpfel, Birnen, Bananen, Pflaumen einfach zu unserem Ernährungsplan, ebenso rohes Gemüse und Getreide.
Aus pragmatischen, aber auch aus wirtschaftlichen Gründen bieten wir unseren Hunden vier Arten von Getreide an: Hirse, Buchweizen*, Dinkel und Reis. Ebenso verwenden wir im Handel angebotene Getreideflocken.

Die Ernährung unserer Hunde besteht also zu etwa 50% aus diversen Getreidesorten, zu 40% aus rohem Gemüse, Obst, Quark, Joghurt und Sahne und nur zu etwa 10% aus Fleisch, Fisch und grünem Pansen.

Daß wir bei unserer Hundeernährung noch nicht vollkommen auf tierische Produkte verzichten, hat seinen Grund in einer gewissen Unsicherheit in Bezug auf Erfahrungswerte, die sich eigentlich

* Der Buchweizen ist ein Knöterichgewächs und gehört streng genommen nicht zum Getreide.

über ein gesamtes Hundeleben, also über zwölf bis fünfzehn Jahre hinziehen sollten, damit man endgültige Aussagen machen kann.

Einige Fütterungsempfehlungen:
Die »Kasza« – was soviel bedeutet wie »der Brei«.
Ob Buchweizen, Dinkel, Hirse oder Reis – es empfiehlt sich, die Menge der Größe und dem individuellen Bedürfnis Ihres Hundes anzupassen.

Da alle Getreidesorten sehr ergiebig sind, besorgen wir unsere Körner in diesem Fall aus biologischem Anbau. Wir waschen das Getreide dennoch gründlich, geben es in kochendes Wasser, lassen es 5 Minuten kochen und 15 bis 20 Minuten quellen. Die genaue Wassermenge hat man bald heraus. Das einzelne Korn sollte zwar weich, aber in seiner Konsistenz spürbar bleiben.
Der fertigen Kasza wird nach dem Abkühlen pro Hund ein Teelöffel oder ein Eßlöffel kaltgepreßtes Öl aus biologischem Anbau zugegeben, so daß der Getreidebrei locker, glänzend und sämig anmutet.

Inzwischen haben wir mit der Küchenmaschine rohes (niemals gekochtes!) Gemüse fein zerkleinert (rote Rüben – Möhren – Petersilienwurzel – Sellerie – grüne Selleriestangen – Fenchel – Sauerkraut – Weiß- oder Rotkraut – Tomaten – Paprika – eine Knoblauchzehe. Bitte kein blähendes Gemüse wie Lauch oder Zwiebel!)

Der rohe Gemüsebrei wird nun unter die Kasza gemischt, im Verhältnis 3/5 zu 2/5.
Zerkleinerte grüne Petersilie, getrocknete oder noch besser frische Brennesseln und/oder Blattspinat können die Kasza noch veredeln.

Drei bis vier Tage wöchentlich füttern wir unsere circa 60 Hunde mit einer solchen Kasza. Nach einer Phase der Eingewöhnung nehmen sie dieses Futter mit großem Appetit an.

Eine Variante ist die süße Kasza – ein- bis zweimal pro Woche auf dem Speisenplan:
Nach dem Abkühlen des Getreidebreis geben wir nicht Öl, sondern süße Sahne dazu, ferner Weizenkeime, geschroteten Leinsamen, einen TL Honig, einen Eidotter pro Woche, ungeschwefelte Rosinen, auch Nüsse. Dazu nach Vorhandensein Bananen, Äpfel, Birnen etc. (Bitte keine Citrusfrüchte, der Säure wegen.) Nach Belieben Quark oder Joghurt darunter mischen.

Einmal pro Woche füttern wir unsere Hunde mit dem grünen, also dem ungewaschenen, zerkleinerten Pansen. Wir mischen schleimig gekochte Haferflocken darunter oder die oben erwähnten Flocken.
Das Verhältnis Pansen zu Flocken sollte etwa 1/3 zu 2/3 sein.
Achtung! Roher, grüner Pansen könnte wurminfizierend wirken, deshalb achten Sie bitte auf den Kot Ihres Hundes.

Ein weiteres, nicht rein vegetarisches Futter besteht aus 1/4 gekochtem Fleisch oder Fisch und 3/4 Reis, Dinkel, Buchweizen oder fertigen Flocken.
Es ist empfehlenswert, diesem Futter ebenfalls Knoblauch, grüne Petersilie, Tomaten, Brennesseln und Spinat unterzumischen.

Ein gewisses Problem sehe ich bei der von mir vorgeschlagenen Hundefütterung durchaus. Es handelt sich um breiige Nahrung, unsere Hunde aber haben nun einmal Zähne zum Kauen, das Kauen wiederum fördert die Speichelentwicklung im Mund, durch die wiederum die Verdauungssäfte angeregt werden.
Was ist zu tun?
Knochen gehören mitnichten in den Speiseplan unserer Hunde, sie sind gefährlich, da sich Knochensplitter in die Darmwände spießen können, oder der Knochenbrei »betonartig« den Fluß der Nahrung im Darm blockieren kann.
Wir bieten unseren Hunden zum Kauen deshalb getrocknetes, hartes Brot an, am besten natürlich Vollkornbrot. Außerdem gibt es im Handel steinharte, aus Getreide hergestellte Hundekuchen. Ganze Äpfel und Birnen, auch Möhren empfehlen sich ebenfalls zum Kauen. Auf diese Weise wird gleichzeitig die Reinigung der Zähne vorgenommen.

Wir sollten uns immer vergegenwärtigen, daß es sich bei unseren Hunden nicht mehr um Wölfe handelt, sondern um seit Jahrtausenden domestizierte Tiere. Unsere Hunde, vielleicht mehr noch als unsere Katzen, sind auf Gedeih, aber auch auf Verderb von uns Menschen abhängig. Letzteres ist die Ursache für unser Tätigwerden im Tierschutz.
Gerade im südeuropäischen und osteuropäischen Raum stehen wir einem Heer heimatloser, hungernder Hunde und Katzen gegenüber. Doch allein durch Verfügungstellung von Futter läßt sich der dramatischen Situation vor Ort niemals begegnen. Damit einhergehend müssen gezielte tiermedizinische Maßnahmen stattfinden, wie Kastration und notwendige Indikationen gegen Seuchen und Parasiten.

(Adresse von »Pro Animale« im Anhang)

Geht es auch rein vegetarisch?
Die Tierfreundin Gina Geiger beschreibt in der Zeitschrift »Der Vegetarier« ihre Erfahrungen mit vegetarischer Ernährung von Hunden und Katzen.

Vegetarische Ernährung von Hunden und Katzen

Viele Vegetarier sehen sich tagtäglich mit einem großen Problem konfrontiert: dem Füttern ihres Haustieres. Da sie selbst schon seit Jahren dem Fleisch den Rücken gekehrt haben, ist es für viele Hunde- und Katzenbesitzer eine große Überwindung, ihre Lieblinge mit Fleisch bzw. Dosennahrung zu füttern. Nicht nur der unmittelbare Ekel, das Ablehnen der Unterstützung von Massentierhaltung und Schlachtung und die Angst um die Gesundheit des Tieres (schließlich wissen wir nur allzugut, welche Schlachtabfälle in die Dosen kommen, von den »normalen« Zutaten wie Hormonen, Antibiotika und Chemikalien aus der Massentierhaltung bzw. zur Geschmacksverbesserung und Farbabrundung einmal abgesehen), sondern auch der ethische Konflikt, der dahinter steht (wer gibt mir das Recht, andere Tiere zu töten, um mein Tier zu ernähren?, Umweltzerstörung, Hunger in den Dritte-Welt-Ländern etc.) ist für viele zum Auslöser für eine Suche nach Alternativen geworden. Glücklicherweise wird man – wenn auch unter eventuellen Schwierigkeiten – fündig!
Obwohl vegetarisches Hundefutter in Deutschland (noch?) nicht hergestellt wird (bei Bedarf in England zu bestellen!), kann man einen Hund ohne Probleme fleischlos ernähren. Man füttert ihm all das, was man selbst auch ißt: Obst, Gemüse, Getreide, Hülsenfrüchte und Sojaprodukte.
Mit etwas Geduld wird man bald herausfinden, was dem Tier am besten schmeckt. Bei Katzen ist es leider etwas komplizierter, da diese mehr Eiweiß benötigen und zudem nicht die Fähigkeit besitzen, bestimmte Aminosäuren und Vitamine selbst aufzubauen bzw. aus vegetarischer Nahrung zu entnehmen. Um eine optimale Versorgung mit allen Nährstoffen zu garantieren, muß dem

Futter ein spezieller Zusatz beigefügt werden. (Auch dieser kann in England und USA bestellt werden.)
Es ist also durchaus möglich, auch Haustiere mit vegetarischer Kost gesünder und vor allem ethisch vertretbar zu ernähren.
Zum Abschluß noch ein Denkanstoß: Viele werden argumentieren, daß Hund und Katze von Natur aus Fleischfresser sind. RICHTIG. Nur: Kann man den Zustand, in dem sich unsere Haustiere heute befinden, überhaupt noch als »natürlich« bezeichnen? Haben wir sie nicht durch Domestikation und Züchtung sowieso vieler natürlicher Verhaltensweisen beraubt und unter widernatürlichen Bedingungen zu leben gezwungen?
Ich denke, unter den heutigen Umständen ist es geradezu unsere Pflicht, in Verantwortung für unser Tier, seine Mitgeschöpfe und unsere Umwelt zu handeln.
In diesem Sinne hoffe ich, daß ein paar Vegetarier mehr nun einen weiteren Schritt in Richtung eines Lebensstils wagen werden, der jegliche Ausbeutung eines Lebewesens ablehnt.

Adressen:

- Happidog Pet Foods, Bridge End, Brownhill Lane, Longton, Preston, Lancs., PR 4 4 SJ, Tel. 0772 614952
- Katz go Vegan, Vegan Society, Box 161, 7 Battle Road, St. Leonards-on-Sea, East Sussex, TN37 7AA
- Harbingers of a New Age, PO Box 146, Swissholme, Oregon, OR 97480 USA

Die letzten beiden Firmen vertreiben den Nahrungszusatz »Vegecat« und das Buch »Dogs and cats go vegetarian«.
Ich bemühe mich, daß diese Produkte bald auch in München erhältlich sein werden.

Fertig-Tiernahrung in Bioqualität

Apropos Dosenfutter: Wie miserabel die oft so hochgelobte Dosennahrung für unsere Lieblinge in Wirklichkeit ist, beweist auf erschreckende Weise der Bericht zweier Veterinäre mit der Überschrift »Wurm-Delikatessen«. In der Büchsennahrung für Hunde und Katzen soll Fleisch enthalten sein, das durch Parasiten, Viren, Zirrhose und viele andere Krankheitserreger infiziert ist, Mehl aus Schlachthausabfällen enthält und andere industrielle Abfälle.
Das ausführliche Informationsblatt ist zu beziehen über die »Tierversuchsgegner Rhein-Ruhr«, Postfach 201, D-53569 Unkel.

Es gibt aber auch schon Fertignahrung in Bioqualität für alle diejenigen, die nicht darauf verzichten wollen oder können, angeboten von einer Frau, die, »selbst Veganerin, mit über zwei Dutzend Katzen zusammen lebt, die sie natürlich möglichst artgerecht ernähren will, in der Erkenntnis, daß Katzen wohl leider Fleisch brauchen«.
Regina Schmitz ist also täglich mit dem Gewissenskonflikt konfrontiert, tote Tiere verfüttern zu müssen. Kurz entschlossen, von zwei Übeln das kleinere zu wählen, bietet sie Katzen- wie überhaupt Tiernahrung an, in nahezu hundertprozentiger Bioqualität, darüber hinaus biologische Heilmittel und Naturkost auch für Zweibeiner.

B.R.

(Adresse von Regina Schmitz im Anhang)

Bach-Blüten auch für unsere Haustiere

Der Begründer der Bach-Blütentherapie, der englische Arzt und Homöopath Dr. Edward Bach, beobachtete, daß es für jeden Seelenzustand eine bestimmte Blüte gibt, die diesen Zustand harmonisieren kann, und fand insgesamt 38 Mittel, von denen 37 aus wildwachsenden, ungiftigen Blüten hergestellt werden, während das letzte aus reinem Quellwasser besteht.
Bach teilte seine Blütenmittel in sieben Hauptgruppen ein – nach den Gemütszuständen, bei denen sie wirksam sind: Angst, Unsicherheit, ungenügendes Interesse an der Gegenwartssituation, Einsamkeit, Überempfindlichkeit gegenüber Einflüssen und Ideen, Mutlosigkeit und Verzweiflung, übergroße Sorge um das Wohl anderer.
Er ging davon aus, daß jedes Krankheitsgeschehen, das sich körperlich manifestiert, durch Disharmonien auf geistig-seelischer Ebene bedingt ist, und daß jede Krankheit von negativen Gemütsstimmungen – wie Zorn, Angst, Hoffnungslosigkeit – begleitet wird bzw. diese der Krankheit vorausgehen. Erkennt man sie früh genug und führt sie vom Negativen ins Positive, so kann man unter Umständen den Ausbruch der körperlichen Krankheit verhindern.
Auch Tiere sind Seelenwesen und ihren Empfindungen und Gefühlen oft fast unmittelbarer ausgesetzt als der Mensch. »Logische Erklärungen und vernünftige Einsichten« kann das Tier nicht finden, und so reagiert es auf Störungen aller Art höchst sensibel. In der tierärztlichen Praxis ist man z.B. immer wieder mit den oft gravierenden Folgen von Trennungsschmerz konfrontiert: Der Tierbesitzer fährt fort und läßt sein Tier in der Obhut eines anderen – und wenn er zurückkommt, hat sich der Hund oder die Katze ganze Büschel Haare ausgerissen, blutet vielleicht stark und ist hochgradig verstört.
Auch auf Änderungen in ihrer Umgebung, etwa den Umzug in eine neue Wohnung oder in eine fremde Stadt, aber auch nur auf

das Umstellen bestimmer Möbelstücke reagieren manche Tiere ausgesprochen stark – verstörte Katzen, die unter dem Sofa liegen und tagelang nicht hervorkommen, sind nicht selten.
Welcher Tierhalter hat nicht schon beobachtet, wie aufgeregt und nervös Tiere vor dem Tierarztbesuch sind? Unsere Haustiere scheinen förmlich zu riechen, welche Art von Ausfahrt ihnen bevorsteht ...!
Störungen wie diese kennt wohl jeder, der ein Tier als Familienmitglied hat, und gerade sie sind ein hervorragendes Einsatzgebiet für Bach-Blüten.
Psychische Störungen, Verhaltensstörungen, seelische Unterstützung in schwierigen Situationen – hier kann man gute Erfolge erwarten. Tiere sprechen auf die Bach-Blütenbehandlung meist sehr schnell an, die Harmonisierung hält oft lange Zeit an.

Welchem Tier hilft nun welche Blüte?

Typus Tier	Blüte
Fröhlich, gesellig, friedfertig. Tiere, bei denen man eine Krankheit fast übersieht. Vermeiden Unannehmlichkeiten um jeden Preis.	**Agrimony** (Odermennig)
Stets ängstlich, schreckhaft, sensibel. Tiere mit großer Angst vor Gewittern, der Dunkelheit oder dem Alleinsein.	**Aspen** (Zitterpappel)
Aggressiv. Tiere, die Artgenossen unerwartet beißen. Kratzende Katzen, die auch dem Besitzer gegenüber intolerant sind. Untugenden wie Federnrupfen bei Vögeln, Fellleiden bei Hunden.	**Beech** (Rotbuche)
Gutmütig. Tiere, die stets nachgeben und sich bei allen Kämpfen unterwerfen. Selbst die Futterschüssel wird kampflos dem anderen überlassen, große Passivität.	Centaury (Tausendgüldenkraut)
Auffällig unsicher. Gehorcht jedem Menschen. Gut für Tiere, die sehr früh von der Mutter entfernt wurden.	**Cerato** (Bleiwurz)
Wehleidig und leicht beleidigt. Braucht stets Beschäftigung und Zuwendung. Neigung zum Kläffen und Jaulen. Gut bei Kleinhunden.	**Chicory** (Wegwarte und Heather, Schottisches Heidekraut)

Typus Tier	Blüte
Verhärmte Tiere, die viel dösen und auf Anrufen kaum reagieren.	**Clematis** (Weiße Waldrebe)
Übertrieben reinlich, ständiges Putzen, Lecken, Scheuern. Altes Futter wird grundsätzlich abgelehnt. Vorsicht: oft parasitäre Hauterkrankungen!	**Crab Apple** (Holzapfel)
Mißtrauisch. Tiere, die sich kaum berühren lassen und gern verkriechen. Blüte ist gut bei Besitzerwechsel.	**Gentian** (Herbstenzian)
Eifersüchtig. Wütend auf bestimmte Artgenossen und Menschen. Will Bezugsperson nicht teilen (z.B. Baby in der Familie).	**Holly** (Stechpalme)
Kann sich schwer von der Vergangenheit lösen. Blüte hilft nach Tod des Besitzers, auch bei Wohnungs- oder Ortswechsel. Äußert sich in Futterverweigerung, großer Traurigkeit. Oft bei Heimtieren.	**Honeysuckle** (Geißblatt)
Scheu, furchtsam, sucht stets Schutz bei der Bezugsperson, Angst vor Gewitter, hellem Licht, äußeren Reizen.	**Mimulus** (Gefleckte Gauklerblume)
Leidet an Energiemangel, Müdigkeit, Kraftlosigkeit, braucht viel Schlaf. Blüte ist gut für alte Tiere; Rekonvaleszenz-Mittel.	**Olive**
Zeigt übertriebene Anhänglichkeit oder Beschützerverhalten. Verteidigt Bezugsperson. Läßt niemanden an diese heran.	Red Chestnut (Rote Kastanie)
Neigt zu schweren Angstzuständen, Panik.	Rock Rose (Gelbes Sonnenröschen)
Starr, angespannt, mit ausgeprägten Gewohnheiten.	**Rock Water** (Wasser aus heilkräftigen Quellen)
Für Tiere, die körperliche oder seelische Erschütterungen hinter sich haben (Unfall, Besitzerwechsel etc.), plötzlich unsauber gewordene Hunde oder Katzen, Heimtiere.	Star of Betlehem (Doldiger Milchstern)

Typus Tier	Blüte
Blüte ist eine Kombination aus 5 Bach-Blüten, die in vielen kleineren und größeren Notfällen angewendet werden kann: z.B. bei Rauferei, Tierarztbesuch, Ausstellung, Unfall, vor und nach einer Operation, bei Autofahrten, für Neugeborene etc.	**Rescue** (Erste-Hilfe-Tropfen)

Die Zubereitung der einzelnen Bach-Blütenkonzentrate und -verdünnungen, ausführliche Beschreibung der Blüten usw. können in den im Anhang angeführten Büchern nachgelesen werden.

Zur Dosierung:
Erwachsene Kleintiere erhalten täglich vier mal vier Tropfen der nach der Anleitung verdünnten Blütenessenz.
Jungtiere in der ersten Lebenswoche zwei bis drei Tropfen, Hamster, Ziervögel und andere kleine Tiere ein bis zwei Tropfen, jeweils viermal täglich.
Die Tropfen können mit einer Pipette direkt auf die Zunge gegeben werden, ins Futter oder Trinkwasser gemischt oder – besonders bei heiklen Katzen – auf die Pfoten geträufelt werden.

B.R.

(Ausführlichere Informationen bei Renate Edelmann, siehe Literaturhinweise)

Der Tierversuch – Segen oder Fluch?

Wie viele Menschen war auch ich früher der Überzeugung, Tierversuche dienten tatsächlich dem Schutz des Menschen und seien daher wohl ein notwendiges Übel.
Den ersten Einbruch in diese Denkgewohnheit brachte die Rheumakrankheit meiner Mutter. Die ihr gegen dieses Rheuma verordneten Medikamente – alle im Tierversuch getestet und für unschädlich befunden, später erst als schädlich für den Menschen erkannt und spät, zu spät vom Markt genommen – führten zu Leberkrebs, an dem sie schließlich starb.
Leider wußte ich damals noch nichts über die Zusammenhänge zwischen Ernährung – Gesundheit – Krankheit. Mit dreißig Jahren litt ich ebenfalls an Rheuma. Von der Mutter geerbt, hieß es, und ich bekam ähnliche Medikamente zu schlucken, ohne daß sich eine Besserung abzeichnete. Glücklicherweise fielen mir die Bücher von Prof. Kollath und Dr. Bruker in die Hände. Ich begriff die oben geschilderten Zusammenhänge, setzte alle Medikamente ab, stellte meine Ernährung auf eine vegetarische Vollwerternährung um und – bekam mein Rheuma »in den Griff«.
Daß der Mensch eben keine Maus ist und Tierversuche in die Irre führen, sehen immer mehr Wissenschaftler ein, die selbst einmal vehemente Vivisektionisten waren. In dem Buch »1000 Ärzte gegen Tierversuche« schildern Mediziner, die an Tieren experimentierten, die fatalen Folgen nicht nur für die Tiere, sondern auch für die Menschen. Ich zitiere nur zwei davon:
»Mit Sicherheit kann ich nach 41jähriger chirurgischer Tätigkeit sagen, daß bei mir Tierversuche nichts dazu beigetragen haben, meine chirurgischen Kenntnisse zu vertiefen oder mein praktisches Können zu verbessern. Das steht fest ... In einer Gesellschaft, die sich human nennt, können quälerische Tierversuche nicht erlaubt sein. Das Quälerische bezieht sich auch auf Seelenqual. Auch Tiere haben ja eine Seele, wie wir wissen« (Prof. Dr. med. Julius Hackethal, in einem Video-Interview am 16. April 1986).

»Die Frage lautete, kann man auf Tierversuche verzichten, ohne den medizinischen Fortschritt aufzuhalten? Meine Antwort ist nicht, man kann, sondern man *muß* auf Tierversuche verzichten, um den medizinischen Fortschritt nicht aufzuhalten ... Inzwischen sind wir zu der Überzeugung gelangt, daß man mit Tierversuchen aufhören soll, nicht aus Rücksicht auf das Tier, sondern aus Rücksicht auf den Menschen. Ich will jetzt nicht von den pharmakologischen Katastrophen sprechen, die von den Tierversuchen herrühren, das wäre zu leicht. Ich meine die ständigen, täglichen Schäden, die der medizinischen Wissenschaft durch den Glauben an die Gültigkeit der Tierproben verursacht werden.« (Prof. Dr. med. Pietro Croce, ausgebildet an der Universität von Colorado in Denver, Universität von Barcelona und Universität von Pisa, ehemals langjähriger Leiter der Abteilung für klinische Pathologie, Mikrobiologie und pathologische Anatomie am Mailänder Spital L. Sacco, freier Dozent an der Mailänder Universität, Autor zahlreicher medizinischer Schriften, Bücher und Artikel, in einem Video Interview am 11. Januar 1986 in Rom, aus dem Italienischen übertragen.)

Eigentlich logisch. Entweder sind die Tiere uns ähnlich, dann dürfen wir keine Versuche an ihnen vornehmen, oder sie sind uns nicht ähnlich, dann sind Tierversuche sinnlos.

Die Tierversuchsgegner Österreichs zeigen Alternativen zu Tierversuchen auf, dann folgt der Bericht über die Organisation **FISEA**, die jährlich Preise an Wissenschaftler verleiht, die an Alternativmethoden zum Tierversuch forschen.

B.R.

Alternativen zu Tierversuchen?

In den letzten Jahren wurden verschiedene *Zentren für Alternativen zu Tierversuchen* in Österreich sowie in der Schweiz, Deutschland, Italien, England und den USA gegründet, um u.a. Versuche an lebenden Tieren durch Experimente mit Zellen von getöteten Tieren zu ersetzen. Diese **tierischen** Zellkulturen sollen eine Voraussage für die Giftigkeit von Medikamenten, Impfstoffen, Kosmetika und Chemikalien beim **Menschen** ermöglichen und stellen bei – wie Tierversuche selbst – eine **Veterinärmedizin für Menschen** dar.

Alternativmethoden verewigen Tierversuche und schaden dem Tierschutz

Unter dem sogenannten 3R-Konzept »Refine, Reduce, Replace« (Verfeinern, Vermindern, Ersetzen) werden Alternativen zu Tierversuchen von Industrie, Hochschulen und Behörden zunehmend akzeptiert, propagiert und finanziert. Wer aber die drei R und gleichwertige Alternativmethoden befürwortet, betrachtet Tierversuche als eine nützliche und notwendige Forschungsmethode, die man nicht abschaffen, sondern nur schrittweise einschränken könne. Deshalb arbeiten die meisten Alternativforscher mit **tierischen** Zellkulturen, vergleichen diese während ihrer langdauernden Auswertung mit **Tierversuchsergebnissen** und **wiederholen sogar die angeblich zu ersetzenden Tierversuche jahrelang**, um solche Vergleichsmethoden zu erhalten. Zudem sollen Alternativmethoden die für den Menschen irreführenden und unzuverlässigen Tierversuche **nicht ersetzen, sondern ergänzen** — d.h., sie werden **zusätzlich** zu den Tierversuchen durchgeführt, um weitere Versuchsergebnisse zu erhalten. **Somit werden Tierversuche weder eliminiert noch reduziert, sondern verewigt. Obwohl Alternativmethoden auf diese Weise dem Tierschutz klar schaden, werden sie leider von zahlreichen Tierschutzorganisationen gefördert und finanziert**.

Tierische Zellkulturen: auch für den Menschen keine Verbesserung

Gerade weil sie auf Tiermaterial und Tierversuchen basieren, stellen Alternativmethoden nicht nur für das Tier, sondern auch für den Menschen keine Verbesserung dar: Ob Produkte an lebenden Tieren oder an tierischen Zellkulturen geprüft werden – **es bleibt immer noch das unüberwindliche Problem der Übertragbarkeit auf den Menschen, denn jede Spezies kann nur ihr eigenes Versuchsobjekt sein: Maus für Maus, Hund für Hund, Mensch für Mensch**.

Diese wissenschaftliche Selbstverständlichkeit gilt in der Veterinärmedizin, wo Produkte ja nicht am Menschen (oder an menschlichen Zellkulturen), sondern am Tier (oder an tierischen Zellkulturen) geprüft werden. In der Humanmedizin gehören Menschenversuche – die sogenannten klinischen Prüfungen – ebenso zur täglichen experimentellen Routine, weil Tierversuche so irreführend und unzuverlässig sind: **Gemäß Studien der chemischen Industrie selbst, erweisen sich 90-95 Prozent der Produkte, die im Tierversuch für wirksam und sicher befunden wurden, während der klinischen Prüfungen am Menschen als wirkungslos oder gefährlich**.

Scheinsicherheit durch Tierversuche und gleichwertige Alternativmethoden

Tatsache ist, daß Tiere wegen gravierender Spezies- und Stoffwechselunterschiede völlig anders reagieren als Menschen. Zudem werden Tierversuche unter künstlichen Laborbedingungen durchgeführt, die den komplexen Eigenschaften des menschlichen Körpers keineswegs entsprechen. Tierversuche erlauben deshalb keine sicheren, zuverlässigen Rückschlüsse auf den Menschen und haben in Wirklichkeit lediglich eine **Alibifunktion**: Im Schadensfall berufen sich die verantwortlichen Chemiekonzerne auf die vorausgegangenen Tierexperimente und bleiben somit zivil- und strafrechtlich weitgehend abgesichert.

Tierversuche führen also zu einer verhängnisvollen **Scheinsicherheit**: Sie schützen nicht den Menschen vor Gesundheitsrisiken, sondern die Chemiekonzerne vor Schadensersatzansprüchen infolge tödlicher oder zu Invalidität führender Produkteschäden. Mit Tierversuchen wollen uns die Chemiekonzerne weismachen, daß sie das Zumutbare getan und ihre Sorgfaltspflicht erfüllt hätten und deshalb nicht verantwortlich gemacht werden könnten. Auf diese Weise **erleichtern** Tierversuche die Zulassung von gefährlichen Produkten und **verhindern**, daß diese vom Markt zurückgezogen werden. Die traurige Folge davon: **Immer mehr Produkte kommen auf den Markt – zum Schaden von Mensch, Tier und Umwelt. Tierversuche durch gleichwertige tierische Zellkulturen ersetzen zu wollen, entbehrt somit jeder Logik und Vernunft**.

Menschliche Zellkulturen: Übertragbar, sicher, zuverlässig

Das Problem der Übertragbarkeit auf den Menschen kann einfach umgangen werden, indem man mit **menschlichen** Zell-, Gewebe- und Organkulturen arbeitet. Weil menschliches Gewebe in allen Spitälern und Kliniken bei Operationen entnommen wird, ist es leicht erhältlich. Untersuchungen mit Humanproben sind in der Forschung längst Alltag und werden für die Sicherheitsprüfung neuer Produkte erfolgreich angewendet, weil ihre Ergebnisse unmittelbar auf den Menschen übertragbar sind. **Im Gegensatz zu Tierversuchen und tierischen Zellkulturen sind Untersuchungen mit menschlichem Biomaterial sicher, zuverlässig und unterstützungswürdig**.

Tierversuche nicht ersetzen, sondern abschaffen

Die veraltete Idee, daß Tierversuche der menschlichen Gesundheit und Sicherheit dienen, muß endlich zurückgewiesen werden. Wenn Tierversuche eine wertvolle Forschungsmethode wären, würden Menschen bei der Erkrankung einen Tierarzt aufsuchen oder mit dem kranken Hund zum Hausarzt gehen. **Tierversuche**

sind weder seriös noch wissenschaftlich und brauchen deswegen keine gleichwertigen Alternativen.
Wir benötigen eine neue Generation von Forschern, die auf eine Veterinärmedizin für Menschen verzichtet und sich auf eine **Humanmedizin im wahrsten Sinne des Wortes konzentriert. Im Interesse von Mensch, Tier und Umwelt müssen Tierversuche abgeschafft** werden, damit die medizinische Forschung in Kanäle geleitet wird, die sich **direkt auf den Menschen** beziehen.

(Adresse vom Bund der Tierversuchsgegner Österreich im Anhang)

FISEA – Forschungspreis für Alternativmedizin zum Tierversuch

Die Luxemburgerin Anny Eck-Hieff, eine große Tierfreundin, gründete im Jahr 1986 die Organisation **FISEA** (Fondation Internationale pour la Substitution de l'Expérimentation Animale).

Ziel und Zweck der FISEA:

- Die Forscher respektive Forschergruppen für ihre erzielten Erfolge auf diesem Gebiet mit einem jährlichen Geldpreis auszuzeichnen.
- Den Umdenkprozeß zu beschleunigen, das dem Menschen durch Tierversuche zugefügte Unheil zu eliminieren.
- Einen Ansporn für Wissenschaftler zu schaffen, damit sie den Weg der tierversuchsfreien Forschung schneller einschlagen. Die Abgestumpftheit den Tieren gegenüber, die sich automatisch auf den Menschen überträgt, abzubauen.

1996 wurde der FISEA-Forschungspreis zum 10. Mal vergeben. Ein Vertreter der »zebet« (Zentralstelle zur Erfassung und Bewertung von Ersatz- und Ergänzungsmethoden zum Tierversuch, in Berlin) hielt folgende Festrede:

»10 Jahre FISEA-Forschungspreis«

Die jährliche Prämierung wissenschaftlicher Arbeiten zum Ersatz von Tierversuchen* durch FISEA, die Internationale Stiftung für Alternativ-Medizin zum Tierversuch, die in diesem Jahr zum 10. Mal stattfindet, hat eine starke Auswirkung auf die Reduzierung von Tierversuchen in Europa gehabt. Die Erkenntnis, daß die Entwicklungen von Alternativ-Methoden zum Tierversuch eine besonders hohe Priorität bei der Forschungsförderung genießen muß, bestimmte noch nie so deutlich das öffentliche Bewußtsein wie heute.

Die FISEA-Preisverleihungen haben dazu einen wertvollen und wesentlichen Beitrag geliefert.

FISEA hat beispielsweise junge Forscher für die Entwicklung von Zellkulturverfahren ausgezeichnet, die eine Prüfung und Entwicklung von Arzneimitteln in vitro ermöglichen. Auf dem Gebiet der bakteriologischen Lebensmittelüberwachung wurde ein immunologisches Testverfahren prämiert. Mit von FISEA ausgezeichneten Arbeiten zur Entwicklung gentechnologisch veränderter Zellinien wird künftig die toxikologische Prüfung von Fremdstoffen in vitro möglich sein, die bisher ausschließlich im Tierversuch durchführbar waren. Bei vielen der ausgezeichneten Arbeiten hat die mit internationalen Experten besetzte Jury ein gutes Gespür für das zukünftig Machbare entwickelt und damit sehr kompetent entschieden. Inzwischen hat der FISEA-Preis unter Wissenschaftlern in Europa ein hohes Ansehen erreicht. Der FISEA-Preis hat die wissenschaftliche Karriere der Preisträger oft entscheidend mitbestimmt. Damit werden junge Wissenschaftler nachdrücklich zur Arbeit auf dem Gebiet der Alternativmethoden ermuntert.

Es ist zu erwarten, daß die von der FISEA prämierten Arbeiten dazu beitragen, daß die Behörden in Europa auf die Durchführung

* Anmerkung der Autorin:
Der aus der Sicht der Tierversuchsgegner falsche Begriff »Ersatz- oder Ergänzungsmethode zum Tierversuch« wird hier noch, wie wir meinen, fälschlich verwendet, außerdem haben Tierversuche der Sicherheit der Verbraucher eher geschadet.

gesetzlich vorgeschriebener Tierversuche immer weiter verzichten können, ohne die Sicherheit der Verbraucher zu gefährden.

(Adresse von FISEA im Anhang)

Unter der Leitung der Pädagogin und Initiatorin vom **Bundesverein der Tierbefreier Österreichs**, Charlotte Probst, widmen schon seit Jahrzehnten 4 000 Mitglieder – Kinder, Jugendliche und Erwachsene – einen wesentlichen Teil ihres Lebens dem Ziel, TIEREN ZU HELFEN, Tieren, die durch menschliche Profitgier oder Gleichgültigkeit unendlichen Qualen ausgesetzt sind.

Projekt »Tierschutz im Unterricht«

Eine kostenlose stufengerechte, informative Unterrichtshilfe für alle Schultypen

Kein Thema ist der Organisation zu heiß. **Massentierhaltung – Tierversuche – Jagdvergnügen ohne Notwendigkeit** – wem die Tierschutzproblematik noch ein Potemkinsches Dorf ist, dem sei die zwar nicht leicht verdauliche, aber Augen öffnende Vereinsbroschüre »Der vernetzte Irrsinn« ans Herz gelegt.

Ein wesentliches Standbein der vielfältigen Vereinsarbeit ist die **Pädagogik. »Kinder sind noch zu interessieren, sind begeisterungsfähig, mit großer Freude und unglaublichem Engagement als Tierretter tätig«, erzählt Frau Probst. Und sie weiß, wovon sie redet. Hat sie es doch geschafft, österreichweit – vom Bundesministerium für Unterricht approbierte – SonderlehrerInnen unter Vertrag zu nehmen.**
Diese »SonderpädagogInnen« gestalten auf Bestellung in Schulen perfekt vor- und aufbereitete Unterrichtseinheiten.

Themen:
- Mensch-Tier-Beziehung
- Massentierhaltung
- Tiertransport
- Tierversuch (Projekt: tierversuchsfreie Universität Graz)
- Pelztierzucht
- Delikatessen

Entsprechend den Schulstufen wird mittels spielerischer Gestaltung, unterstützt von Film- und Diamaterial, die Thematik dargestellt, und es werden von den Kindern Lösungen erarbeitet.
Schwerpunkte:
- Der Konsument beeinflußt den Markt,
- Die globalen Zusammenhänge zwischen Massentierhaltung in den Industrieländern und dem Hunger in der »Dritten Welt«,
- Die Unwissenschaftlichkeit und letztlich Sinnlosigkeit der Tierversuche.
- u.v.m.

(Adresse »Der Tierbefreier« im Anhang)

»Ich bin Leben, das leben will,
inmitten von Leben, das leben will!«

Albert Schweitzer

80 Millionen Nachkommen einer einzigen nicht sterilisierten Hauskatze?

Geburtenbeschränkung für Hunde und Katzen

Millionen unerwünschter Katzen werden jedes Jahr geboren. Ende April bis September, Hauptzeit der Katzengeburten, müssen viele herrenlose Katzen sogar eingeschläfert werden.
Weniger »glückliche« Tiere streunen umher. Ein Teil von ihnen wird überfahren, erschossen, mißhandelt. Viele landen als Versuchstiere in Labors. Die Überlebenden werden sehr schnell geschlechtsreif und gebären 5 oder 6 Kätzchen.
So beginnt der Teufelskreis! Jeder Katzenbesitzer, der sein Tier nicht sterilisieren läßt, macht sich mitschuldig. Denken Sie daran: Der Nachwuchs einer weiblichen Katze kann nach 10 Jahren über 80 Millionen Tiere betragen!!!
Nimmt man an, ein Katzenpaar bekommt im Jahr zweimal Nachwuchs und jeweils 2 bis 3 Kätzchen pro Wurf überleben, dann ergibt das nach 10 Jahren über **80 Millionen** Kätzchen!

*** nach 1 Jahr: 12

**** nach 2 Jahren: 66

***** nach 3 Jahren: 382

******* nach 4 Jahren: 2 201

********* nach 5 Jahren: 12 680

*********** nach 6 Jahren: 73 041

************** nach 7 Jahren: 420 715

***************** nach 8 Jahren: 2 423 316

******************* nach 9 Jahren: 13 958 290

*********************** nach 10 Jahren: über 80 Millionen

Diese Geburtenpyramide zeigt klar: Nur durch Geburtenbeschränkung weltweit, sprich ein großflächiges Kastrationsprogramm, ist das Elend von Katzen und Hunden zu beenden.

(Aus: Der Tierbefreier, Adresse im Anhang)

Der Tierschutz hat seinen Einzug auch in das Internet gehalten.
Ein Beispiel aus »Tierschutz im Internet«, der Tierschutzseite Österreich
Adresse: http://www.tiere.or.at/animals

Kampf gegen die »Hundemafia«

Immer mehr dubiose Hundehändler treiben in Österreich und Deutschland ihr Unwesen. Eine wahre »Hundemafia«. In Hinterhöfen werden Hunde »gezüchtet« – unter erbärmlichsten Umständen. Es lockt das schnelle Geld. Die Welpen sind oft krank oder weisen Langzeitschäden auf. Für die gutgläubigen Hundekäufer kommt oft erst Monate nach dem Kauf eines kleinen Welpen das böse Erwachen. Viele Tiere sind so krank, daß sie eingeschläfert werden müssen. Mach auch DU mit, beim Kampf gegen diese skrupellosen Hundedealer und beachte folgende

Tips beim Hundekauf

Die Hundemafia setzt auf Dein Mitleid und Deine Ungeduld. Du willst einen Hund – JETZT. Du willst nicht warten, bis bei einem angesehenen Züchter der nächste Wurf kommt (es gibt Wartelisten bis zu 2 Jahren). Damit hat der Hundedealer schon ein halbes Geschäft gemacht. Schaust Du dann noch in die traurigen Kulleraugen eines Welpen, ist es um Dich geschehen. Du kaufst den kleinen Welpen.

Die Konsequenz:
Du hast – mit großer Wahrscheinlichkeit – einen kranken Hund erworben. Und du hast – auf jeden Fall – einen Hundedealer reicher gemacht. Um dies zu vermeiden, ein paar wichtige Tips zur Suche nach Deinem Traumhund:

- Kaufe nicht über Kleinanzeigen in Zeitungen.
- Kaufe auf keinen Fall auf Tiermärkten.
- Prüfe, ob der Züchter einem der großen Zuchtverbände angehört.
- Wenn ein Züchter gleich mehrere Rassen anbietet – Finger weg !!!
- Stelle Fragen nach den Eltern des Welpen.
- Beobachte das Jungtier und achte besonders darauf, daß es auch Familienanschluß (ein soziales Umfeld) hat.
- Ein verantwortungsvoller Züchter wird Dir viele Fragen zu Deiner Hundetauglichkeit stellen.
- Kaufe keinen Hund »auf die schnelle« – Hundekauf erfordert viel Geduld.
- **Am besten jedoch, Du kaufst nicht beim Züchter, sondern holst ein Tier aus dem Tierheim.**

(Adresse im Anhang)

»Es wird vielen Leuten lächerlich sein,
und manchem frommen Christen ärgerlich,
daß wir auf einen Hund
so viel Rücksicht nehmen.«

Adalbert Stifter

Natürliches Freizeitreiten: Rai-Reiten

Fred Rai ist kompetenter Pferdekenner, überzeugter Vegetarier, als Experte für Pferde und Reitsport aktiv im Deutschen Tierschutzbund tätig und Gründer des Europäischen Pferdeschutzbundes. Er ist der einzige Country- und Westernsänger Europas, der immer mit seinem Pferd »Spitzbub« auftritt. Vor allem aber wurde er bekannt als engagierter Kämpfer wider den Mißbrauch von Pferden im Hochleistungssport.

Fred Rai: »Seit 25 Jahren befasse ich mich mit der Verhaltensweise und Psyche der Pferde. Dabei kam ich zu der erschreckenden Erkenntnis, daß das Pferd wohl eines der ältesten Haustiere, mit Sicherheit aber das am wenigsten verstandene ist. Die wichtigste Entdeckung jedoch ist: Das Pferd ist eines der Tiere auf der Erde, dem die Schöpfung keinen Schmerzlaut mitgegeben hat. Pferde sind nicht in der Lage zu schreien, wenn sie Schmerzen erleiden oder gequält werden.

Tiere können, wie auch Menschen, eine Leistung vollbringen, die auch die Natur ihnen abverlangt. So sagen wir zu einer fairen Leistung ja, aber zum Quälen ein entschiedenes Nein. Durch den fehlenden Schmerzlaut jedoch wird diese Grenze fließend und unerkennbar für Reiter und Tierfreunde.

Eine der wichtigsten Aufgaben des Europäischen Pferdeschutzbundes ist, die unvorstellbar schrecklichen Schlachttiertransporte in den Süden Europas zu verhindern, wo von Pferden, die schon ihre ganze Kraft und Gesundheit ihrem Herrn geopfert haben, noch der Blutzoll von tagelangem unmenschlichen Transporten in engen Fahrzeugen, ohne Wasser und Futter verlangt wird, wo heute noch Pferde mit dem Hammer erschlagen werden und in vielen Fällen diese armen und dabei stummen Kreaturen erst nach mehreren Schlägen von ihrer Todesangst und ihren Qualen erlöst sind.

Es muß das Verantwortungsgefühl der Pferdehalter geweckt werden, daß das Pferd kein totes Sportgerät ist, das nach Gebrauch weggeworfen werden kann, sondern ein treuer, leistungsbereiter Sportkamerad, der sich das bißchen Gras und Wasser im Alter durch stete und willige Leistungsbereitschaft längst verdient hat.
Es muß ein Ende haben mit diesem mörderischen und unfairen Hindernisrennen in Pardubice und in England, wo tote Pferde und gebrochene Beine zum Nervenkitzel der Zuschauer gehören. Es darf nicht angehen, daß der Reiter seinen sportlichen Ehrgeiz in Auswüchsen im Hochleistungssport befriedigt. Die Zahl der Hufrollenerkrankungen spricht Bände, über 10 000 Nervenschnitte an Pferden im Jahr. Das Tierschutzgesetz muß endlich dahingehend geändert werden, daß das Tier vor dem Gesetz die Rechte eines Lebewesens erhält. Es darf nicht nur strafbar sein, Pferde für Film- und Werbezwecke Schmerzen und Gefahren auszusetzen, sondern auch die Auswüchse im Hochleistungssport müssen endlich geahndet werden können – auch im Interesse aller fairen aktiven Reiter.
Es bedarf dringender Aufklärung der Pferdehalter, daß bei artgerechter Haltung dieser Tiere der Bewegungstrieb nur bei täglichem freiem Auslauf befriedigt werden kann. Jeder Trieb eines Pferdes muß ausgelebt werden. Wie sagte der Tierforscher Prof. Grzimek: Pferdehaltung ohne täglichen Auslauf ist Tierquälerei.
All diese Aufklärungsarbeit, der Kampf gegen diese schrecklichen Mißstände bedarf Ihrer Mithilfe, damit der älteste und treueste Helfer des Menschen endlich die Anerkennung und Behandlung erfährt, die er in seiner jahrtausendelangen Opferbereitschaft dem Menschen gegenüber längst verdient hat.«

(Adressen im Anhang;
ausführlichere Informationen
siehe Literaturhinweise)

Die Kürschner wollen uns weismachen, Pelz sei ein Stück Natur. In Wahrheit ist ein Pelzmantel so giftig, daß er als Sondermüll entsorgt werden muß!
Ein Webpelzmantel dagegen kann sogar recycelt werden.

Was ist Natur am Tierpelzmantel?

- **Die qualvolle Käfighaltung?**
- **Die einseitige Fütterung mit Eiweiß der Fellqualität wegen?**
  (meist aus der Dritten Welt importiertes Fischmehl und Soja: 3 Tonnen Futter für einen Nerzmantel; siehe »Tierbuch« von Eva Kroth, Seite 111, 1985)
- **Das Versickern der Exkremente ins Grundwasser?**
- **Die Tötung mit Autoabgasen oder Strom?**
- **Die Gerbung der Leichenteile (schwere Umweltbelastung)?**
- **Die chemische Aufbereitung der Fellseite gegen Verwesungsgestank?**

Vorteile hingegen vom Webpelzmantel:

Im ökologischsten Fall:
- Aus Seide, Wolle, Baumwolle, Viskose (wird aus Baumrinde und Holzabfällen gewonnen).

Im günstigsten Fall:
- Aus Kunstfaser (wie auch Damenstrümpfe, Ober- und Unterbekleidung, Autositze, Kinderspielzeug, Fußboden ...).

Auf jeden Fall:
- Beim Textilmantel wird **66mal weniger Energie verbraucht als beim Tierpelzmantel (aus: Natur 11/1987)**.

Lieber nackt als mit Pelz

Topmodels beziehen öffentlich Stellung gegen das Tragen von Pelzen. Die Tiere, die in Pelztierfarmen gezüchtet werden, sind Wildtiere, ihre Haltung in Käfigen ist tierquälerisch und nicht artgerecht. Die Einfuhr und der Verkauf von Tieren, die in Schlagfallen gefangen wurden, ist EU-weit verboten.

Machen auch Sie mit!
Keine Frau mit Herz trägt Nerz!

(Plakat und Informationsblatt
der Tierschutzorganisation PETA
[People for the ethical treatment of animals];
Adresse im Anhang)

Hitzige Debatten ergeben sich regelmäßig unter Tierfreunden mit jenen moslemischen oder jüdischen Glaubens, wenn die Rede auf das Thema Schächten kommt. Gegnern des Schächtens wird häufig sogar der Vorwurf gemacht, Rassisten zu sein. Viele Menschen sind nach wie vor der Meinung, das Schächten sei in einigen Religionen vorgeschrieben und unumgänglich.
Mit diesem Irrtum räumen moderne Religionsphilosophen aller Glaubensrichtungen auf.

Das betäubungslose Schächten der Tiere

Kulthandlung im 20. Jahrhundert?

Aus einem Vortrag von **Dr. med. Werner Hartinger**

Besonders im deutschsprachigen Raum der EU ist eine zunehmende publizistische Aktivität zu beobachten, das betäubungslose Schächten als Religionsvorschrift und als Kulthandlung darzustellen. Doch weder im Alten Testament noch in Thora oder Talmud finden sich eindeutige Anweisungen darüber, daß die Tötung des Schlachttieres durch Schächtung zu erfolgen habe und noch weniger, daß dies in unbetäubtem Zustand vorgenommen werden müsse. Bei diesbezüglichen Aussagen handelt es sich um persönliche Glaubensüberzeugungen und Auslegungen von Bibelstellen, die teilweise sogar in inhaltlichem Widerspruch zu den eindeutigen Darlegungen über das Verhältnis und Verhalten des Menschen zu seinen Mitgeschöpfen stehen. Dies ist verständlich, weil es zur damaligen Zeit noch keine Betäubungsmöglichkeiten gab und diese deshalb nicht verboten werden konnten.
Es ist schon auffällig, wie man sich gerade auf das betäubungslose Schächten von Tieren versteift und als vorgeschriebenes Religionsritual bezeichnet, wo doch ohne erkennbare Gewissensskrupel die belegbaren Religionsanweisungen abgeschafft, verändert oder nicht eingefordert werden. Schon lange werden die bis in die Regentschaft des Königs AMASIS (570–526 v. Chr.) durchgeführten täglichen drei Menschen-Schächtopfer an Erwachsenen und Kindern nicht mehr vorgenommen, der tierische Opferdienst wurde im Jahre 70 n. Chr. abgeschafft, das Zu-Tode-Steinigen bei be-

stimmten Vergehen wird nicht mehr durchgeführt, die Kriegsgefangenen werden nicht mehr durch Herausschneiden der Herzen getötet, die vegetarischen Ernährungsanweisungen im 1. Buch Mose 29-30 werden nicht eingefordert, die Talmud-Anweisungen über die Behandlung der Tiere und ihre Rechtskompetenz werden nicht gewürdigt, und das Verbot des Zinsnehmens beim Geldverleihen ist augenscheinlich vergessen worden.

Die Berufung auf angebliche Religionsvorschriften zum betäubungslosen Schächten kann so lange nicht respektiert werden, bis einerseits ein eindeutiger Nachweis darüber geführt und diese andererseits in gleicher Weise der Zeit angepaßt werden.

Der weithin bekannte Religionsphilosoph jüdischen Glaubens – Moses Maimonides (1135–1204) – stellte fest, daß die Tieropfer im alten Palästina eine Konzession an die Barbarei waren, und der berühmte Oberrabbiner Dr. L. Stein schrieb in der israelitischen Gemeindezeitung Nr. 1/1880: »Es ist im mosaischen Religionsgesetz keine Spur zu finden, daß das Töten eines zum Genuß erlaubten Tieres durch einen nach zahlreichen strengen Regeln auszuführenden Schnitt in den Hals – Schächten oder Shechita – zu geschehen habe, oder gar, daß ein Tier, bei dem diese Handlung unterlassen wurde, zum Genusse verboten sei!«

Diese Situationsbeurteilung wird auch heute noch durch zahlreiche kompetente Veröffentlichungen vertreten, wie z.B. die des bekannten Philosophen jüdischen Glaubens Michael Landmann, der in seinem Buch »Das Tier in der jüdischen Weisung« unmißverständlich feststellt: »Nirgends in den authentischen Religionsbüchern des Judentums steht, daß das Tier vor dem Schächten nicht betäubt werden dürfe ...!«

Zunächst sei jedoch die Kurzdarstellung des Schächtablaufes in der jüdischen Zeitschrift »Kultur und Gesundheit« vom Mai/Juni 1964 wiedergegeben: »Das Rind wurde geworfen und liegt auf dem Rücken. Seine Beine sind mit Ketten gebunden und gegen die Decke gestreckt. Das Maul ist mit einem Eisenring am Boden festgespannt. Der überstreckte Hals wird in seiner ganzen Tiefe bis auf die Wirbelsäule querverlaufend durchschnitten. Das Leiden des Tieres ist schrecklich! Das Blut fließt wie eine immer stärker werdende Quelle. Das Todesringen dauert bis zu 13 Minuten.«

Das Tier ist bei Bewußtsein, bis mit schlagendem Herzen fast das

gesamte zirkulierende Blut des Gefäßsystems aus den durchschnittenen Halsschlagadern ausgelaufen ist. Filmaufnahmen belegen das durch eine koordinierte Reaktionsfähigkeit und bewußte Orientierung des weitgehend ausgebluteten Tieres, das nach seiner Entfesselung mit der entsetzlichen Halswunde aufsteht und fluchtartig-taumelnd dem Ausgang des Schlacht- raumes zustrebt.
Um diese barbarische Schlachtmethode zu begründen, beruft man sich unter anderem auf die alttestamentarischen Aussagen im 5. Buch Mose 12, 23, wo es heißt: »Nur vor einem hüte dich, daß du das Blut nicht ißest. Denn ihr Blut (der Tiere, d.V.) gilt für ihre Seele. Darum darfst du seine Seele nicht mit dem Fleische essen.«
Vielfache wissenschaftlich fundierte und unabhängige Untersuchungen haben schon lange belegt, daß im Fleisch eines unbetäubt geschächteten Tieres ebenso viel Restblut enthalten ist wie im Fleisch des vorher betäubten Tieres. Es ist also eine aufrechterhaltene Illusion, daß der gläubige Jude beim Fleischgenuß kein Fremdblut zu sich nähme. Wenn er sich streng an das göttliche Gebot halten will, muß er – entsprechend den Ernährungsanweisungen im 1. Buch Mose – auf das Fleisch verzichten! Das ist jedenfalls die Meinung des bekannten jüdischen Philosophen Leon Pick, der die Anweisungen, kein Blut zu essen, als »ein tatsächliches Verbot des Fleischverzehrs« auslegt.
In unseren Ländern führten die christlichen Religionsgrundsätze der Barmherzigkeit, Nächstenliebe und Achtung vor der Schöpfung zu den Gesetzen. Die Abwehr weltanschaulicher, religiöser oder philosophischer Fremdeinflüsse, die dieser Moralvorstellung entgegenstehen und unseren Lebensstil sowie Gesetzgebung verändern wollen, ist kein Antisemitismus oder Antiislamismus, sondern das legitime und legale Recht jeden Bürgers.

Achte auf Deine Gedanken, denn sie werden Deine Worte.
Achte auf Deine Worte, denn sie werden Handlungen.
Achte auf Deine Handlungen, denn sie werden Gewohnheiten.
Achte auf Deine Gewohnheiten, denn sie werden Dein Charakter.
Achte auf Deinen Charakter, denn er wird Dein Schicksal!

Talmud

GESUNDE UMWELT

»Wer will,
daß die Welt so bleibt
wie sie ist,
der will nicht,
daß sie bleibt.«

Erich Fried

Das Kapitel »Gesunde Umwelt« wird eingeleitet und beendet durch Artikel von Dr. Franz Alt, unermüdlicher Streiter für eine humane ökologische Umwelt, bekannt durch seine Fernsehsendungen wie »Report«, »Zeitsprung« und »Querdenker« und natürlich durch seine Bücher und zahlreichen Zeitungsartikel.

In der Fernsehsendung »Zeitsprung« führt Franz Alt vor, was alles machbar ist: wogendes Schilfgras statt Atommeiler, Strom und Wärme aus Biomasse, Wind, Wasserkraft und Solarenergie – und Arbeitsplätze wird es auch schaffen, wenn wir endlich handeln. Aber es gibt eben nichts Gutes, außer man tut es ...

Die beiden Artikel »Ökologischer Wohlstand als die humanste Vision der Zukunft« und »Grüne Revolution in der Schweiz« bilden den hoffnungsvollen Auftakt, der Mutmacher »Die Sonne schickt uns keine Rechnung« das Finale dieses Kapitels.

Ökologischer Wohlstand als die humanste Vision der Zukunft

In Deutschland gibt es zwar nicht genügend Arbeitsplätze, aber sehr viel ungetane Arbeit. Zum Beispiel im Bereich der Dienstleistungen, beim Umweltschutz, bei der Pflege oder beim Erlernen von Fremdsprachen. Was uns hauptsächlich fehlt, ist die Arbeit an diesen Arbeitssektoren. Hierfür haben weder die Gewerkschaften noch die Unternehmerverbände Zukunftsvisionen. Vor allem deshalb schieben wir einen riesigen Berg ungetaner Arbeit vor uns her.

Die Strategien der Zukunft müssen heißen: Ökologisierung der Arbeit, Flexibilisierung der Arbeitszeit, Feminisierung der Arbeitsstrukturen, die Entwicklung der Wirtschaft zu einer Kreislaufwirtschaft, die Schaffung regionaler statt globaler Wirtschaftsstrukturen, eine Aufwertung von Eigenarbeit, Hausarbeit und Familienarbeit sowie die Bezahlung der Arbeit mit Kindern, Kranken und Pflegebedürftigen und vor allem die Entwicklung von umweltschonenden Zukunftstechnologien.

Diese neue Arbeitswelt kann zu einer Vollbeschäftigung führen, wie wir sie seit langem nicht mehr kennen. Ich will diese Behauptung hier am Beispiel der notwendigen Ökologisierung der Wirtschaft verdeutlichen:

- Bis zum Jahr 2000 werden in Deutschland 1,1 Millionen Menschen im Bereich der Umweltschutztechnologien beschäftigt sein, prognostiziert das Bundesumweltamt.
- Die Einführung einer ökologischen Steuerreform bringt 650 000 neue Arbeitsplätze, rechnet das Deutsche Institut der Wirtschaft.
- Die solare Energiewende braucht in Westeuropa fünf Millionen neue Arbeitsplätze, sagt die Europäische Union.
- Die ökologische Verkehrswende – das heißt die Vervierfachung des öffentlichen Verkehrs in 25 Jahren – bedarf einer Million neuer Arbeitsplätze, schätzt der Verkehrsplaner Professor Heiner Monheim.
- Wassereffizienz und Wasserspartechnologien brauchen in den nächsten zehn Jahren 200 000 neue Arbeitsplätze, berechnet der CDU-Umweltsenator von Berlin, Volker Hassemer.

Konkret: Wenn der Strom, den heute noch ein Atomkraftwerk erzeugt, künftig über Windräder produziert wird, dann brauchen wir hierfür fünfmal soviel Arbeitsplätze und haben klimaverträgliche und ungefährliche Stromerzeugungsanlagen. Die Firma Enercon, die in Aurich Windräder baut, beschäftigt bereits 800 Arbeitskräfte direkt und 12 000 indirekt in der Zuliefererbranche. Seit fünf Jahren hat die Windenergiebranche bis zu 100 Prozent Zuwachsraten pro Jahr.

Wenn wir künftig Strom und Wärme statt über Braunkohle aus Biomasse gewinnen, ist dies ein Gewinn für das Klima und für die Arbeitsplätze in Deutschland. Im 21. Jahrhundert wird die Energiegewinnung aus Sonne, Wind, Wasser und Biomasse ökonomisch etwa den Stellenwert haben, den die Autofabrikation im 20. Jahrhundert hatte. Die Solaranlage auf dem Dach wird bald mehr Prestige bedeuten als der Mercedes vor der Haustür. Das ist gut für die Umwelt und für die Arbeitsplätze.

Ökologisierung der Wirtschaft heißt nicht Verteufelung des Wachstums, wohl aber Wachstum an der richtigen Stelle. Der Arbeitgeber-Slogan »Wachstum, Wachstum, Wachstum« ist so wenig zukunftsträchtig und arbeitsplatzschaffend wie der Gewerkschaftsslogan »Arbeit, Arbeit, Arbeit«. Allein, die Sinnfrage an die Arbeit und an die Wirtschaft zu stellen, führt uns aus der heutigen doppelten Sackgasse der Umweltzerstörung und Arbeitsplatzvernichtung heraus. Arbeit für alle ist möglich. In Zukunft wird freilich für die meisten Menschen Halbtagsarbeit die Norm sein. Bei einer 20- oder 25-Stunden-Arbeitswoche im 21. Jahrhundert bleibt viel mehr Zeit für Kinder und Sport, für Familie und Eigenarbeit, Zeit für Spiritualität, Geist und Körper. »Voller Lohnausgleich bei weniger Arbeitszeit« gehört schon heute der Vergangenheit an. Das VW-Modell zeigt eher den Weg in die Zukunft: 20 Prozent weniger Arbeitszeit und zehn Prozent weniger Lohn. Bei mehr Zeit für Eigenarbeit brauchen wir insgesamt auch weniger Geld als heute.

Weniger arbeiten bei ökologischem Wohlstand – das ist die vielleicht humanste Vision für das 21. Jahrhundert.

(Siehe Literaturhinweise)

David gegen Goliath – eine Bürgerbewegung

Der Umwelt zuliebe
DaGG
DAVID GEGEN GOLIATH e. V.
phantasievoll – gewaltfrei – konsequent

… und wenn Euch Eure Kinder fragen,
was habt Ihr dagegen getan,
wollt Ihr dann auch sagen: »Wir haben nichts gewußt!«?

Wir handeln aus Überzeugung

Die Umweltschutzinitiative David gegen Goliath entstand im Juni 1986 nach dem Reaktorunglück von Tschernobyl. Damals wurde uns bewußt: Technik kann auch zur Gefahr für den Menschen, ja sogar für die Menschheit werden.
Wir müssen gemeinsam lernen, wieder im Einklang mit den natürlichen Gesetzen und den menschlichen Bedürfnissen zu leben. Deshalb ist ein bewußter, fröhlicher Verzicht auf alle überflüssigen, die Umwelt und unsere Innenwelt belastenden Dinge notwendig.
Wir wollen unseren Beitrag zur Bewahrung der Schöpfung, zu einer Rückkehr zum menschlichen Maß und zu einer umfassenden Solidarität mit allem Leben auf unserer einzigen Erde leisten.
Was wir nicht vergessen dürfen: David gegen Goliath ist die Botschaft des Kleinen, der eigentlich keine Chance hat – und schließlich doch erfolgreich ist.
Unsere Welt braucht viele Davids.
Wir brauchen Sie. Jetzt.

David gegen Goliath (DaGG), eine Bürgerbewegung, die »phantasievoll, gewaltfrei und konsequent« für eine lebenswerte Zukunft arbeitet.

Nach der Reaktorkatastrophe von Tschernobyl 1986 in München gegründet, erregte die Bürgerbewegung »David gegen Goliath« mit ihren Aktionen gegen Umweltzerstörung, Wachstumswahn, Konsumterror und Ausländerfeindlichkeit schon bald über die Grenzen Bayerns hinaus Aufsehen. Die Umweltinitiative versteht sich als überparteiliche Vereinigung, die dem Grundsatz der Gewaltfreiheit verpflichtet ist. Ziel ist es, unter den Bürgern ein größeres Problembewußtsein zu schaffen. Alle Aktionen wie z.B. »Intelligente Energienutzung (i.E.)« und »Umwelt konkret – Elf Gebote für eine lebenswerte Zukunft« sind mit konkreten Tips oder Hilfestellungen für die Bürger verbunden. DaGG bemüht sich darüber hinaus, durch Diskussionsveranstaltungen mit kompetenten Wissenschaftlern fundierte Informationen und Aufklärung zu bieten. Unterstützt werden die Aktionen öffentlichkeitswirksam von zahlreichen prominenten Mitgliedern.

(Ein Informationsblatt,
Adresse im Anhang)

11 Gebote für eine lebenswerte Zukunft

1. Ich will alles tun, um die Luft nicht zu verschmutzen
Ich werde auf unnötige Autofahrten verzichten und wieder öfter die öffentlichen Verkehrsmittel oder das Fahrrad benutzen oder zu Fuß gehen. Als Autofahrer werde ich nicht schneller als 120 km/h oder ein Auto mit Katalysator fahren. Zum Schutz der Ozonschicht verwende ich keine Spraydosen mit Treibgas.

2. Ich will alles tun, um das Wasser rein zu halten
Ich werde weniger Wasser verbrauchen. Ich kaufe nur noch umweltverträgliche Wasch- und Putzmittel und dosiere sie sparsam. Giftige Stoffe wie Lacke, Öle und Medikamente entsorge ich als Sondermüll.

3. Ich will alles tun, um Landschaft und Boden zu schützen
Ich werde keine Pestizide und keinen überflüssigen Dünger mehr

verwenden. Auch in meiner Freizeit werde ich Rücksicht auf die Natur nehmen. Ich werfe keinen Abfall in die Landschaft.

4. Ich will alles tun, um meinen Energieverbrauch einzuschränken und weniger Rohstoffe zu verbrauchen
Ich werde nur noch stromsparende Geräte anschaffen und auf unnötigen Einsatz von Elektrogeräten verzichten. Durch Wärmedämmung und gesenkte Raumtemperaturen verbrauche ich weniger Heizenergie.

5. Ich will alles tun, um Tiere zu schützen
Ich kaufe keine Produkte mehr, die für gefährdete Tierarten sterben müssen wie Pelze, Elfenbein und Krokoleder. In Tierversuchen getestete Kosmetika und Körperpflegemittel verwende ich nicht. Haus- und Nutztiere halte ich artgerecht.

6. Ich will alles tun, um die Vielfalt der Pflanzenwelt zu erhalten
Ich bepflanze meinen Garten und meinen Balkon mit möglichst verschiedenen Arten. Ich verzichte weitgehend auf Unkrautvertilgungsmittel. Ich pflücke keine geschützten Pflanzen.

7. Ich will alles tun, um Anbau und Verkauf gesunder Nahrung zu erreichen
Ich werde Lebensmittel bevorzugen, die aus kontrolliert biologischem Anbau stammen und keine künstlichen Zusätze enthalten. Ich kaufe keine Produkte aus der Massentierhaltung. Ich kaufe Lebensmittel möglichst direkt beim Erzeuger.

8. Ich will alles tun, um Abfall zu vermeiden
Ich werde auf unnötige Verpackungen verzichten. Ich sortiere meinen Abfall. Ich kaufe Getränke in Pfandflaschen und nehme den Einkaufskorb statt der Plastiktüte.

9. Ich will alles tun, um Lärm zu vermeiden
Ich verwende geräuscharme Maschinen und Geräte und nehme auf das Ruhebedürfnis meiner Mitmenschen Rücksicht. Ich verzichte auf Dauerberieselung durch Radio und Fernsehen.

10. Ich will alles tun, um ein umweltbewußter Verbraucher zu sein
Ich kaufe nur Produkte, die Natur und Umwelt möglichst wenig belasten. Ich zwinge die Produzenten durch mein Kaufverhalten, umweltverträgliche Waren anzubieten. Der Kunde ist König.

11. Ich will alles tun, diese zehn Gebote im täglichen Leben zu verwirklichen
Ich werde immer wieder versuchen, Widerstände, auch meine eigenen, zu überwinden, meine Freunde und Bekannten zum Mitmachen zu ermuntern und der Aktion UMWELT KONKRET zum Erfolg zu verhelfen. Ich setze mich immer für eine lebenswerte Zukunft ein: Wir haben nur eine Welt!

(DaGG-Adresse im Anhang)

Franz Alt:

Grüne Revolution in der Schweiz

Die Landbau-Wende wird möglich

Warum nur haben es in Deutschland positive Meldungen so schwer? Bei unseren südlichen Nachbarn ereignete sich im Sommer 1996 ein politisches Wunder: 78 Prozent der Eidgenossen sprachen sich in einer Volksabstimmung für die Ökologisierung der gesamten Landwirtschaft aus. Inzwischen steht fest: Die bisherigen Chemie-Bauern müssen sich umstellen oder sie erhalten keine Subventionen mehr. Das Bundesamt für Landwirtschaft in Bern rechnet damit, daß durch diesen Volksentscheid, der Verfassungscharakter hat, bis zum Jahr 2002 90 Prozent der Schweizer Landwirte umweltfreundlich oder im sogenannten integrierten Landbau zumindest entschieden umweltfreundlicher als heute produzieren. Dies ist eine agrarpolitische Revolution, deren Auswirkungen auch auf die übrigen europäischen Länder ausstrahlen werden. Das neue Motto der grünen Revolution in der Schweiz heißt: »Mehr Natur vom Buur«.

In 30 Jahren keine Bauern mehr?

In Deutschland wurde bis etwa 1950 ökologische Landwirtschaft betrieben. Die Chemiesierung dieses Urberufs geschah in den letzten 35-40 Jahren. Kann es gelingen, in den nächsten 35-40 Jahren in Deutschland und in der Europäischen Union die gesamte Landwirtschaft wieder zu ökologisieren und damit alle Menschen mit gesunden Nahrungsmitteln zu versorgen?

Wenn das Bauernsterben so weitergeht wie bisher, dann gibt es in Deutschland in 30 Jahren keinen einzigen Bauern mehr. Nach dem Motto: »Wozu brauchen wir Bauern – wir haben doch Supermärkte!« hat die Europäische Union in den letzten 40 Jahren eine Landwirtschaftspolitik der Konzentration, Spezialisierung und Intensivierung betrieben. Das Ergebnis ist bekannt. In Deutschland wurden aus vier Millionen Bauern im Jahre 1950 noch etwa

700 000 heute. Viele Böden sind kaputt, das Trinkwasser ist gefährdet, und immer mehr Lebensmittel werden unappetitlich. BSE und Schweinepest sind abschreckende Beispiele. Erst seit 1990 ging auch in der herkömmlichen deutschen Landwirtschaft der Chemie-Einsatz spürbar zurück.
Die heutige Landwirtschaftspolitik wird und wurde flankiert von Hunderten Milliarden Mark Subventionen. Diese Politik ist zwar von Vorteil für die Nahrungsmittelfabriken, für die chemische Industrie und für unser aller Geldbeutel, doch auf der Strecke blieben die Lebensmittelqualität, die Gesundheit (jede zweite Krankheit ist heute ernährungsbedingt), Millionen gequälter Tiere, die Umwelt und Millionen von kleinen Bauern.

Ökologische Zeitsprünge

Die gesamte Umstellung der konventionellen Landwirtschaft auf ökologischen Landbau innerhalb der nächsten 35 Jahre hält der Direktor des Zukunftsinstitutes Barsinghausen, Professor Arnim Bechmann, technisch und finanziell für möglich. In seiner Studie, die für meine ARD-Reihe »Zeitsprung« gemacht wurde, rechnet Bechmann so: In den letzten zehn Jahren wurden in Deutschland etwa 1 Prozent der Höfe auf Öko-Landbau umgestellt. Wahrscheinlich ist, daß sich bis zum Jahr 2000 ihre Anzahl verdoppelt. Danach soll es freilich schneller gehen:

- ab 2000 sollen *jährlich* 1 %
- ab 2010 *jährlich* 2 bis 3 % und
- von 2020 bis 2030 dann *jährlich* 5 bis 7 %

der konventionellen Bauern umsteigen.

Nach diesem Szenario geht es zwar entschieden langsamer als in der Schweiz, doch im Jahr 2030 kann die Landbau-Wende auch in Deutschland vollendet sein. Der Landwirtschaftskommissar der Europäischen Kommission hält dieses Szenario für realistisch und umsetzbar. Ein BSE-Skandal ist dann grundsätzlich unmöglich. Denn keines der 160 000 Rinder, die bisher in England an BSE starben, stammt von einem Biobauern. Rudolf Steiner, der Urvater des ökologischen Landbaus, sagte schon im Januar 1923:

»Rinder, denen Fleischreste von anderen Tieren gefüttert werden, müssen wahnsinnig werden.«

Die wichtigsten Leitlinien des ökologischen Landbaus sind:
- kein Chemiedünger, keine chemische Schädlingsbekämpfung;
- abwechselnde, dem Standort angepaßte Fruchtfolgen;
- schonende Bodenbewirtschaftung;
- Qualitätskontrolle durch Wissenschaftler;
- artgerechte Tierhaltung – das Futter für die Tiere kommt vom eigenen Hof.

Was spricht für die ökologische Landbau-Wende?

1. Die Nachfrage nach gesunden Nahrungsmitteln aus naturgerechtem Landbau und artgemäßer Tierhaltung steigt ständig. 85 Prozent der deutschen Verbraucher wollen Bio-Lebensmittel. Viele lernen verstehen: Essen ist auch Nahrung für die Seele.
2. Die Landwirtschaft hat in einer Zeit, die mehr und mehr erkennt, daß wir in Zukunft nur verbrauchen können, was nachwächst, eine große ökonomische Zukunft als Produzent umweltfreundlicher Energie. Bei entsprechender politischer Weichenstellung werden Bauern die Ölscheichs des 21. Jahrhunderts. Eine Studie der Europäischen Kommission geht davon aus, daß in 25 Jahren etwa 1/3 aller Energie innerhalb der Europäischen Union auf dem Acker wächst.
3. Nur eine Landwirtschaft, die in einer Generation komplett auf ökologischen Landbau umgestellt ist, garantiert jene Werte, die das Überleben unseres Kulturmodells sichern helfen: Arbeit, die Sinn macht; Lebensorientierung; säen, ernten und essen in natürlichem streßfreiem Zeitmaß und stabilere Familienverhältnisse.
4. Bauern werden wieder die Kulturträger auf dem Lande. Biologische Agrar-Kultur ist Voraussetzung für Bäcker, Käser, Brauer und Metzger, die ihren Kunden gesunde Lebens-Mittel anstatt genmanipulierter Fabrik-Nahrungsmittel anbieten wollen.
5. Kultur auf dem Lande bedeutet jedoch nicht nur die Produktion von Lebens-Mitteln, die wieder Mittel zum Leben sind, sondern auch ein Gemeinschaftsleben mit gesunden Tieren und gesunden

Pflanzen, die nur auf jenen gesunden Böden wachsen können, welche von der Chemiekeule verschont bleiben. Kultur auf dem Lande heißt auch Kult auf dem Lande, also wieder Gemeinschaft allen Lebens mit Gott.

Wer zu spät kommt, den bestrafen die Verbraucher

Wer, wenn nicht biologisch wirtschaftende Bauern, kann der Gesellschaft und ihrer Wirtschaft vormachen, was es heißt, der Natur über die Schulter zu schauen, von der Natur zu lernen und mit grünen Ideen schwarze Zahlen zu schreiben?
Seit in Österreich der Staat seine Bauern für ökologische Leistungen subventioniert, sind bereits 15% (Stand 1996) der Landwirte Ökobauern geworden.
Der Biomarkt boomt bei unseren südlichen Nachbarn, aber auch in Dänemark und Schweden. Bio-Lebensmittel gibt es dort in vielen Supermärkten. Weil in der Schweiz die Handelskette Migros zu spät auf biologisch angebaute Lebensmittel umstieg, wurde sie vom Konkurrenten Coop inzwischen auf den zweiten Platz verwiesen. Coop wurde erster, weil sie reichlich Bio-Lebensmittel anbot. Wer zu spät kommt, den bestrafen die Verbraucher.
In Deutschland kreist der Pleitegeier über vielen Bauernhöfen. In einigen Ökohöfen hat sich die Schleiereule eingenistet. Sie ist das Symbol der Weisheit.

Eine Videokassette zum oben behandelten Thema heißt:
»Biofleisch statt Rinderwahn –
Neue Wege für die Landwirtschaft«
(Siehe Literaturverzeichnis)

So Außen wie Innen

Ein Eingriff in die Natur provoziert den nächsten – das ist ein Naturgesetz.

von Prof. Dr. Volker Zahn

Genau weiß es niemand. Aber man rechnet, daß die chemische Industrie heute etwa 100 000 verschiedene Chemikalien auf den Markt bringt. Viele von ihnen gelangen früher oder später in die Umwelt. Da bei ihrer Herstellung und Verbrennung zahlreiche Nebenprodukte anfallen und die Substanzen ihrerseits in der Umwelt vielfach umgewandelt werden, geht das Bundesgesundheitsministerium inzwischen von einer Million Kontaminationen aus. Dies wirft lange Schatten auf den Versuch, beim Menschen Umweltgifte mit Allergietests aufzuspüren.
Wir haben es heute eben nicht mehr mit einer handvoll Stoffen aus lokalen Quellen zu tun, sondern mit einer »toxischen Gesamtbelastung«, ein Phänomen, das bereits 1956 von Eichholtz beschrieben wurde.
Ende 1993 war in vielen wissenschaftlichen Zeitschriften eine kleine Notiz über eine japanische Forschergruppe zu lesen, die die zwölfmillionste chemische Verbindung analysiert haben sollte. Wie die unzähligen Substanzen auf Umwelt und Gesundheit wirken, liegt völlig im dunkeln. Nur ungefähr 1 500 Substanzen hingegen werden beispielsweise in der MAK-Liste (Liste der maximalen Giftkonzentration am Arbeitsplatz) für gefährliche Stoffe aufgeführt.
Über Luft, Wasser und Boden werden die Schadstoffe von der belebten Natur aufgenommen. Durch Atmen, Essen, Trinken und Körperkontakt gelangen die Schadstoffe bei Mensch und Tier über die Eingangspforten – hauptsächlich der Lunge, des Verdauungsapparates und der Haut – in den tierischen und menschlichen Organismus.
Jeder Schadstoff für sich allein hat einen eigenen Wirkungsmechanismus der Aufnahme, der Verarbeitung durch den Stoffwechsel, der Speicherung und Ausscheidung. Oft lernen wir erst viele

Jahre später, wie die giftigen Kreisläufe und Wirkungsmechanismen der bereits lange auf dem Markt befindlichen Schadstoffe funktionieren.

In der Schulmedizin anerkannt ist mittlerweile nur die gesundheitsschädigende Wirkung von Zigarettenrauch. Das Rauchen ist erst in jüngerer Zeit als so gefährlich anerkannt worden. Sowohl beim aktiven als auch beim passiven Rauchen werden eine Unzahl verschiedener Chemikalien mitinhaliert, wobei hier nur Benzoepyrene, Cadmium, Formaldehyde und Vinylchlorid genannt werden sollen. Wie, wann und wo genau die schädigenden Stoffe bei aktivem und passivem Rauchen auf Säuglinge, Kinder, Schwangere, alte Menschen und chronisch Kranke wirken, ist bisher, trotz Forschung in Milliardenhöhe, nicht bekannt. Es kommt jedenfalls unter anderem zu Reizzuständen, chronischer Bronchitis, Gefäßveränderungen oder Krebs. Welche Menschen nach welcher Menge Zigaretten nun geschädigt werden, läßt sich nicht vorausbestimmen.

Von einem Gemisch aus Wohn-, Textil- und Luftgiften wird der menschliche Organismus nun ebenfalls geschädigt. Diese logische Aussage wird von der Wissenschaft derzeit zwar nicht anerkannt, aber verschiedenste Umwelterkrankungen wie das Müdigkeitssyndrom (MCS) oder das Sick-Building-Syndrom haben hier ihre Ursache.

Gefährlich sind auch viele Gifte am Arbeitsplatz, besonders die Schwermetalle wie Blei, Cadmium, Zinn, Palladium, dann die große Zahl von Lösungsmitteln, Organochlorverbindungen wie Dioxine, Furane, polychlorierte Biphenyle, Formaldehyde und auch Asbest. Die meisten dieser Gifte wirken vor allem auf Gehirn und Nervensystem, ferner auch auf Leber, Immunsystem, Haut, Lunge, Nieren und letztlich auf jede Körperstruktur.

Ein Eingriff außen zieht einen Eingriff innen nach. Wenn der Mensch zu dieser Erkenntnis nicht gelangt, werden ihn die chronischen Erkrankungen und in zunehmendem Maße auch die Unfruchtbarkeit bald einholen. Anzeichen dafür sind ja schon vorhanden. Solch eine Kette von Wirkungen soll exemplarisch am Beispiel der Pflanzengifte deutlich gemacht werden.

Ein Großteil der Nahrungsmittelherstellung in der Welt erfolgt unter Einsatz von großen Mengen Pestiziden, Kunstdüngern und sonstigen Giftmischungen. Zusätzlich werden über die Abgase durch Industrie und Verkehr noch weitere Giftmengen von den Pflanzen aufgenommen. Die nicht direkt über die Luft eingeatmeten Schadstoffe werden über die Verdunstung in die Wolken aufgenommen und regnen über der Erde ab. Pestizide, die in Kanada gespritzt werden, regnen zum Beispiel in Irland ab.

Die Gifte wirken nun direkt auf das Wachstum aller Pflanzen und zerstören die Feinstrukturen der Zellen. Es kommt aber auch darüber hinaus indirekt zu einer Einlagerung von Giften in den lebenden Zellen. Im Boden werden Kleinstlebewesen wie Bakterien oder Sporenpilze durch Gift geschädigt. Als Folge können die Pflanzen Spurenelemente, Nährstoffe und weitere lebenswichtige Stoffe, die sie zum Wachstum brauchen, nur erschwert aufnehmen.

Diese nährstoff- und vitaminarmen Pflanzen werden nun über die Nahrung vom Menschen aufgenommen, und so, wie außen in der Natur der schädigende Einfluß der Gifte gewirkt hat, so tritt nun auch die innere schädliche Wirkung im Körper des Menschen ein: Ein großer Teil verschiedenster Mikroorganismen in Mund, Magen und Darm wird vernichtet. Das heißt, der Eingriff in die belebte Natur durch das Ausbringen von Chemikalien provoziert den nächsten Eingriff in den Organismus des Menschen selbst.

Dies ist ein Naturgesetz, welches wir Menschen anerkennen müssen. Was außen vernichtet wird, wird auch innen vernichtet. Es ist halt nun einmal nicht so, daß sich die chemischen Spritzmittel in Nichts auflösen, auch wenn Experten uns das weismachen wollen. Bei der industriellen Nahrungsmittelverarbeitung werden den Lebensmitteln dann zusätzlich noch einmal etwa 8000 chemische Zusätze beigemischt: zur Konservierung, zur Verschönerung, zur »verbrauchergerechten« Vermarktung (Zugelassen sind allerdings nur etwa 350 Zusatzstoffe).

Wer soll das auf Dauer aushalten?

Ein Anbau unserer Lebensmittel im Einklang mit der Natur, wie es Bioland, Demeter und viele andere ökologische Anbauverbände schon tun, ist ein Anfang. Solche hochwertigen, vitalstoffreichen Lebensmittel sollten wir frisch zubereiten und frisch verzehren, um dem Organismus Schutz zu bieten vor weiteren Angriffen.

Aber nicht nur über die Nahrung kommen die Pestizide zu uns

zurück. Ein Giftkreislauf schließt sich auch über der Holzwirtschaft. Die großen Mengen ausgebrachter Pflanzengifte in der Forstwirtschaft kommen nach dem Fällen der Bäume und entsprechender Verarbeitung des Holzes zu Baustoffen und Möbeln durch Ausdünstungen der Chlorverbindungen in Häusern wieder auf den Menschen zurück. Die Folge: Er wird krank.
Die Vermeidung dieses schleichenden Vergiftungsprozesses wird nur dann möglich sein, wenn der Gifteintrag in die Umwelt und die belebte Natur durch den Menschen angehalten wird. Dann könnte sich langsam wieder ein Gleichgewicht zwischen der Welt der Natur und dem menschlichen Organismus einstellen. Was das für ein heikles Gleichgewicht ist, veranschaulicht folgendes Beispiel: Im Menschen stehen etwa 40 Billionen Zellen miteinander in einer sinnvollen Verbindung und Wechselwirkung. Sie kommunizieren über chemische Prozesse. Wie das möglich ist, ist heute nur ahnungsweise zu erklären. Das planvolle Zusammenspiel hat sich in vier Milliarden Jahren entwickelt. Hier unbedacht einzugreifen bedeutet Zerstörung. Deshalb gilt die umweltmedizinische Forderung: **Deine Baustoffe sollen Deine Heilstoffe sein.**

(Prof. Dr. Volker Zahn
Leiter des Straubinger Krankenhauses
Gynäkologe und Umweltmediziner,
Adresse im Anhang)

Von denen »da oben«, von den sogenannten Mächtigen die Rettung dieses geschundenen Planeten zu erhoffen, ja auch nur Hilfen zum Heilwerden des eigenen Lebens, ist sinnlos, wie die Erfahrung es uns täglich vor Augen führt. Der einzelne Mensch muß sein Schicksal in die eigenen Hände nehmen – und sein Herz dazu –, auch das erleben wir täglich. Einzelne Menschen waren es, die Greenpeace gegründet haben und Amnesty International, das SOS-Kinderdorf, »Menschen für Menschen«.

Merke: Die Mächtigen sind nur so mächtig, weil wir sie dazu machen – und umgekehrt.

Wir haben die Welt, die wir (uns) verdienen. Also ändern wir sie doch!

Der Bürgerinitiativen sind viele, aber auch immer mehr Unternehmer beweisen, daß Ökonomie und Ökologie hervorragend unter einen Hut zu bringen sind und noch dazu Arbeitsplätze schaffen.

Anti Atom International

zum Beispiel ist der Dachverband österreichischer Anti-Atom-Organisationen und ihrer Partnerorganisationen in den benachbarten Ländern.

Die Mitgliedsgruppen von ANTI ATOM INTERNATIONAL (AAI) sind zum größten Teil Bürgerinitiativen. AAI ist aber auch mit allen Umweltorganisationen, die sich mit den Gefahren jeglicher Nutzung von Atomenergie auseinandersetzen, in Verbindung.

AAI hat seinen Ursprung in der Anti-Zwentendorfbewegung und wurde 1986 mit dem übergeordneten Ziel eines atomkraftfreien Europa gegründet. Anlaß war die Abhaltung der Reaktorunsicherheitskonferenz als Gegenveranstaltung zur Reaktorsicherheitskonferenz der Internationalen Atomenergiebehörde (IAEA). Die IAEA sah sich nach der Katastrophe von Tschernobyl veranlaßt, die stark verunsicherte öffentliche Meinung über die Sicherheit von Atomkraftwerken wieder zu beruhigen. Dabei schreckte die IAEA auch nicht davor zurück, das Ausmaß der Katastrophe enorm herunterzuspielen. In Anbetracht der Situation der Millionen betroffener Menschen in der ehemaligen Sowjetunion, u.a. in Weißrußland und der Ukraine, war dieses Vorgehen der IAEA nicht nur unverantwortlich, sondern eine nachträgliche Legitimation eines faktischen Völkermordes. Jetzt, Jahre nach der Katastrophe, sind die Auswirkungen in erschreckendem Ausmaß zu sehen. Das Heimtückische der Radioaktivität ist aber auch, daß die Folgen der Verstrahlung nicht sofort zu erkennen sind. Es kann Jahre, Jahrzehnte dauern. An den genetischen Folgen werden noch viele Generationen leiden.

Unfallbericht und Folgen

Am 26. April 1986 um ca. 1 Uhr früh begann der folgenschwerste Unfall in einem Atomkraftwerk. Um ein Experiment durchzuführen, hat die Reaktormannschaft sicherheitsrelevante Systeme, wie zum Beispiel die Schnellabschaltung, blockiert. Die Instabilität des Reaktors führte zu einem unkontrollierten Leistungsanstieg. Die Betondecke des Reaktors wurde zerstört und der Graphitblock freigelegt. Durch die hohe Temperatur entzündete sich der Graphit. Im Kern selbst kam es zu Knallgasexplosionen. 600 000 Menschen wurden bei dem Versuch, mit dem zerstörten Reaktor fertig zu werden, eingesetzt. Die meisten von ihnen leiden heute an den Folgen der Strahlung, der sie ausgesetzt waren. In einem Umkreis von 30 km wurden kurz nach dem Unfall die Menschen evakuiert. Dieses Gebiet ist für Jahrhunderte unbewohnbar. Die Folgen der Strahlenbelastung zeigten sich aber in vielen Teilen der Welt. Wind und Regen haben die radioaktiven Gifte höchst unterschiedlich über große Teile Europas verteilt. Nicht nur die unmittelbare Umgebung des Reaktors, sondern auch Dörfer im Südosten Weißrußlands, im Norden der Ukraine und im Nordosten Rußlands sind heute unbewohnbar. Mehr als 20 000 km^2 wurden in diesen Gebieten so stark verseucht, daß die Menschen nicht mehr essen können, was sie angebaut haben und die Kinder nicht mehr im Freien spielen sollten. Etwa 100 000 Menschen sind weggezogen, zum Teil wegen der Situation in anderen Gebieten wieder zurückgekehrt, oder haben die Hoffnung auf eine unverstrahlte Zukunft aufgegeben. Die Zahl der Krankheiten ist drastisch gestiegen: Schilddrüsenerkrankungen, Leukämie, Gelbsucht, Infektionskrankheiten und auch das sogenannte Tschernobylaids (eine Immunschwächekrankheit).

Was AAI tut

Aufbau und Vernetzung von Initiativen gegen die Inbetriebnahme neuer und für die Schließung bestehender grenznaher Atomkraftwerke. Jegliche Nutzung von Atomenergie bringt ein unabschätzbares Gefahrenpotential mit sich. Mittel- und osteuropäische Atomkraftwerke bilden aufgrund ihrer immanenten Bedrohung (Bauweise, Entfernung, Störanfälligkeit, politische Situation usw.) den Arbeitsschwerpunkt von AAI.

- Aufklärungsarbeit über die Gefahren von Atomenergie (Bevölkerung, Politiker).
- Initiativen zur Verhinderung weiterer Atommüllager, Atomtests, Atomtransporte.
- Projekte gegen die Stationierung nuklearer Waffen.

Die Aufgabe von AAI ist es, den Mitgliedsgruppen in ihrem Kampf gegen Atomenergie administrative Unterstützung und wissenschaftliche Beratung zu geben.

Die Ziele von AAI:

- Internationale Vernetzung von Atomenergiegegnern – KOALA (Koalition atomfreier Länder). Nur das gemeinsame internationale Vorgehen kann langfristig zu einem atomfreien Europa und schließlich zu einer atomfreien Welt führen.
- Satzungsänderungen der IAEA; Beenden der Atomkraftpropaganda; Verstärkung der Kontrollkompetenzen.
- Änderung des Völkerrechts, um wirksame Schritte gegen grenzüberschreitende nukleare Bedrohung setzen zu können.
- Entwicklung alternativer Energiekonzepte – zukunftsorientierte Energiepolitik.

Bilanz der Anti-Atombewegung der letzten Jahre

Das Atomsperrgesetz verbietet den Betrieb von AKWs in Österreich. Es gilt seit der Volksabstimmung über Zwentendorf im Jahr 1978. Damals hat sich die Bevölkerung mit hauchdünner Mehrheit gegen die Inbetriebnahme ausgesprochen. Aber spätestens

seit dem Unfall von Tschernobyl ist bei uns die breite Öffentlichkeit gegen Atomkraft.
Die Anti-Atombewegung hat seit Zwentendorf in Österreich Tradition. Kraftwerkstandorte in der Schweiz (Rüthi) und in Bayern (Marienberg und Pleinting) wurden zu Fall gebracht. Ein großer Durchbruch war die Einstellung des Baus der bayrischen WAA Wackersdorf 1989 auch mit Hilfe von 250 000 österreichischen Einwendungen. Nach der Öffnung der Grenzen verlagerten sich die Arbeitsschwerpunkte in den Osten. Das slowenische Atomkraftwerk Krsko sollte geschlossen werden (AAI setzt sich schon jahrelang für eine Schließung ein, die Bundesregierung sollte dabei mit Ersatzstromlieferungen helfen), das slowakische Mochovce sollte in ein Gaskraftwerk umgebaut und Bohunice zugesperrt werden. Um eine weitere Finanzierung durch die Europäische Bank für Wiederaufbau und Entwicklung zu verhindern, gab es eine österreichweite erfolgreiche Einwendungsaktion. Die EBRD stieg daraufhin aus dem umstrittenen Projekt aus. Leider will SIEMENS Mochovce mit deutschem Kredit fertigstellen. Auch dagegen läuft jetzt die Anti-Atombewegung Sturm. In Südböhmen setzt sich AAI seit Jahren gegen den Weiterbau und die Inbetriebnahme von Temelin ein. AAI hat gegen die Firma Westinghouse, die Temelin mit Hilfe amerikanischer Kredite fertigstellen will, Schadensersatzforderungen in Billionenhöhe eingebracht. Zehntausende haben sich im Herbst 1995 mit ihrer Unterschrift an der Aktion von AAI gegen die französischen Atombombentests beteiligt.

Was kann jeder einzelne tun

- Mitarbeit bei lokalen Bürgerinitiativen (Gründung einer Antiatombürgerinitiative)
- Briefe an Politiker, Verantwortliche und die Medien schreiben
- Informationen verteilen, Energie sparen, Alternativenergie fördern
- Werbung für die Anti-Atombewegung machen
- Geld spenden für Anti-Atomarbeit (akuter Geldmangel)

KOALA – Koalition atomfreier Länder
Durch die Zusammenarbeit nichtnuklearer Länder sollte es möglich sein, in internationalen Gremien einen allgemeinen Atomausstieg voranzutreiben. Die Finanzierung von Alternativ- und Ausstiegsprojekten wäre einfacher und diplomatische Initiativen wie z.B. Reform von EURATOM oder IAEO hätten mehr Aussicht auf Erfolg.
Mögliche KOALA-Partner sind alle atomkraftfreien Länder; innerhalb der EU sind dies Dänemark, Norwegen, Island, Irland, Portugal, Luxemburg, Italien.

(Ein Informationsblatt,
Adresse im Anhang)

Ökonomie und Ökologie vereint
4 Beispiele umweltbewußter Unternehmer

Stellvertretend für andere möchte ich einige Unternehmen, Bürgerinitiativen und Organisationen nennen, die sich mit gesunder Umwelt im engeren und weiteren Sinn beschäftigen und die ich näher kennengelernt habe.

B.A.U.M. – Umweltmanagement

Hamburger Unternehmer gründeten 1987 die erste und größte europäische Umweltorganisation der Wirtschaft namens B.A.U.M. (Bundesdeutscher Arbeitskreis für umweltbewußtes Management). Über 450 Unternehmen aller Größen und Branchen haben sich mittlerweile bei B.A.U.M. zusammengefunden, um Umweltschutz praktisch und zugleich ökologisch wirksam wie wirtschaftlich sinnvoll in ihren Betrieben umzusetzen.

Auch im europäischen wie interkontinentalen Ausland findet die Idee eines integrativ umweltbewußten und damit betont innovations- und chancenorientierten Managements ein immer stärkeres Interesse: So kann das – von B.A.U.M. Deutschland maßgeblich mitbegründete – »International Network for Environmental Management« (INEM) heute schon mehr als 35 »BÄUME« (Stand 1996) in aller Welt betreuen – zunehmend auch gerade in den pulsierenden Ländern Südostasiens (wie zuletzt in China), aber auch in den ehemaligen Ostblockstaaten.

Eine viel beachtete Innovation ist die Verleihung des B.A.U.M.-Umweltpreises an besonders aktive und erfolgreiche Umweltverantwortliche in Unternehmen. Sie motiviert gerade die Aktiven vor Ort, in ihrem – oftmals eher verborgenen – Engagement für ökologisch und ökonomisch lohnende Lösungen nicht nachzulassen.

Für viele Mitgliedsunternehmen sind Anregung, Information und Beratung, Erfahrungsaustausch, Kontakt und Einflußnahme mit und durch B.A.U.M. mittlerweile unverzichtbar für ihre eigene erfolgreiche umweltpolitische Arbeit geworden.

Die Schwesterorganisation von B.A.U.M., die »Aktionsgemeinschaft Umwelt, Gesundheit und Ernährung« (A.U.G.E.) engagiert sich für eine verbrauchernahe Beratung. A.U.G.E., 1985 von Dr. Maximilian Gege ins Leben gerufen, entwickelte das Berufsbild des »Umweltberaters« in Deutschland und Europa, organisierte große Kampagnen wie die für »umweltfreundliche Haushalte«, und veröffentlichte zahlreiche Publikationen wie den in hoher Auflage erschienenen »Umweltfahrplan«.
Die vom Autor Janosch exklusiv für A.U.G.E. geschaffene Umwelt-Symbolfigur Emil Grünbär und der Emil-Grünbär-Umwelt-Klub für Kinder tourt mit einem Puppen-Theater, mit Umwelt-Spielständen, mit einem großen Umweltmobil und einem halben Dutzend MitarbeiterInnen durch Deutschland. Die bisher größte Umwelttournee, die es je gab. Der Erfolg bei den Kindern ist enorm.

Heinz Hess – Naturtextilien

Heinz Hess betreibt Pionierarbeit im Textilbereich, seit er vor über 20 Jahren gesunde Kleidung für sein eigenes Kind suchte. Heute ist *hess natur* ein Unternehmen, das die Herstellung von natürlicher Kleidung als Beitrag für eine lebensfähige Erde versteht und praktiziert.

hess natur – »hess 2000« – hess futur – Fakten und Visionen
»Wer losläuft, muß wissen, wohin er läuft«

Aus dem zunächst überschaubaren Sortiment wurde in den wenigen Jahren eine umfangreiche Kollektion; das kleine Versandgeschäft in Bad Homburg entwickelte sich zu einem mittelständischen Unternehmen mit 300 Beschäftigten.
Der ökologische Anspruch von *hess natur* ist in den 20 Jahren immer strenger geworden. Als Heinz Hess das Unternehmen gründete, war es eine kaum lösbare Herausforderung, Kleidung aus Naturfasern anzubieten. Heute ist er zu der Überzeugung gelangt, daß wirklich nachhaltiges Wirtschaften nicht daraus besteht, Details oder das Endprodukt zu optimieren, sondern die gesamte Wertschöpfungskette – vom Anbau der Rohstoffe bis zur Wiederverwendung des »abgelegten« Kleidungsstückes – zu gestal-

ten und zu kontrollieren. Im Gegensatz zur sonst üblichen Praxis, beeinflußt und prüft *hess natur* die gesamte textile Kette auf human- und umweltökologische Unbedenklichkeit. Eine zentrale Rolle spielt dabei auch das Produktdesign, denn hier werden die Bedingungen festgelegt, unter denen ein Kleidungsstück hergestellt, getragen oder weiterverwendet werden kann.

Während der ersten Jahre stand gesunde Kleidung aus Naturfasern im Mittelpunkt. Mit der Zeit kamen neue Ansprüche, insbesondere auf dem ökologischen Sektor hinzu. So geht es auf *hess natur* zurück, daß 1989 von der Sekem-Farm in Ägypten erste Versuche zum biologischen Baumwollanbau gestartet wurden. Das Beispiel hat Schule gemacht: Heute wird Baumwolle an verschiedenen Orten auf der Welt ökologisch kultiviert.

hess natur verfügt inzwischen über Erfahrung in allen textilen Fachbereichen und über die Fähigkeit, Ideen und Projekte, die es bisher so nicht gab, ins praktische Leben zu rufen. *hess 2000* ist das Team bei *hess natur*, das sich auf zukunftsgerichtete Forschungsprojekte konzentriert. Beispiel Brennesselfaser. Die einheimische Brennessel könnte durchaus als Rohstoff für Textilien geeignet sein – wie sie das einst war. Die Brennessel ist eine Pflanze, die die Regeneration des Bodens unterstützt. Im biologisch-dynamischen Landbau wird sie zu einem Kompostpräparat bereitet, das den Boden gesund erhalten und neu beleben hilft.

Was kann die Kultivierung der Brennessel für unsere belasteten Böden bedeuten? Was könnte Kleidung aus Brennesseln für den Verbraucher bedeuten? Es gilt, die physikalischen Eigenschaften der Faser zu untersuchen, Verarbeitungsmethoden zu entwickeln, den Tragekomfort zu testen. Das Brennesselprojekt wird von *hess 2000* in Zusammenarbeit mit verschiedenen Universitätsinstituten bearbeitet.

Auch die intensive Beschäftigung mit dem Färben von Textilien hat bei *hess natur* bereits Tradition. So werden permanent die Vor- und Nachteile natürlicher und synthetischer Farben unter Berücksichtigung von Gesundheitsaspekten geprüft.

1996 hat *hess natur* ein neues Unternehmen gegründet: *hess futur*. *hess futur* bringt Erfahrungen in bestehende und neue Partnerschaften auf der ganzen Welt ein, vor allem auf der Ebene der nachwachsenden Rohstoffe – Baumwolle, zunehmend Flachs

und Hanf, Wolle und Seide. Ziel ist einerseits die Qualitätssicherung auf höchstem Niveau sowie die Sicherung des steigenden Rohstoffbedarfs zur Herstellung ökologischer Kleidung.
Eine Lösung ist allgemein nur dann gut, wenn es keine bessere gibt. Für das Unternehmen ist die Suche nach ökologisch und sozial besseren Alternativen noch nicht zu Ende.
Um die formulierten Ziele zu erreichen, ist *hess natur* auf die Zusammenarbeit mit Lieferanten, Projektpartnern und Kunden angewiesen. Deren konstruktive, aber auch kritische Anteilnahme ist nach Auffassung des Unternehmers Heinz Hess Voraussetzung für den gemeinsamen Erfolg.

- Natürliche Kleidung, damit der Mensch sich wohl fühlt in seiner Haut:

Atmungsaktive, feuchtigkeitsaustauschende und temperaturregulierende Naturfasern unterstützen die körpereigenen Funktionen der Haut und helfen so, den Organismus gesund zu erhalten und Wohlbefinden zu vermitteln.

- Natürliche Kleidung, damit Erde, Luft und Wasser sauber bleiben:

Eine ökologische Rohstoffproduktion hält die Umwelt frei von Kunstdüngern, chemischen Herbiziden und Insektiziden. Ein rund 200 g schweres T-Shirt aus ökologisch kultivierter Baumwolle schützt ca. 7m^2 Anbaufläche vor belastenden Schadstoffen. Bei *hess natur* ist der gesamte Herstellungsweg bis zur Auslieferung des fertigen Kleidungsstückes an den Kunden so ökologisch wie möglich gestaltet.

- Natürliche Kleidung als Ausdruck von Lebensfreude und Persönlichkeit:

Elegante Schlichtheit, klare Linien ohne starre Raster, Harmonie von Form und Farbe: Das breite Sortiment von *hess natur* eröffnet dem Kunden vielfältige Möglichkeiten, seinen individuellen Bekleidungsstil zu gestalten.

(Adresse im Anhang)

Großvater, Vater, Sohn und PEMA-Backwaren

Portrait eines rundum ganzheitlichen Unternehmens:
Das Unternehmen entwickelte sich aus einem Handwerksbetrieb (Konditorei und Café), den Adam Leupoldt 1905 in Weißenstadt gründete.
1946, nach Kriegsende, startete Heinrich Leupoldt wieder als Ein-Mann-Betrieb. Es gelang ihm, aus Malzmehl Sirup zu kochen und dadurch ein süßes Gebäck herzustellen, das auf normale Schwarzbrot-Lebensmittelmarken erworben werden konnte.
1948 beschäftigte der Betrieb schon wieder zwölf ständige Arbeitskräfte und während der Lebkuchensaison noch zusätzliches Aushilfspersonal.
1950 wurde die Produktion von Vollkornbrot und Pumpernickel unter der Marke PEMA aufgenommen.
Heute beschäftigt das Unternehmen 150 Mitarbeiter und bäckt insgesamt zwölf verschiedene Sorten Vollkornbrot aus Roggen und Weizen. Das Vertriebsgebiet umfaßt ganz Deutschland, allerdings mit Schwerpunkt im Süden. Über 20% der Produktion wird in über 60 Länder exportiert, etwa die Hälfte im EG-Raum und der Rest in außereuropäische Länder.
Bisher ist es den Inhabern Heinrich und Franz Leupoldt, zusammen mit einem ausgezeichneten Mitarbeiterstab, stets gelungen, sich den veränderten Marktgegebenheiten anzupassen.

Franz Leupoldt über PEMA und die Umwelt
Als Vollkorn-Spezialist legen wir großen Wert auf Umweltschutz. Backen im Einklang mit der Natur ist der zentrale Punkt unserer Unternehmensphilosophie. Von jeher backen wir ohne Konservierungsstoffe oder andere fremde Zusätze. Wir sparen dadurch Energie ein, die aufgewendet werden muß, um chemisch-synthetische Zusätze herzustellen.

PEMA und die Landwirtschaft
Wir verstehen uns als Partner der Landwirte unserer Heimat, dem Fichtelgebirge. Wir könnten unser Getreide preiswerter aus dem Ausland oder anderen Regionen Deutschlands beziehen. Doch

dann würde der Kontakt zum Landwirt und dadurch die Kontrolle verlorengehen. Zusätzlich würden wir die Umwelt mit wesentlich längeren Transportwegen belasten.
Seit rund 20 Jahren beziehen wir unser Getreide aus dem PEMA-Vertragsanbau im Fichtelgebirge. PEMA Vertragsanbau heißt: keine Insektizide, Düngung nach Bedarf, kein Austrag von Klärschlamm oder Abwasser, und Pflanzenschutzmaßnahmen nur dann, wenn unbedingt notwendig.
Seit vielen Jahren engagieren wir uns für den ökologischen Landbau. Viele unserer Vertragslandwirte stellten durch uns ihren Hof auf diese ökologische Wirtschaftsweise der Landwirtschaft um. Seit Mai 1992 verarbeiten wir Weizen nur noch aus ökologischem Anbau, und der Anteil des Roggens aus ökologischem Anbau steigt ebenfalls ständig.

PEMA-Lagerhäuser

Die Lagerhäuser, die für uns das Getreide nach der Ernte einlagern, sind vertraglich verpflichtet, auf den Einsatz von Insektiziden zu verzichten. Dort wird unser Getreide gesund und frei von Schädlingen durch regelmäßiges Umlagern und Belüften gehalten. Alle unsere Getreidelager liegen im nahen Umkreis von PEMA, um geringe Transportwege zu gewährleisten.

PEMA-Brotverpackung

Unsere Brotverpackung besteht aus zwei Elementen: Stabiler Polyethylenbeutel (innen), der mehrfach als Frühstücks-, Brot- oder Gefrierbeutel wiederverwendet werden kann und Polypropylenfolie (außen). Durch die beiden Elemente und durch ein schonendes Erhitzen (Pasteurisieren) erzielen wir unsere lange Frischhaltung. Beide Materialien sind sortenrein und können deshalb sehr gut recycelt oder in geeigneten Anlagen ungiftig verbrannt werden. Hergestellt werden diese Folien aus Ethylen- bzw. Propylengas, die bei der Erdölraffinerie anfallen.

PEMA-Vertrieb

Wir beliefern sehr viele unserer Kunden über Zentrallager. Deshalb werden unsere Vollkornprodukte mit vielen anderen Waren zum Lebensmittelhandel gebracht. Wir halten dadurch unsere

Philosophie der kurzen Wege aufrecht. Dies können wir nur, da unsere Vollkornspezialitäten über eine lange Frischhaltung verfügen.

Betriebliche Abfallbeseitigung
Schon immer wird der Abfall getrennt und der Wiederverwertung zugeführt.

Zentrale Heizstation und effektives Wärmerückgewinnungssystem
Eine zentrale Heizanlage versorgt alle Backöfen und Pasteurisationsöfen mit Energie. Mit Hilfe eines Abgaswärmetauschers nutzen wir die Energie der Abwärme zur Erzeugung von Warmwasser.

Neue gasbetriebene Heizkraftanlage
Eine neuartige gasbetriebene Heizkraftanlage erzeugt bei uns Strom in Kombination mit der Warmwasserbereitung. Die Vorteile dieser Anlage sind: der Kohlendioxyd-Ausstoß wird gesenkt und die Primärenergie zu über 90% ausgenutzt.

Roland Plocher – Regenerationsverfahren

Roland Plocher, »der Wassermann« genannt, Erfinder des »Plocher-Energie-Systems« (PES), leistet Erstaunliches bei der Regeneration ganzer Seen und Landstriche.
Nach Paracelsus trägt jeder erkrankte Organismus die Fähigkeit zur Selbstheilung in sich, wenn er den richtigen Genesungsimpuls bekommt. Was der berühmte Naturarzt ursprünglich für die Heilung des Menschen aufgebracht hatte, dachte 500 Jahre später Roland Plocher für die Regeneration unserer erkrankten Umwelt weiter und entwickelte 1980 das Plocher-System. Damit lassen sich z.B. Umweltgifte neutralisieren, chemisch überdüngte Böden regenerieren und umgekippte Gewässer klären. Unzählige Erfolge in der Landwirtschaft, bei der Belebung toter Seen, aber auch im privaten Bereich liegen bereits vor.

Die Funktionsweise seiner Mittel kann die herkömmliche Wissenschaft bisher noch nicht vollständig erklären. Die Wirkungen seiner Produkte können jedenfalls mit modernen physikalischen Meßgeräten sofort festgestellt werden und sind unabhängig von Zeit, Ort und Personen jederzeit reproduzierbar.
Zur »Findung« seines »Plocher-Systems« wurde Roland Plocher über die Beschäftigung mit Wilhelm Reich und dessen Organakkumulator geführt. Hinzu kamen die Erkenntnisse Viktor Schaubergers und der klassischen Homöopathie. In jahrelanger Forschung fand Roland Plocher heraus, daß sich die geschädigte Natur selbständig regenerieren kann, wenn sie dabei mit dem richtigen Mittel unterstützt wird. Umgekehrt kann ein Organismus die lebenden Prozesse nicht mehr aufrecht halten, wenn ihm bestimmte Stoffe fehlen. Mit dem Plocher-System kann die harmonische Schwingung der Lebensenergie wieder in Gang gebracht werden, Grundvoraussetzung für seine Gesundung.
Plocher entwickelte eine Apparatur, die, wie ein Kopierer, die energetische Matrix eines Stoffes übertragen kann. Damit wird die uns umgebende Energie verdichtet und zu einem Strahl gebündelt. Durch die Kirlianfotografie kann man diese überall vorhandene Lebensenergie sichtbar machen. Dieser Energiestrahl wird nun durch bestimmte Substanzen geleitet und deren Wirkungseigenschaft, bzw. energetische Schwingung kann dadurch auf eine Trägermaterie übertragen werden. Es wird also nicht die Substanz selber, sondern nur deren energetische Information übertragen. So können z.B. die Wirkungseigenschaften von Sauerstoff auf das Trägermaterial Quarzmehl übertragen, d.h. aufmodelliert werden. Das Quarzmehl besitzt nun eine durch akkumulierte Energie übertragene Information. Es handelt sich dann um Katalysatoren, die Informationen abgeben können, genannt **PENAC** (**P**locher-**EN**ergie-**AC**cumulatoren).
Das Plocher-System wird inzwischen in mehr als 20 Ländern mit Erfolg eingesetzt:

- Bei der Regenerierung von Gewässern. Dem Gewässer wird u.a. fehlender Sauerstoff zugesetzt, dadurch können die sauerstoffatmenden Bakterien Schadstoffe umwandeln, die ursprüngliche Ordnung stellt sich wieder ein.

- In der Tierhaltung. Mit PENAC behandelte Gülle spart erhebliche Mengen an Handelsdünger und Pflanzenschutzmitteln ein. Die Fütterung mit solch natürlich gedüngten Pflanzen wirkt sich positiv auf die Tiergesundheit aus.
- Bei der Behandlung von Pflanzen. Sind die Widerstandskräfte der Pflanze gestört, so werden meist Pflanzenschutz- und Schädlingsbekämpfungsmittel eingesetzt. Dabei wird jedoch nicht beachtet, daß sich die Natur natürlicher Feinde bedient, um geschwächte Pflanzen zu beseitigen, damit wieder Platz für neue gesunde Pflanzen geschaffen wird. Mit PENAC werden die Widerstandskräfte der Pflanzen so gestärkt, daß sich die Schädlinge von allein zurückziehen, da sie nun keine Aufgabe mehr zu erfüllen haben.

Mit dem Einsatz des Plocher-Systems in Landwirtschaft und Gartenbau schaffen wir uns also nicht nur unmittelbar gesunde Lebensmittel, sondern fördern auch aktiv die Erhaltung unserer Lebensgrundlagen Wasser und Boden.

(Adressen im Anhang)

Gemeinsam um rechten Handel bemüht

EFTA – European Fair Trade Association

Die EFTA ist eine Vereinigung von 13 Fair-Trade-Organisationen in 10 europäischen Ländern. Sie wurde nach 10 Jahren lockerer Zusammenarbeit im Januar 1990 gegründet. Die EFTA ist bestrebt, die praktische Zusammenarbeit ihrer Mitglieder zu fördern, eine gemeinsame Linie zu entwickeln und die Produzenten mit vereinten Kräften zu unterstützen. Ein weiteres Ziel der EFTA ist es, in Europa auch im kommerziellen Handel faire Handelsgrundsätze durchzusetzen.

Fair-Trade-Organisationen
wollen die Entwicklung hin zum Vertrauen auf die eigenen Kräfte und Fähigkeiten fördern, indem sie faire Handelsbeziehungen knüpfen. Sie kaufen Kaffee, Tee, andere Lebensmittel, Textilien und Handwerksprodukte direkt von organisierten Produzenten in Afrika, Asien und Lateinamerika.

Im Süden arbeiten Fair-Trade-Organisationen mit demokratisch organisierten Produzenten zusammen, die Interesse haben an der Entwicklung ihrer Region oder ihres Produktionssektors, an der Förderung von Frauen, an freien und demokratischen politischen Strukturen sowie an der Erhaltung und Neubelebung ihrer Kultur und ihres Ökosystems. Die Produzenten erhalten von den Fair-Trade-Organisationen für ihr Produkt einen Preis, der ihnen und ihren Familien ein ausreichendes Einkommen sichert. Fair-Trade-Organisationen unterstützen die Produzenten auch bei der Produktentwicklung, der Aus- und Weiterbildung, der Verbesserung ihrer Organisation und der Vermarktung sowie dem Austausch ihrer Fähigkeiten und Erfahrungen mit anderen.

In Europa verkaufen Fair-Trade-Organisationen ihre Produkte über mehr als 3 000 sogenannte Weltläden, durch lokale Gruppen, bei Ausstellungen und Kampagnen, im Großhandel und Postversand. Sie legen Wert darauf, die Käufer über die Produzenten zu informieren sowie ihre Ausstellungen, Zeitschriften, Informationstreffen und Ausbildungskurse bekannt zu machen. Sie arbeiten mit anderen Dritte-Welt-Organisationen zusammen, um so zu versuchen, den Menschen im Süden eine gerechte Chance und einen gerechten Anteil an Ressourcen dieser Welt zukommen zu lassen.

Seit der Gründung der ersten derartigen Organisation im Jahr 1959 haben weltweit mehr als 100 Fair-Trade-Organisationen ihre Arbeit aufgenommen.

Fair-Trade Organisationen
- unterstützen Produzenten, die sich zusammentun, um einen besseren Lebensstandard und eine gerechte Verteilung von Einkommen und Einfluß zu erreichen.
- verkaufen ihre Produkte in erster Linie über Weltläden. Europaweit gibt es mehr als 3 000 solcher Läden.

(Auszüge aus einem Prospekt der österreichischen EFTA-Mitgliedsorganisation)

EZA 3. Welt

Entwicklungszusammenarbeit mit der Dritten Welt GmbH

Gerecht handeln – sinnvoll kaufen

Wir sind daran gewöhnt, daß uns die Welt den Tisch deckt. Unsere gesamte Eß- und Lebenskultur ist inzwischen auf ein weltweites Angebot eingestellt. Die Vernetzung des Handels ist dem einzelnen Produkt kaum noch anzusehen.
Immer mehr Produkte werden grenzüberschreitend gehandelt. Das ändert aber nichts daran, daß die Weltgesellschaft in arm

und reich gespalten ist. Die Situation hat sich sogar drastisch verschärft. Der Welthandel geht auf Kosten von drei Viertel der Weltbevölkerung. Die Kluft zwischen reichen und armen Ländern vergrößert sich, genauso wie die innerhalb eines Landes zwischen Eliten und den sozial Schwachen.
Haben die Menschen in Afrika, Asien und Lateinamerika nicht dasselbe Recht auf Nahrung, Gesundheit, Wohnung, Bildung, Arbeit und faire Löhne bzw. Preise wie wir auch?
Das Modell des fairen Handels setzt einen Kontrapunkt und bietet ProduzentInnen aus dem Süden und KonsumentInnen aus dem Norden eine Alternative, um sich gegen die für beide Seiten unterdrückerischen Mechanismen der Weltwirtschaft zur Wehr zu setzen. Es zeigt auf, daß eine Änderung der ungerechten Handelsstrukturen möglich ist und tagtäglich gelebt werden kann.
Der Leitsatz »Handel statt Hilfe« ist seit den 60er Jahren ein zentrales Anliegen der armen Länder. Handel allein ändert aber noch nichts, die gleichberechtigte und auf Selbstbestimmung basierende Teilnahme daran ist entscheidend.
Aus zahlreichen Einzelinitiativen ist eine starke Bewegung entstanden, die auch in vielen anderen europäischen Ländern verankert ist. Etwa fünf Millionen Menschen im Süden profitieren vom fairen Handel.

EZA bietet Ihnen Transparenz und Information

- Sie erfahren, wer die Menschen sind, die die Produkte erzeugen, unter welchen sozialen, wirtschaftlichen, politischen und kulturellen Rahmenbedingungen sie leben, welche Ziele sie in ihren Ländern erreichen wollen.
- Sie bekommen Auskunft über die Erzeugung und Preisbildung unserer Waren.
- Sie erhalten Informationen über die Handelsbeziehungen zwischen dem industrialisierten Norden und den Ländern Afrikas, Asiens und Lateinamerikas.

Vieles spricht für unsere Produkte

- Sie erfüllen die internationalen Qualitätsstandards (z.B.: Alle Spiele entsprechen den Sicherheitsbestimmungen – Euronorm 71, Lebensmittel werden regelmäßigen Analysen unterzogen).
- Die Erzeugung erfolgt mit traditionellen und/oder angepaßten Mitteln.
- Sie werden aus lokal verfügbaren Materialien hergestellt.
- Sie werden unter größtmöglicher Schonung der Umwelt produziert.
- Den ProduzentInnen sind faire Preise bzw. Löhne garantiert.

Unsere Ziele

- Stärkung von organisierten ProduzentInnen in Afrika, Asien und Lateinamerika durch den Import von Lebensmitteln und Handwerksprodukten zu fairen Bedingungen.
- Föderung sozialer und technischer Programme von HandelspartnerInnen.
- Entwicklungspolitische Informations- und Bildungsarbeit in Österreich, um Verständnis für weltwirtschaftliche Zusammenhänge zu wecken und Handlungsmöglichkeiten für KonsumentInnen aufzuzeigen.

Gewinnverwendung

Erzielte Reingewinne werden von den Gesellschaftern nicht abgezogen, sondern sind zur Stärkung der alternativen Handelsstrukturen ins Unternehmen zu reinvestieren.
Wir finanzieren unsere Aktivitäten aus dem Verkauf der Waren und erhalten weder Steuerbegünstigungen noch Subventionen.

EZA – eine Alternative für ProduzentInnen

Über 90 Vereinigungen von HandwerkerInnen, Bauern und Bäuerinnen in etwa 25 Ländern Afrikas, Asiens und Lateinamerikas sind PartnerInnen der EZA. Sie zählen zu den wirtschaftlich und sozial Benachteiligsten und werden durch den fairen Handel in ihrem Bemühen unterstützt, ihre Lebenssituation zu verbessern. Sie sind in Kooperativen, Selbsthilfegruppen oder in anderen

Zusammenschlüssen organisiert und sehen eine Beteiligung der Mitglieder – Männer wie Frauen – an Entscheidungsprozessen vor. ProduzentInnenorganisationen der EZA verteilen Besitz und Gewinn möglichst gleichmäßig auf alle Beteiligten. Die Produktion erfolgt unter menschenwürdigen Bedingungen und schließt die Ausbeutung von Kindern aus. Privatunternehmen zählen in Ausnahmefällen zu HandelspartnerInnen der EZA und zeichnen sich durch besondere Leistungen für ArbeitnehmerInnen aus.

Stand 1996
(Auszug aus einem Prospekt der österreichischen Mitgliedsorganisation EZA 3. Welt GmbH, beide Adressen im Anhang)

In den folgenden Beiträgen stellen sich Initiativen vor, die sich mit »gesunder Umwelt« im engeren und weiteren Sinn beschäftigen.

Organisationen und Initiativen

Die Verbraucher Initiative e. V.

Bundesverband

Die VERBRAUCHER INITIATIVE ist Sprachrohr kritischer Verbraucherinnen und Verbraucher. Seit 1985 beschäftigt sich der als gemeinnützig anerkannte Bundesverband mit Fragen des ökologischen, sozialen und gesundheitlichen Verbraucherschutzes.

Die VERBRAUCHER INITIATIVE gibt Tips für eine gesunde Ernährung und fordert umfassende Zulassungs- und Kennzeichnungspflicht für genmanipulierte Nahrung. Unser Bundesverband informierte 1986 nach der Tschernobyl-Katastrophe über die radioaktive Belastung von Lebensmitteln und klärte 1988 über PER-verseuchtes Olivenöl auf. 1994 deckten wir den Babykostskandal auf. Wir setzen uns für die bäuerliche Landwirtschaft ein, für eine bessere Direktvermarktung landwirtschaftlicher Produkte, für rückstandsfreie Lebensmittel und umweltverträgliche Anbaumethoden. Schon 1988 initiierten wir mit anderen Organisationen das NEULAND-Fleischprogramm für tiergerechte und umweltschonende Nutztierhaltung.

Ob Elektosmog oder PVC, ob Verpackungen oder Waschmittel – die VERBRAUCHER INITIATIVE startete in den letzten Jahren zahlreiche Umweltkampagnen: von Pro-Mehrweg-Initiativen bis zum Öko-Putzschrank.

Die VERBRAUCHER INITIATIVE macht sich für ein Verbot von Wohnraumgiften stark, fördert umweltfreundliche Produkte und bietet ein umfangreiches Beratungsangebot von Bodenbelägen bis zum Hausbau. Über 12 Jahre engagierte sich der Verband im Holzschutzmittelprozeß, dem größten Umweltstrafverfahren in Deutschland.

Die VERBRAUCHER INITIATIVE hinterfragt die umweltbelastende Textilproduktion, prangert Schadstoffe in der Kleidung an und gibt Entscheidungshilfen beim Kauf und Umgang mit Textilien. Wir setzen uns für umwelt. und gesundheitsverträgliche Mode ein.

(Ein Informationsblatt,
Adresse im Anhang)

Permakultur – Ökosysteme zum Wohle von Mensch und Kultur

PERMAKULTUR – was ist das?

Permakultur – so heißt jenes Konzept, für das Bill Mollison 1981 den alternativen Nobelpreis erhielt. Seine Idee, die heute weltweit von vielen Menschen mitgetragen wird, ist der Anbau umfassender, sich selbst erhaltender Ökosysteme zum Wohle von Mensch und Natur. Man könnte Permakultur folgendermaßen definieren: Sie versteht sich als praxisnahes Konzept, das sich sowohl in der Stadt, als auch am Land oder in der Wildnis zur Gestaltung von Lebensräumen anwenden läßt.
Die Anwendung ihrer Grundsätze ermöglicht Menschen die Entwicklung von hochproduktiven naturnahen Systemen zur Versorgung mit Nahrung, Energie, Unterkunft und anderen materiellen und nichtmateriellen Gütern, inklusive Einkommen.
Indem PermakulturgestalterInnen aufmerksam Muster und Prozesse an einem bestimmten Standort beobachten, suchen sie nach optimalen Methoden für Wassernutzung, Bauen und Wohnen sowie Energieversorgung durch Bäume, der Nutzung eßbarer und anderer nützlicher ausdauernder Pflanzen, mittels Haus- und Wildtieren sowie Aquakultur in optimaler Kombination.
Permakultur stellt einen Ansatz zur Entwicklung von Alternativen zu herkömmlichen, raubbauenden Lebens- und Wirtschaftsweisen dar.
Das Wesentliche bei der Permakultur ist, mit dem zu arbeiten, was da ist: erstens, das Beste zu erhalten, zweitens: existierende Systeme zu verstärken und erst zuletzt neue Systeme einzufüh-

ren. Das ist eine Herangehensweise mit niedrigem Energieaufwand und minimalen Veränderungen zu maximalem Nutzen und den geringsten zerstörerischen Auswirkungen auf natürliche Systeme und humane Gesellschaften.

(Ein Informationsblatt, Internationale Kontaktadresse im Anhang)

Die ARCHE NOAH

SAATGUT ERHALTEN STATT GEN-MANIPULIEREN!

Die ARCHE NOAH bemüht sich, die Vielfalt von ganz normalen Kulturpflanzen wie Bohnen, Tomaten oder Erbsen vor dem Aussterben zu bewahren. Es gibt zwar immer mehr Früchte in unseren Supermärkten, aber auf dem Feld werden sie immer einheitlicher. Im »Arche Noah«- Schaugarten sind 1 000 verschiedene Arten und Sorten zu besichtigen, von Bauerngartenblumen bis zu Getreidesorten, Raritäten wie blaue Kartoffeln, schwarze Tomaten und Gemüse aus aller Welt. Alle Pflanzen, die angebaut werden, dienen der Saatgutproduktion und somit der Erhaltung wertvollen, bedrohten Kulturgutes.
»Arche Noah« ist ein dezentraler Zusammenschluß interessierter Hausgärtner, Erwerbsgärtner und Landwirte, die sich für die Erhaltung gefährdeter Kulturpflanzen einsetzen. Über das zentrale **ARCHE NOAH-Büro wird Medien- und Bildungsarbeit betrieben.**

(Ein Informationsblatt, Adresse im Anhang)

WILLING WORKERS ON ORGANIC FARMS – WWOOF

Freiwillige Helfer auf ökologischen Höfen e.V.

Hinaus aufs Land: Ökologische Landwirtschaft und Leute kennenlernen, mitarbeiten auf Bauernhöfen gegen freie Kost und Logis.

WWOOF ermöglicht:
- Erfahrungen im ökologischen Land- und Gartenbau zu sammeln
- mal raus aufs Land zu kommen
- neue Kontakte zu knüpfen
- konkrete Unterstützung der ökologischen Bewegung

WWOOF ist eine Organisation, die Interessenten Aufenthalte (mindestens 2 Tage) auf ökologisch wirtschaftenden Höfen (organisch/dynamisch) vermittelt.
Landwirtschaftliche oder gärtnerische Vorkenntnisse sind dafür nicht erforderlich.
WWOOF-Deutschland wurde im Herbst 1987 nach britischem Vorbild gegründet. Seit 1995 gibt es eine eigenständige WWOOF- Österreich-Gruppe.

Länder, in denen man »wwoofen« kann:
Australien, Kanada, Deutschland, Finnland, Ghana, Irland, Italien, Korea, Österreich, Neuseeland, Schweiz, England, Ungarn, USA.

(Ein Informationsblatt,
Deutsche und österreichische
Kontaktadressenim Anhang)

Aus: »Mein Gesundheitsbuch« von Barbara Rütting

Tips für den gesunden Haushalt

Giftstoffe, die in einer gesunden Wohnung nichts zu suchen haben:

- Formaldehyd, das u.a. Kopfschmerzen, Brechreiz, Nasenbluten und Augenschmerzen, langfristig sogar Krebs verursachen kann (in Spanplatten, Isolierschäumen, verschiedenen Lacken, Leimen, Kunststoffen).
- Chlorierte Kohlenwasserstoffe (PCP, PCB, HCH) verursachen genetische Schäden. Sie finden sich in Holzschutzmitteln, Kunststoffen, Reinigungs- und Lösungsmitteln.
- Radon, ein radioaktives Gas, das sich an Staubpartikeln anlagert und so in die Lungen gelangt, wo es Krebs, Leukämie, Genmutationen und ähnliches hervorruft. Es entweicht aus Beton, Chemiegipsplatten, Hochofenschlacke und vulkanischem Gestein.
- Asbeste. Sie verursachen Asbestose, Krebs, Mesotheliome und kommen u.a. im Asbest-Zement, in Feuerschutzmatten, gelegentlich immer noch in Fußbodenbelägen, Spachtel- und Dichtungsmassen vor.
- Kohlenmonoxyd und -dioxyd, Stickstoffoxyd, Schwefeloxyd. Sie bewirken Ermüdung, Kopfschmerzen, Übelkeit und Störung der Gehirnzellenfunktionen. Sie entstehen meist bei Verbrennung von Heizöl und Feststoffen bzw. bei ungenügender Frischluftversorgung bewohnter Räume.

Und so kann eine bestehende Wohnsituation baubiologisch verbessert werden:

- durch Entfernen großflächiger Verkleidungen aus Spanplatten.
- Behandlung imprägnierter Holzteile mit einem Bienenwachspräparat und strikter Verzicht auf PCP- und lindanhaltige Holzschutzmittel.
- Verzicht auf elektrostatische Synthetikteppiche und -vorhänge.
- Erhöhung der Raumluftfeuchtigkeit und häufiges Lüften.

- Entfernung von dampfdichten Folien oder Anstrichen.
- Einbau von Netzfreischaltungen und abgeschirmten Kabeln.
- Ersatz von PVC-Belägen durch Holz, Linoleum, Kork, Naturfaserteppiche.
- im Schlafzimmer keine Spiegel, keine elektrischen Geräte, keine Federkernmatratzen, keine Federbetten.
- Einrichtung nach den Prinzipien des Feng Shui.
- Beachtung von Störzonen.
- auch die reinigende und harmonisierende Wirkung von Blumen, Pflanzen und natürlichen Ölen kann das baubiologische Klima einer Wohnung verbessern.

Einige Haushaltstips:

- Ausgediente Kühlschränke fallen unter die Kategorie Sondermüll. Das Kühlmittel Frigen R12 zählt zu den Substanzen, die für die Zerstörung der Ozonschicht verantwortlich sind.
- Keine Spraydosen verwenden.
- Kunststoffflaschen vermeiden.
- Keine Mikrowellengeräte benutzen. Mit Mikrowelle erhitzte Speisen können zu Verhaltensstörungen bei Mensch und Tier führen und zur Veränderung des Abwehrsystems.
- Schmierseife in warmem Wasser gelöst, putzt alles, was man abwaschen kann.
- Essig macht vieles blank: Fliesen, Badewannen, Armaturen, ist außerdem ein guter Entkalker, auch von Kaffee- und Teemaschinen.
- Salmiakgeist macht Fenster klar (und alles andere aus Glas). Nachpolieren mit Zeitungspapier vermeidet das Verschmieren.
- Filtertüten aus Papier können Dioxine enthalten. Sie schädigen besonders Haut und Leber und sind hochgradig krebsverdächtig. Trotz Unschädlichkeitshinweisen der Hersteller: Dauerkaffeefilter aus Stoff oder Metall sind sicherer.
- Nichts in Plastik einfrieren. Petersilie z.B. hat ätherische Öle, die Weichmacher und andere chemische Zusatzstoffe aus dem Plastik herauslösen können. Dies gilt für alle in Plastik verpackten Lebensmittel, auch Kosmetik, besonders für fette, saure und alkoholische Waren.

(Siehe Literaturhinweise)

Sinnvolle Wassernutzung

- **Duschen statt Baden**

Für ein Vollbad braucht man rund 200 Liter, zum Duschen (6 Min.) nur ca. 70 Liter Wasser.

- **WC-Spülung mit »Stop-Vorrichtung«**

Mit dem »kurzen« Einsatz moderner Spülkästen lassen sich bis zu 8 Liter Wasser pro Spülung sparen.

- **Tropfende Wasserhähne reparieren**

Bei leicht tropfendem Hahn gehen in 24 Stunden ca. 36 Liter, bei leicht rinnender WC-Spülung bis zu 700 Liter kostbares Naß verloren.

- **Kein ständig laufender Wasserhahn**

bei Geschirrspülen, Waschen, Zähneputzen und Naßrasieren.

- **Blumengießen und Rasensprengen am Abend**

Es verdunstet dann weniger Wasser.

- **Kein Autowaschen mit dem Wasserschlauch**

- **Wasch- und Spülmaschinen nicht halbvoll laufen lassen**

Vor allem ältere Waschmaschinen verbrauchen pro Waschgang immer die gleiche Wassermenge.

- **Einbau von Thermostat- und Einhebelmischern**

Das hilft, rasch die gewünschte Temperatur zu erreichen und somit Wasser und Energie zu sparen (bis zu 18 l pro Dusche).

Es gibt eine Menge Möglichkeiten, und jeder sollte für sich weitere entdecken, um Wasser sinnvoll zu nutzen und damit unsere Umwelt zu schonen.

Stop dem Mißbrauch von Wasser

- Keine Speisereste ins Abwasser. Rohe pflanzliche Abfälle gehören in die Biotonne, tierische Speisereste in den Restmüll.
- Keine Farben, Lacke, Lösungsmittel usw. ins Abwasser schütten, sondern bei den Problemstoffstellen abgeben.
- Altöl, ob aus Autos, Friteusen oder Bratpfannen, gehört nicht ins Abwasser. Öl auch niemals im Boden versickern lassen. 1 Liter Öl kann 1 Million Liter Wasser verseuchen.
- Keine Putz- und Hygienemittel (alte Putzfetzen, Windeln, Binden, Watte, Kondome) in die Toilette werfen.
- Keine entflammbaren giftigen Stoffe oder alte Medikamente ins Abwasser. Auch sie gehören zu den Problemstoffen.
- Möglichst wenig Spülmittel oder scharfe Putzmittel verwenden. Sie enthalten oft aggressive chemische Substanzen, die den Wasserkreislauf erheblich belasten.

Wir alle können mithelfen, unseren Wasserhaushalt durch umweltbewußtes Verhalten zu schützen. Stoffe, die nicht ins Abwasser gehören, führen zu Kanalschäden, Problemen in den Kläranlagen und zur Gefährdung unserer Umwelt. Die Verantwortung im Umgang mit Wasser liegt bei jedem einzelnen von uns.

(Ein Informationsblatt, Adresse im Anhang)
Zusammengestellt von: Österreichisches
Gesellschafts- und Wirtschaftsmuseum

Die neue alte Wunderpflanze

Hanf

Die Wiederentdeckung dieser Pflanze, einer der ältesten Kulturpflanzen der Erde, könnte mithelfen, die Menschheit ausreichend mit Nahrung, Kleidung, Papier, Öl, Brennstoff, Baumaterial und vielen Medizinen zu versorgen
Weshalb der Hanf, einst die »Milch der Götter«, überhaupt so in Mißkredit geraten ist, kann wohl tatsächlich die Geschichte einer Verschwörung genannt werden, und liest sich auch wie ein Krimi. Der Autor oben genannten Buches, Jack Herer, behauptet, daß Hanfanbau nicht nur den Treibhauseffekt umzukehren vermag, sondern als nachwachsender Rohstoff für einen großen Teil der Gebrauchsgüter Verwendung finden kann, zusätzlich imstande ist, die Umweltverschmutzung einzudämmen, die Böden zu verbessern und die Luft zu reinigen.
Jack Herer fragt: Gibt es jemanden, der uns beweisen kann, daß diese These falsch ist?
Und wettet 10 000 Dollar dagegen!

Bereits vor über 8 000 Jahren wurde Hanf in China zur Herstellung von Kleidern und Seilen verwendet. Auch die Heilerin Hildegard von Bingen wußte schon im 12. Jahrhundert um die guten Eigenschaften dieser Pflanze.
Beim Anbau von Hanf kann sowohl auf Herbizide als auch teilweise auf Pestizide verzichtet werden. Hanf wächst anspruchslos und unkompliziert, bietet Schädlingen und »Unkraut« erfolgreichen Widerstand. Hanf eignet sich zur Herstellung von Bauelementen (Spanplatten und Ziegeln), als Dämmstoff, für Papier und Tiereinstreu, für die Ernährung und die Medizin. Kurz, es gibt kaum etwas, was der Hanf nicht kann.

Hanf als Textillieferant

- Hanf besitzt unter allen Naturfasern die größte Festigkeit, wobei besonders die hohe Naßfestigkeit zu erwähnen ist.

- Die Feuchtigkeitsabsorption von Hanf ist enorm, weil jede Faser in ihrem Inneren einen langen und breiten luftgefüllten Hohlraum besitzt. So speichern Hanffasern bis zu 12 Prozent Feuchtigkeit, ohne jedoch feucht zu erscheinen. Durch diese Saugfähigkeit vermitteln Hanftextilien ein angenehmes, kühles Tragegefühl und kleben nicht auf der Haut.
- Textilien aus Hanf sind antistatisch; Bettwäsche, Bekleidung und Möbelbezüge sind somit staubabweisend.
- Dank der besonderen Molekularstruktur der Hanffasern werden ultraviolette Strahlen bei Bekleidung aus Hanf bis zu 95 Prozent abgehalten (andere Textilien 30 bis 90 Prozent).
- Chemisch unbehandelte Hanftextilien weisen eine natürliche Resistenz gegen eitererregende Pilze, Darmbakterien und anaerobe Bakterien auf. Dies stellt einen natürlichen Schutz gegen Fäulnis, Keime, Schimmel und Geruchsbildung dar.
- Hanfstoff kann gekocht werden (bis 95 Grad).

Hanf in der Ernährung

Hanfsamen zählt zur Famile der Nüsse und eignet sich hervorragend als schmackhafte Ergänzung für Brot und Gebäck, zur Verfeinerung von Salaten, Saucen und Müsli. Er enthält ca. 30 Prozent Öl, das aufgrund seines ungewöhnlich hohen Anteils von essentiellen Fettsäuren (80 Prozent) als das wertvollste Speiseöl überhaupt gilt. Hervorzuheben ist hier besonders der ca. zweiprozentige Gehalt an Gamma-Linolensäure, welche mit Erfolg bei der Behandlung von Neurodermitis und anderen chronischen Hautkrankheiten eingesetzt wird.

Essentielle Fettsäuren sind verantwortlich für die Immunreaktion und beeinflussen Wachstum, Vitalität und geistige Beweglichkeit, Linol- und Linolensäure spielen eine bedeutende Rolle bei der Umwandlung von Nahrungsmitteln in Energie und beim Transport des Sauerstoffs in die einzelnen Körperzellen.

Hanföl wird aus den Hanfsamen kalt gepreßt und darf auch nicht erhitzt werden, da sonst die wertvollen Fettsäuren zerstört werden. Die Preßrückstände, Hanföltrüb (Hanfbutter) und Preßkuchen, stellen ideale Grundstoffe für eine weitere Vielzahl von Verwendungsmöglichkeiten dar. So wird aus dem eiweißreichen Preßkuchen Hanfmehl gewonnen, welches zwar nicht backfähig ist – es enthält kein Klebereiweiß –, aber als Beimengung zu Weizen-, Dinkel- oder Roggenmehl ein zarthanfiges Aroma verleiht. Der nussig aromatische Geschmack des Hanfsamens und -öls hat den Nahrungsmittelmarkt bereits inspiriert: Er bietet Fertigprodukte wie Hanfburger, Suppen mit Hanfzusatz sowie Energieschnittchen an.

Hanfanbau – **die** Lösung zum Überleben der Bauern? Damit wir nicht weiterhin in Milchseen ersaufen und an Fleischbergen ersticken?

B.R.

(Siehe Literaturhinweise)

... Der täglichen Horrormeldungen ist kein Ende. Franz Alt hat bestechende Lösungsvorschläge parat. Denn Ökologie muß auch Spaß machen, wenn ihr Erfolg beschieden sein soll.

Dr. Franz Alt:

Die Sonne schickt uns keine Rechnung

Ökologie muß chic werden!

Täglich werden 120 Tierarten ausgerottet.

Täglich entstehen 200 Hektar neue Wüste.

Täglich fallen 86 Millionen Tonnen fruchtbaren Bodens der Erosion anheim.

Täglich werden 100 Millionen Tonnen Treibhausgas freigesetzt.

Täglich wird eine Million mal mehr verbrannt, als die Natur täglich an Gas, Kohle oder Öl erschafft.

Tschernobyl wird 15 Million Tote in den nächsten zehn Jahren zur Folge haben ...

»In wenigen Jahrzehnten werden alle herkömmlichen Energieträger – Gas, Kohle, Öl – erschöpft sein. Letztendlich bleibt nur die Sonne, mit 10 000mal mehr Energie täglich, als benötigt wird. Diese unerschöpfliche Energiequelle zu erschließen, muß die herausragende Aufgabe der Zukunft sein. Denn hier liegt die Grundlage für einfache und billige Energielösungen.
Der Widerstand des Energiemanagements gegen die Sonnenenergie beruht auf der Tatsache, daß der Kosten-/Nutzenfaktor zur Zeit nicht profitabel ist ... Regenerative Rohstoffe sind zu billig!

Die Energiewirtschaft verdient neben der Energiegewinnung und –verteilung auch am Transport der Rohstoffe. Die Transportkosten für einen Liter Rohöl sind augenfällig. Die Sonne hingegen schickt uns keine Rechnung für ihre Energie.
Wenn auch die Solarenergiegewinnung über Fotovoltaik noch sehr kostenintensiv ist, wird sie die Energiegewinnung der Zukunft sein. Das Kostenproblem wird durch die Massenproduktion in den kommenden zehn Jahren auf ein Zehntel des heutigen Niveaus reduziert werden können. Durch Schaffung neuer Arbeitsplätze, in zehn Jahren EU-weit etwa fünf Millionen, können Fotovoltaikanlangen der Exportschlager des 21. Jahrhunderts werden. Fatal, daß Deutschland diese große Zukunftschance vertan hat, obwohl es in der Solartechnologie weltweit führend war. Statt dessen wird die heimische Kohle mit jährlich DM 22 Milliarden und die Atomenergieforschung mit DM 0,75 Milliarden subventioniert.
Der Weg in die Zukunft muß eine intelligente Kombination der verschiedenen Modelle regenerativer Energiegewinnung sein: Solarenergie, Biomasse-Heizkraftwerke, Wind- und Wasserenergie. Durch Reaktivierung kleinerer Wasserwerke ließe sich die Stromerzeugung durch Wasserenergie problemlos verdoppeln. Allein ein Gezeitenkraftwerk in der Bretagne versorgt 250 000 Menschen mit Strom.
In der EU gibt es aufgrund agrarpolitischer Bestimmungen fünf Millionen Hektar brachliegender Fläche, die für nachwachsende Rohstoffe genutzt werden könnte. In Biomasse-Heizkraftwerken würde sich bei der Energiegewinnung ein Wirkungsgrad von 80 Prozent erzielen lassen, dem gegenüber liegt der Wirkungsgrad herkömmlicher Kraftwerke lediglich bei knapp 40 Prozent. Zudem ist die Verbrennung von Biomasse ökologisch unbedenklich, da bei der Verbrennung lediglich exakt die Menge CO_2 freigesetzt wird, die die Pflanze vorher aufgenommen hat – im Gegensatz zu Gas, Kohle oder Öl.

Werden die existierenden Möglichkeiten effizient genutzt, können bereits in acht Jahren alle Kernkraftwerke in Deutschland durch regenerative Energien ersetzt werden.

Da sich Ökologie und Ökonomie in den regenerativen Energieformen ergänzen, werden sie sich auf Dauer auch gegen den aktuellen politischen Willen und das Monopol des Energiemanagements durchsetzen. Anreiz wäre eine sogenannte »ökologische Steuerreform«, die Energiesparmaßnahmen zur schnelleren Durchsetzung verhelfen würden. Das Energieproblem ist nicht länger ein technisches, sondern ein moralisches Problem. Der Druck aus der Gesellschaft muß stärker werden, so daß er nicht mehr länger ignoriert werden kann. Heute gilt es bereits als chic, ein Windrad zu besitzen. Bald könnte es »chicer« sein, ein Windrad oder eine Solaranlage zu haben als einen BMW oder einen Mercedes oder einen Audi oder, oder ...
Wie alles, ist auch die Ökologie eine Imagefrage.

Ökologie muß chic werden.

Stand 1996
(Siehe Literaturhinweise)

Nachwort

Warum als Abschluß dieses Buches ein Osho-Zitat? Und warum auf Cover und Rückseite die Abbildung einer Karte aus dem Osho-Zen-Tarot?

In meinem nun tatsächlich sieben Jahrzehnte dauernden Erdenleben hatte ich das Glück, einer ganzen Reihe von Lehrern zu begegnen, deren Wissen mich bereicherte. Ein Lehrer oder Meister ist ja eine Art Geburtshelfer und kann immer nur so viel im Schüler bewirken, wie dieser bereit ist zuzulassen – also eigentlich nur das hervorholen, was der Schüler schon weiß. Es gilt nur, den richtigen Zeitpunkt für beider Zusammentreffen zu finden.

Die absolute Krönung – bisher – war Bhagwan/Osho, der viel Geschmähte. Vor ungefähr zwanzig Jahren begeisterten mich zwar seine Bücher, hielt mich aber der Mummenschanz um seine Person davon ab, ihn ernst zu nehmen. Hat ein Meister nicht arm zu sein, ernst und asketisch? Und der da trug juwelenstrotzende Armbanduhren (oft falsche, wie ich erst jetzt erfuhr, weil er die echten immer prompt an irgend jemanden verschenkte); der kostümierte sich absurd, fuhr -zig Rolls Royce, möglichst täglich einen anderen, machte Witze, widersprach sich ständig, provozierte die ganze Welt – kann so einer ein spiritueller Meister sein? Osho soll sinngemäß gesagt haben, daß kaum jemand bereit war, seinen Lehren zuzuhören, alle aber geradezu aufschrieen und Kopf standen wegen der Rolls-Royce-Flotte, und so notgedrungen zumindest einen Teil seiner Botschaft mitbekommen *mußten*.

Zuzutrauen wäre es ihm, denn das war er ja auch, ein Narr im Shakespeareschen Sinn, wie Dr. Ruediger Dahlke, der ihn erlebt hat, es ausdrückt – ein Narr, der der Gesellschaft den Spiegel vorhält und erbarmungslos ihre häßliche Fratze entlarvt.

Als habe er sich ständig selbst zwischen sich und seine Lehre gestellt, scheint diese transparenter, seit Osho nicht mehr physisch anwesend ist, was er übrigens vorausgesagt hat. So bin ich ihm erst wirklich begegnet, nachdem er seinen Körper verlassen hatte. Warum? Weil seine Sannyasins, die ich zwischendurch immer wieder kennenlernte, so wunderbar lebten, was er vorschlug, nämlich alle Konditionierungen, alle Religionen, alle Ideologien aufzugeben und selbst Suchende zu werden.

Genau das bedeutet Sannyasin-sein für mich: größtmögliche Befreiung bei gleichzeitig Übernahme höchster Verantwortung nicht nur mir selbst, sondern allem Lebendigen gegenüber, weil ich weiß, das Universum und ich sind eins.

Daß Oshos Vision des neuen Menschen Wirklichkeit wird, daran möchte ich mitarbeiten. Er *hat* die Welt verändert und zwar einschneidend, auch wenn diese Welt das heute noch nicht wahrhaben will. Ich halte Osho für den größten Therapeuten dieses Jahrhunderts.

Auf die Frage, warum er so viele wichtige Funktionen Frauen anvertraue, hat Osho geantwortet: »Ich liebe Frauen!« und weiter sinngemäß: Es ist eine kleine Wiedergutmachung für alles, was ihnen jahrhundertelang angetan wurde.

Diesem großen Humanisten und Feministen verdanke ich, daß ich heute mein Leben so prall und bunt leben kann, kühner, unerschrockener, unbeirrbarer als ich mir je hätte träumen lassen, und fröhlich obendrein – getreu dem Camusschen »Dennoch« gegen das Elend dieser Welt. Denn Sannyasin-sein heißt auch singen, tanzen und feiern. Deshalb das Osho-Zitat am Ende dieses Buches, das ja ein Mutmacher sein soll, deshalb die Tarotkarte MUT – ein kleines Dankeschön an meine »Hebamme«.

»... daß wir eine Welt ohne Nationalgrenzen,
ohne Religionsgrenzen schaffen müssen – dann
werden wir zum ersten Mal zivilisiert sein.
Ansonsten schleppen wir eine barbarische
Vergangenheit im schönen Mäntelchen mit ...
es ist Zeit, daß wir alle Grenzen,
alle Diskriminierungen der Rasse
und Hautfarbe aufgeben
und die ganze Menschheit
zu einem unteilbaren Ganzen machen.
Das wird der Anfang der Zivilisation sein.«

OSHO

Adressen

AAI – ANTI ATOM INTERNATIONAL
Dachverband der österreichischen Anti-Atom-Initiativen
Volksgartenstraße 1
A-1010 Wien
Tel.: +43 (0)222 522 91 02
Fax: 522 91 03

ARCHE NOAH
Obere Straße 40
Schloß Schiltern
A-3553 Langenlois

ÄRZTE GEGEN TIERVERSUCHE e.V.
Nußzeil 50
D-60433 Frankfurt
Tel.: +49 (0)69 61 94 11

A.U.G.E. – AKTIONSGEMEINSCHAFT UMWELT, GESUNDHEIT UND ERNÄHRUNG
Tel.: +49 (0)40 450 49 27
Fax: 450 49 90

B.A.U.M. – BUNDESDEUTSCHER ARBEITSKREIS FÜR UMWELTBEWUßTES MANAGEMENT
Tinsdaler Kirchenweg 211
D-22559 Hamburg
Tel.: +49 (0)40 81 01 01
Fax: 81 01 26
e-Mail: BAUMeV@AOL.COM

BUND DER TIERVERSUCHSGEGNER
Radetzkystraße 21
A-1030 Wien
Tel.: +43 (0)222 713 08 23
Fax: 713 08 24

BUNDESVERBAND DER TIERVERSUCHSGEGNER – MENSCHEN FÜR TIERRECHTE e.V.
Roermonder Straße 4a
D-52072 Aachen
Tel.: +49 (0)241 157 214
Fax: 155 624
e-Mail: info@tierrechte.de
Internet: http://www.tierrechte.de

BUND FÜR UMWELT UND NATURSCHUTZ DEUTSCHLAND
Im Rheingarten 7
D-53225 Bonn
Tel.: +49 (0)228 40 09 70
Fax: 40 09 740

BUND NATURSCHUTZ BILDUNGSWERK
Postfach 40
D-94343 Wiesenfelden
Tel.: +49 (0)9966 1270
Fax: 490

DAVID GEGEN GOLIATH E.V. (DAGG)
Pettenkoferstraße 22g
D-80336 München
Tel.: +49 (0)89 532 8001
Fax: 543 8092

DER TIERBEFREIER
Charlotte Probst
Neupauerweg 29b
A-8052 Graz
Tel.: +43 (0)316 58 13 20
Fax: 58 12 84

DEUTSCHER TIERSCHUTZBUND
Baumschulallee 15
D-53115 Bonn
Tel.: +49 (0)228 604 96 30
Fax: 604 96 40

EFTA – EUROPEAN FAIR TRADE ASSOCIATION
Sekretariat
Witmakersstraat 10
NL-6211 JB Maastricht
Tel.: +31 43 3256917
Fax: 3258433

EUROPÄISCHER PFERDESCHUTZBUND
Fred Rai
Neulwirth 3
D-86453 Dasing
Tel.: +49 (0)8205 225
Fax: 1084

EVU – DIE EUROPÄISCHE VEGETARIERUNION
Bluetschwiterweg 5
CH-9443 Widnau
Tel. und Fax: +41 (0)71 72264 45
e-Mail: sdeleo@rheintal.ch
Internet: http://www.iuv.org/evu

EZA 3. WELT Ges.m.b.H.
Plainbachstraße 8
A-5101 Bergheim
Tel.: +43 (0)662 45 21 78
Fax: 45 25 86

FISEA
14 Rue de la Barriere
L-3821 Berchem
Tel.: +352 48 83 95
Fax: 49 25 15

G.E.N. – GLOBAL ECO VILLAGE-NETWORK
Hamish Stewart
Skyumvej 101
DK-7752 Snedsted
Tel.: +45 (0)97 93 66 55
Fax: 93 66 77
e-Mail: gen@gaia.org

GESELLSCHAFT FÜR GESUNDHEITSBERATUNG
Taunusblick
D-56112 Lahnstein
Tel.: +49 (0)2621 91 700
Fax: 91 7033

GLOBAL 2000 – UMWELTSCHUTZORGANISATION
Flurschützstraße
A-1120 Wien
Tel.: +43 (0)222 81 25 730 0

HARE KRISHNA FOOD FOR LIFE
10110 Oaklyn Drive
USA-20854 Potomac, MD.
Tel.: +1 301 299 4797
Fax: 5025

HESS NATUR
Hessenring 82
D-61348 Bad Homburg
Tel.: +49 (0)6172 / 121 40
Fax: 121 428

I-PAN-INDIA PROJECT FOR ANIMALS AND NATURE
150 East 58 Street, 34th Floor, New York
NY 10155
Tel.: 212 935 5568
Fax: 212 753 0731

IVU – INTERNATIONALE VEGETARIER-UNION
700 Professional Drive
USA-MD 20879 Gaithersburgh
Tel.: +1 301 258 3054
Fax: 30 81

KOMITEE FÜR GRUNDRECHTE UND DEMOKRATIE e.V.
(u.a. Aktion Ferienpatenschaft für Flüchtlings- und Kriegskinder im ehemaligen Jugoslawien)
An der Gasse 1
D-64759 Sensbachtal
Tel.: +49 (0)6068 2608
Fax: 36 98

MAHARISHI VEDIC UNIVERSITY – DEPARTMENT OF HEALTH CARE
(Ayurveda)
Postbox 272
NL-6300 AG Valkenburg
Tel.: +31 (0)4406 14568
Fax: 132 62

OSHO COMMUNE INTERNATIONAL
17 Koregaon Park
INDIA-Pune 411001
Tel.: +91 (0)212 628 561
Fax: 624 181
e-Mail: cc.osho@oci.sprintrpg.ems.vsnl.net.in
Internet: http://www.osho.org

ÖSTERREICHISCHE VEGETARIER-UNION
Brucknerstraße 59/18
A-8010 Graz
(Postfach 1, A-8017 Graz)
Tel.: +43 316 463717

PEMA VOLLKORN-SPEZIALITÄTEN
Heinrich Leupoldt GmbH & Co. KG
Goethestraße 23
D-95163 Weißenstadt
Tel.: +49 (0)9253 89 0
Fax: 89 40

PERMACULTURE INSTITUTE OF EUROPE
Istedgade 79
DK-16550 Köbenhavn V
Tel: +45 31 31 56 94
Fax: 32 25 71 79

PETA – PEOPLE FOR THE ETHICAL TREATMENT OF ANIMALS
P.O. Box 3169
GB-NW6 2QF London
Tel.: +44 171 372 0459

Postfach 311503
D-70475 Stuttgart
Fax: +49 (0)711 8666166

ROLAND PLOCHER – ENERGIESYSTEME
Postfach 1464
D-88704 Meersburg
Tel.: +49 (0)7532 43 33 0
Fax: 97 75

PRO ANIMALE
Haus am Hügel
D-96231 Uetzing
Tel.: +49 (0)9573 6681
Fax: 66 23

SCHWEIZERISCHE VEREINIGUNG FÜR VEGETARISMUS
Postfach
CH-9466 Sennwald
Tel.: +41 81 757 1586
Fax: +41 81 757 2819
e-Mail: renato@vegetarismus.ch
Internet: http://www.vegetarismus.ch

TAMERA/ILOS LDA. – ZENTRUM FÜR HUMANÖKOLOGIE
Herdada Monte Cerro
Reliquias
P-7655 Colos
Tel.: +351 (0)83 63 306
Fax: 63 374

TIERSCHUTZ IM INTERNET
Internet: http://www.tiere.or.at/animals

TM – TRANSZENDENTALE MEDITATION – MVU Holland
Kloosterweg 36
NL-6300 WK Valkenburg
Tel.: +31 (0)43 60 15 526

VEGETARIER-BUND DEUTSCHLANDS e.V.
Blumenstraße 3
D-30159 Hannover
Tel. u. Fax: +49 (0)511 3632050

VERBRAUCHER INITIATIVE e.V.
Breite Straße 51
D-53111 Bonn 1
Tel.: +49 (0)228 726 33 93
e-Mail: Verbraucher-Ini@compuserve.com

VIER PFOTEN - TIERSCHUTZVEREIN
Mariahilferstraße 74b
A-1070 Wien
Tel.: +43 (0)222 524 45 45-0
Fax: 524 45 45-99

WWOOF DEUTSCHLAND
Postfach 1924
D-85354 Freising
Tel.: +49 (0)8161 686681

WWOOF ÖSTERREICH
Sauerbrunnstraße 4
A-8510 Stainz
Tel.: +43 (0)3463 5786

ZEGG - ZENTRUM FÜR EXPERIMENTELLE GESELLSCHAFTSGESTALTUNG
Rosa Luxemburg-Straße 39
D-14806 Belzig
Tel. + Fax: +49 (0)33841 595 65

Privatpersonen:

NATURHEILVERFAHREN FÜR TIERE
CARMEN S. WELTERSBACH
Escher Heide 1
D-53902 Bad Münstereifel-Esch
Tel. u. Fax: +49 (0)2257 3327

PRODUKTE FÜR EIN BESSERES LEBEN
REGINA SCHMITZ
Postfach 201
D-53569 Unkel
Lieferanschrift:
Sebastianstraße 7
D-53572 Unkel
Tel.: +49 (0)2224 76207
Fax: 74843
e-Mail: Antivivisektion@t-online.de

Weiterführende Literatur

Bücher

Alt, Franz, *Die Sonne schickt uns keine Rechnung*, Piper, München 1994.

Alt, Franz, *Schilfgras statt Atom*, Piper, München 1989.

Alt, Franz, *Das ökologische Wirtschaftswunder*, Aufbau Taschenbuchverlag, Berlin 1997.

Apitz, Klaas/Gege, Maximilian: *Was Manager von der Blattlaus lernen können*, Gabler, Wiesbaden 1994.

Aron, Elen und Arthur: *Der Maharishi Effekt*, Heyne, München 1991.

Bach, Edward: *Heile Dich selbst mit den Bachblüten*, Knaur, München 1992.

Bruker, M. O.: *Ärztlicher Rat aus ganzheitlicher Sicht*, Emu, Lahnstein 1989.

Bruker, M. O.: *Unsere Nahrung – unser Schicksal*, Emu, Lahnstein 1991.

Dahlke, Rüdiger: *Lebenskrise als Entwicklungschancen*, C. Bertelsmann, München 1995.

Dahlke, Rüdiger: *Krankheit als Symbol*, C. Bertelsmann, München 1996.

Diamond, Harvey und Marilyn: *Fit fürs Leben/Fit for Life*, Goldmann, München 1996.

Duhm, Dieter: *Der unerlöste Eros*, Verlag Berghoff and friends, Oranienstraße 24, D-10999 Berlin.

Duhm, Dieter: *Politische Texte für eine gewaltfreie Erde*, Verlag Meiga, Rosa Luxemburg-Straße 39, D-14806 Belzig.

Durning, Alan B./Brough, Holly B.: *Zeitbombe Viehwirtschaft*, Wochenschauverlag, Schwalbach 1993.

Edelmann, Renate: *Mit Bachblüten unsere Haustiere heilen*, Ansata, Interlaken 1990.

Eurotopia-Projektführer – Adressen und Selbstdarstellungen von Kommunen, Ökodörfern, Lebensgemeinschaften. Zu bestellen bei: Ökodorf-Buchversand & Verlag, Dorfstraße 4, D-29416 Groß Chüden, Tel.: +49 (0)3901/47 12 27, Fax: 82 942.

Fuchs, Ursel: *Gentechnik – Der Griff nach dem Erbgut*, Bastei Lübbe, Bergisch Gladbach 1996.

Gottwald, Franz-Theo/Howald, Wolfgang: *Selbsthilfe durch Meditation*, mvg, München 1991.

Hartinger, Dr. Werner: *Vegetarisch leben*, Fachverlag für Tierschutzliteratur, Fred Wipfler, Glockenblumenstraße 26, D-80935 München.

Herer, Jack/Brökers, Mathias: *Die Wiederentdeckung der Nutzpflanze Hanf*, Zweitausendeins, Frankfurt a.M. 1993.

Kollath, Werner, *Die Ordnung unserer Nahrung*, Haug, Heidelberg 1981.

Lichtenfels, Sabine: *Weiche Macht*, Verlag Berghoff and friends, Rosa-Luxemburg-Straße 89, D-14806 Belzig.

Ma Deva Padma: *Osho Zen Tarot*, Urania Verlags AG, CH-8212 Neuhausen.

Miller, Cally und Harley: *Sights & Insights*, Findhorn Press, Findhorn 1995.

Osho: *Das Buch der Heilung*, Heyne, München 1995.
Weitere Titel im Buchhandel und bei Osho Times, Venloer Str. 5-7, D-50672 Köln.

Probst, Charlotte: *Tierschutz im Unterricht*, Dorrong, Graz.

Rai, Fred: *Natürliches Reiten*, Naturbuch, Augsburg 1996.

Ruesch, Hans: *1000 Ärzte gegen Tierversuche*, CIVIS, Talstraße 40, CH-7250 Klosters.

Rütting, Barbara: *Mein Gesundheitsbuch*, Goldmann, München 1993.

Rütting, Barbara: *Lieblingsmenüs aus meiner Vollwertküche*, Mosaik, München 1991.

Rütting, Barbara: *Mein neues Kochbuch*, Mosaik, München 1984 (Taschenbuch bei Goldmann, München 1996).

Scheer, Herrmann: *Sonnen-Strategie. Politik ohne Alternative*, Piper, München 1993.

Scheffer, Mechthild: *Seelische Gesundheitsvorsorge bei unseren Haustieren*.

Treven, Michael/Talkenberger, Peter P.: *Umweltmedizin*, Möve, Idstein 1991.

Weinzierl, Hubert: *Das grüne Gewissen*, Weitbrecht, Stuttgart und Wien 1993.

Wendt, Lothar: *Die Eiweißspeicher-Krankheiten*, EMU, Lahnstein.

Wendt, Lothar: *Gesund werden durch Abbau von Eiweißüberschüssen*, Schnitzer, 1991.

Broschüren

Bund Naturschutz Bildungswerk: *Wiesenfeldener Reihe, u.a. Heft 12: Mit Kopf, Herz und Gummistiefeln*, Bund Naturschutz Bildungswerk, Wiesenfelden 1993.

Kubek, Jasmin: Hanfsamen als Nahrungsmittel, Wien 1997.
Zu beziehen über: IVI (Internationale Vegetarische Initiative), Johannesstr. 38, A-2344 Maria Enzersdorf

Zahn, Brigitte und Volker: *Eine Familie lernt ökologisch zu leben*, Verlag UMGEWE, Mühlweg 24, 94315 Straubing, 1993.

Zahn, Volker: *Umweltmedizinische Fibel*, Verlag UMGEWE, Mühlweg 24, 94315 Straubing, 1994.

Zeitschrift: *Der Vegetarier*, Vegetarier-Bund Deutschlands e.V., Blumenstr. 3, D-30159 Hannover.

Videokassetten

Alt, Franz: Biofleisch statt Rinderwahn – Neue Wege für die Landwirtschaft
- Solar-Architektur – Architektur der Zukunft
- Crash 2030 – Kommt die Klimakatastrophe?
- Auf die Zukunft bauen – Planen, bauen, wohnen im 21. Jahrhundert
- Fluchtweg aus dem Treibhaus
- Mobil ohne Auto – Neue Wege in die Zukunft

Die Bücher von **Franz Alt** sind erhältlich im Buchhandel,
die Videokassetten über den Südwestfunk, 76530 Baden-Baden,
Tel.: +49/(0)7221/922841, Fax: +49/(0)7221/926324

Osho: Das Manifest (u.a. Videos).
Bestelladresse: Osho Times, Venloer Str. 5-7, D-50672 Köln.

Rai, Fred: Das gewaltfreie Reiten von und mit Fred Rai – ohne Peitsche, ohne Sporen.
Bestelladresse: Fred Rai, Neulwirth 3, D-86453 Dasing.

Verzeichnis der Rezepte